FOOD STUDIES Guidebook

YASUI Daisuke

フードスタディーズ・ガイドブック

安井大輔 編

ナカニシヤ出版

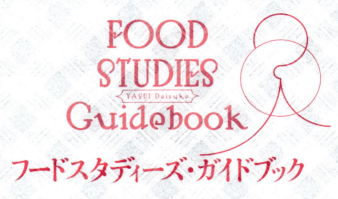

はじめに　フードスタディーズの世界へようこそ

本書は、社会科学、人文科学の分野におけるすぐれた食に関する研究（フードスタディーズ）の文献を紹介することで、食研究の多様な蓄積を紹介するものである。

書店や図書館、インターネット上のWEBサイトをみれば料理書や食べ物エッセイが氾濫しているように、食や栄養に対する一般的関心は高い。いっぽうで学術において、食事行為、フードシステム、食嗜好など食に関わる現象に取り組む食研究も増えている。アメリカ合衆国やヨーロッパにおいては、食に焦点を当てた学際的な研究は、Food Studies や Gastronomy と称して大学の専門課程として教えられ、教科書や研究論文集も多数出版されている。世界的にも食研究はブームとなりつつある。

欧米における研究分野としての制度的確立にも促進され、日本において食を主題とした教育研究機関の設立も進んでいる。日本では文化的・社会的な観点からの食研究（フードスタディーズ）は、おもに人類学や農学においてなされてきた伝統があるが、いまでは歴史学や社会学や心理学や経済学による研究もあり、食に対する関心は人文社会科学全体に広まっている。同時に栄養学や家政学という食の実務面を担当してきた分野からも、人文的・社会科学的な食研究が、不可視であった領域を照射する試みとして要請されている。しかしながら、日本における食研究は各学問分野の内部においてのみ蓄積されており、ジャンルを横断した食研究全体を見通すことが困難な状況がある。潜在的な関心と需要にもかかわらず、食研究の世界をコンパクトにまとめた日本語文献はいまだ存在しない。

それゆえ食の問題系についてより深く学びたいものの、食研究の世界をどう読み、どう学んだらよいのかわからないという声が、学生や研究者のなかにある。その原因のひとつが、食研究という世界を俯瞰する軽便な目録の欠如にある。食を学んでいこうと考えている若い人々が興味を刺激される作品にめぐりあえるためにも、実務家に食研究の視点と技法を有効に活用してもらうためにも、こうした食研究のレビューの必要性がある。

本書の切り口

食研究文献のレビュー集となる本書は、「食研究をひらく」ため以下のような仕掛けをもうけている。

○書物としての食研究を、読者が実際にひらいて読むことができるようにする
——どのような書物でいかに読むかという情報を伝える
○食研究の視点や方法を、多分野に対してひらかれたものにする
——そもそも食研究にはどのような取り組み方があるのかを伝える
○食研究の範囲自体をひろげる
——必ずしも研究だけに収まらないものも広く含んで読みこなしていく

このような目的を達成し、食研究の醍醐味をストレートに読者に伝えるため、本書はブックガイドの形態をとる。実際に研究に通暁している評者の目を通して、読者が食研究のおもしろさを共有できるようにするのが理解への早道だからである。本書では食研究のウィングを広くとって、ノンフィクションやルポルタージュなど、狭義の専門書に収まらない文献も含まれている。

本書は、食研究に関心のある学生・大学院生を想定読者として編まれている。学問領域としては、家政学・栄養学・公衆衛生・農学・文化人類学・社会学・地理学・哲学・歴史学・経済学など多分野にわたる人々に読んでもらいたいと考えている。食に関連する学部・学科やコースのある大学、短期大学、専門学校において講義・演習の副読本として使用することも可能だろう。また農水産畜産業、食品メーカー、流通、レストラン、料理・栄養学校など食の仕事に携わる人たちの多様な関心にも応えられる部分があるかと思われる。

本書の構成

本書は、以下の四つの章からなっている。

第Ⅰ章　食と文化・社会
第Ⅱ章　食の歴史
第Ⅲ章　食の思想
第Ⅳ章　食をめぐる危機

第Ⅰ章では、食と文化・社会の関係を読み解くために必要な観点を示していく。社会学・文化人類学の古典的な食研究から最新の著作まで紹介しつつ、曖昧でつかみがたい社会的な諸力がいかにして食生活・食文化に影響を与えているのかをみていく。

第Ⅱ章では、時の流れという通時的な観点から食の変容と継続性をみていく。特定の食品や原材料という「食べるモノ」、食の行為としての側面をみる「食べるコト」、食を成り立たせている「食べる仕組み」といった、歴史の大きな流れのなかから食を通覧する研究が取り上げられている。

第Ⅲ章では、哲学や倫理の観点から食を扱っている研究を紹介している。食べることの意味を掘り下げていくと生きることの意味にまで通じる。そして生きることは他者、そして他の種とともに生きていくことである。この当然でありながらも、あまり考えられてはいない問題をとことん考えるとはどういうことか。思想という観点から食に迫る文献が取り上げられる。

第Ⅳ章では、食をめぐる現代社会の危機を扱う。グローバル化・工業化のもとで複雑化されている食の生産・加工・流通・販売の仕組みを見通し、不可視化されている食の問題についてみていく。そして問題を打開してよりよい食を実現するための取り組みについても紹介する。

各章では、はじめに各分野における食研究のイントロダクションとなる案内文がある。それぞれの分野における中心トピックや議論、方法論、課題を紹介している。読者はここで分野を概観したあとで、個別の食研究文献の書評に入っていくことができる。

各章内に収録された個別の書評では、文献の内容紹介に加えて、文献キーワード、研究枠組み・研究の位置づけから、その文献の書かれた社会的背景、書評執筆者によるコメントや批判、そして文献の役立て方が述べられている。特に役立て方については、食研究をこころざす研究者や学生が、どのような点を見習うべきか、またはどのような点に失敗しないようにすべきかを書いている。食の研究をしてみようと考えている学生のみなさんには、食研究の方法や姿勢など、レポートや卒業論文の執筆に活用できるようにしたので、ぜひとも参考にしてほしい。

本書を通じて、食研究のおもしろさ（と難しさ）を感じ取ってもらえ、さらには、よりおもしろい食研究が生み出されることを執筆者一同願っている。

編　著

フードスタディーズ・ガイドブック　＊　目次

第Ⅱ章　食の歴史

第Ⅲ章　食の思想

第Ⅳ章　食をめぐる危機

第Ⅰ章　食と文化・社会

食の社会的・文化的性質

食べる行為は、人間存在の普遍的な側面とならんで、社会的、個人的な側面とも結合している。人は集団ごとに食物規範を持つ。ヒトは食べなければならない。あらゆるヒトは食物摂取によって生理的要求を満たす。ただし栄養補給の段階では、食は社会的・文化的な行為とはいえない。一九世紀末から二〇世紀初頭にかけてドイツで活躍した社会学の創始者のひとりゲオルク・ジンメルは、論文「食事の社会学」(『社会学の根本問題(個人と社会)』世界思想社、二〇〇四年、所収)で次のように指摘する。「人間が食べて飲むということはもっとも利己的なもの、もっとも無条件に、もっとも直接に個人に限定されたことなのである。すなわち私の考えることは他者に知らせることができ、私が見たものは他者に見せることができ、私がいうことは数百人が聞くことができる。――しかし個人の食べるものは、いかなる状況においても他者が食べることはできない」(同、一五五頁)。お互いの食べているものを分有できないという彼の断言は、人々のつながりを否定する冷徹な指摘にみえる。だが食べるものは共有不可能であるというこの否定形の一見冷徹な事実が万人に共通するがゆえにこそ、かえって食事はその形式において規格化されてきたのだという。「われわれが食べなければならないということは、われわれの生存価値の発展においては、きわめて原始的で低きに横たわっている事実であり、したがってこの事実はあらゆる個人にとって問題なくあらゆる他者と共通である。まさにこのことが共同の食事のための相互会合を可能とし、そしてこのように媒介された社会化において、食事のたんなる自然主義の克服が展開する」(同、一六六頁)。食べることは潜在的に過度に個人的な無秩序に堕す危険性を持つがゆえに、「超個人的に規制されて形成された様式化された規定」(同、一五八頁)が求められる。適切とされる振る舞いでもって一定の時刻に食べられるべきという規則性を有することではじめて、食事は文化となるのである。そしてジンメルによると、規則性のなかでも会話は最も高度な美的秩序を構成する。なぜならば社会的相互作用こそが、食事の基礎としての身体的欲望を隠微することができるからである。食物と口の間にナイフとフォークが介在することで自然から文明を分離させる距離が生み出され、「実利的に個人的な我欲」が「食事の社会形式へ移行」（同、一六〇頁）することが可能となるという。ジンメルはこのように、食事の持つ社会的性格と食べるものを構成するさまざまな規則の持つ社会的含意を示していた。

ジンメルの言明は、食事が無秩序な行為でなく社会的な規則の影響下にあることを示す。食べ物を身体に取り込む行為は潜在的に自己と世界、すなわち知っている存在と未知の存在の不安に満ちた接触を引き起こす。食事の体系は、自然に文化を刻みつけて行為を規制することで、この不安を和らげるものである。生理学が人々に何を食べるかを伝える一方で、文化はどのように食べるべきか制限を課す。このように食は、食べ方を規定する法則と個別の行為が交差する領域となる。

階層・階級・差別

文化は価値観、規範、信条および社会的制裁と関連し、人々にどのように振る舞えばよいのかを促す要因となる。その意味で文化は、人々の食を規定する環境的な制約として機能する。そして文化は社会階級ごとに異なっており、それぞれの階級のメンバーは自らの所属する集団の文化から所作振る舞いを覚えるとともに、他集団と自集団を区別する。この階級間関係を維持・再生産する文化の機能を、フランスの社会学者ピエール・ブルデューは文化資本と名づけた。文化資本とは、学歴や音楽、芸術など教養のことであるが、それらに加え食の嗜好性がブルジョア階級と労働者階級で大きく異なる。ブルデューによれば、労働者階級の食習慣は、中産階級の食習慣と根本的に異なっている。肉体労働者たちは猥雑な雰囲気のなかで大量に食べることを好む。一方で資本家たちは食べるものにはあまりお金をかけず、かわりに健康や美容、ファッションに多くを費やす。その結果、粗野な性格で太った体型になりがちな労働者男性は、節制された細身な身体の官僚や学校教師たちと対照をなすこととなる。労働者の食習慣はいま・ここの物質的必要性を満たすことを重視するのに対し、資本家たちの食習慣は年をとったときの自らの外見や健康といった未来に基点を置き、美的感覚に沿って遂行されるものとなっている（『ディスタンクシオン』）。

このような観点からみると、食べ物は、物理的・社会的空間の内部において個々人に無意識に採用される言葉遣いや文法のような一連の規則の働きと連動することで、社会構造とその構造内部でのさまざまな差異を映し出す文化アイテムとなることがわかる。

ブルデュー以後、差異化のための文化資本としての食の役割を探求する研究が数多く出されている。岩村暢子の『変わる家族　変わる食卓』は、日本の首都圏在住の子持ち主婦を対象に、一週間分の家庭の食卓写真を撮影してもらい、現代日本の家族の食生活を描き出している。大皿に盛られたさまざまなお菓子の朝食、食器を洗うのが面倒なため一椀で回し飲まれる味噌汁、約四割の家庭では一週間に一度も魚を食べない、など衝撃的に思えるかもしれない現実が描き出される。著者は必ずしも階層論的な分析をしているわけではないが、下層における食実態の詳細なレポートと読むことも可能だ。

食は集団間の差異化をもたらすが、いっぽうで他集団から排斥される集団の食文化は、集団内部において結束を高める共同化の作用も持つ。例えば故郷の国や地域を離れて新しい社会に移り住む移民の食は、移民と原住の人々や他の移民との差異を示す指標として機能するいっぽうで、移民が移住先で新しいアイデンティティをつくりあげるための媒体ともなる。異なる社会に暮らす移民は、ホスト社会の文化と異なる社会集団を形成するが、こうした集団の表出する文化はエスニシティ（民族）と呼ばれる。元来エスニックフードとは、移民など主流社会から周縁化された人々によって集団内部でのみ食べられていたもので、社会のマジョリティからは忌避される存在だった。

こうした全体社会から疎外された人々の食は、ノンフィクションやルポルタージュで広く、そして深く記述されているが、なかでも『被差別の食卓』が傑作として挙げられる。大阪府南部の被差別部落出身のノンフィクションライター上原善広が、世界各地の被差別地区を訪ね、その地区の料理を味わっていく。アメリカ南部の黒人ハーレム、ブラジルの黒人奴隷の末裔がひっそり住む地区、ブルガリアとイラクのロマ（ジプシー）たち、ネパールの不可触民サルキ、そして日本の被差別部落とそれぞれの土地の「被差別の記憶をもつ食」が紹介される。著者は差別されてきた民の料理を「抵抗的余り物料理」と呼び、一般人が見向きもしなかった食材を工夫してつくった料理に込められた血と汗と悔し涙を記述し、単に「おいしい」ではすまされない、フードの魂をまざまざと示している。

社会的コミュニケーションにおける食の意味を考えるには、料理それ自体だけをみるのではなく、それを取り巻く諸条件をきちんととらえなければならない。例えば、見知った食が移民にもたらす安心感は、移民の心理を推し量るうえで重要な鍵となる。移民は既知の感覚を刺激する景色、音、味、におい、感触から得られる親しさを経験することで、移住先の不安定な環境を馴染みのものに近づけ心地よく安心できる。ただし、食の親しさは単に食べ物を構成するそれぞれの要素を合計しただけでもたらされるものではない。食事を慣れ親しんだものにすることは、食文化を形成することであり、移民の新しい社会への適応化の一部をなす。よその土地でどのような材料や概念を用いるのかを選択することとは、異なる土地の材料、人間関係、空間をどのように理解し、どのように再設定するのかということでもある。そのため、食のもたらす親しさの感情は身体的・肉感的であるが、人々が自分たちの暮らしている生活世界の重要な一部となっているよう感じられる友人、家族など、社会的つながりのなかにある。

メディア・表象・イデオロギー

私たちが食べものや調理方法を選ぶとき、個人の好みだけがその行動を左右しているわけではない。メディアを通して形成・流布された社会的なイデオロギーや食べ物に付与された表象が、人々の食行動を決定づける側面がある。人々をつなげて連帯をもたらす食は、同時に政治や経済的原則に人々を動員する道具にもなりうるのである。

例えば山尾美香の『きょうも料理』は、家庭料理に関するテレビ番組を歴史的に分析し、「家庭料理＝愛情」というイデオロギーがメディアを通して形成されてきた過程について検討している。料理番組は、人々の食行動に大きな影響を与えてきたメディアのひとつである。私たちが当たり前のように描いている家庭料理のイメージや、身につけてきた調理方法も、じつは古来不変的に存在してきたわけではなく、近代以降にメディアを通して形成・流布されてきたイデオロギーの影響を強く受けている。

食を通したイデオロギーと国家動員の問題については、『食の共同体』が、近代日本やナチス、有機農業運動、食育基本法を素材に論じている。食という概念が国家の伝統や人間力といった要素と結びつけられ利用されているさまが切れ味鋭く、批判されている。ただし本書は権力によるイデオロギーや支配の問題を政策や制度の観点から指摘するにとどまり、実際の食がどのように実践されているかという観点までは踏み込んではいない。それゆえ、権力のイデオロギーがさもそのまま作用し、何の支障もなく人々が動員されてしまうと想定してしまう。こうした権力批判は、たとえそれが正しいものだとしても、反権力という立場を強調するがゆえに、権力に左右される弱い主体しか想定されていないという点で、外在的かつ一方的である。

今後、共同体や権力をめぐる食の問題系について取り組むには、こうしたメディアやイデオロギーと食べる主体の相互作用を繰り込んだ視点が望まれるだろう。

ジェンダー・家族

品数豊富な手づくりの家庭料理が並んだテーブルを囲む家族。このような光景は、家族の幸福なイメージとしてドラマやテレビコマーシャルで何度も描かれる。手づくりの家庭料理は「家族への愛情の証」として高い価値を付与され、冷凍食品やコンビニ弁当は（たとえ栄養面や味の面で家庭料理に勝っていたとしても）その対極におかれる。家族の共食の様相は文化や社会によって異なり、また時代とともに変化してきたが、特に近代化のなかで食と家族は密接に関連づけられてきた。またそこには、ジェンダーの規範も深く関わっている。近代家族のあり方が一般化した時期には、専業主婦が家事・育児や家族の健康管理を担い、栄養バランスの取れた手づくりの食事を食卓に並べることを「あるべき姿」とする一種の規範が広く流布し、人々の行動に影響を与えてきた。

表真美の『食卓と家族』によると、いまでは誰もが当たり前のように思い描く「食卓を囲む家族団らん」というあり方が日本の家庭で広く実現したのは、じつは戦後から一九七〇年代までの約三〇年間ほどであった。戦前は食事作法や労働状況などの条件があわずに「食卓を囲む家族団らん」は実現が難しく、また一九八〇年代以降は個食化・孤食化が進むなどして「食卓を囲む家族団らん」は私たちのイメージのなかにだけ強固に残っているという。しかし「食卓を囲む家族団らん」は、時代によって目的が異なるとはいえ、政府が戦前から現在に至るまで推し進めており、それは学校の家庭科教育を通じて子どもたちに教え込まれてきた。

文化人類学や民俗学の分野では竹井恵美子編集の『食とジェンダー』（ドメス出版、二〇〇〇年）にみられるように、性別分業や「食べてもいいもの・食べてはいけないもの」の男女差とその社会のジェンダー規範とがどのように関わっているか、食事の空間が老若男女でどのように区分されているか、あるいは拒食・過食などの摂食障害がジェンダーとどのように関連しているか、などの多様な切り口から、そして幅広い社会の事例をもとに、食とジェンダーあるいは家族の問題についての研究がなされている。

食物禁忌

現代社会においては、さまざまな文化的背景を持つ人々とともに勉強や仕事をすることが日常茶飯事になっている。ときには、宗教上の理由から食べてはいけないものがある人たちが外国に行ったとき食事に苦労したり、そのような人たちを迎え入れる側もどのようにもてなしたり食事に誘ったりすればいいのかわからない、というような状況も生じている。

ヒンドゥー教徒は牛を食べず、イスラーム教徒は豚を食べないなど、宗教によって食べてはならない物が決まっていることを知っている人は多いだろう。そのようなケースにとどまらず、馬は日本では食べるけれどアメリカでは食べない、犬は中国や韓国では食べるけれど日本では食べない、など、文化や社会によって「食べてもよいもの」と「食べてはいけないもの」が異なっている。このような違いはどこから生まれるのだろうか？　このことについての研究の流れは、大きくふたつに分けることができる（なお、山内昶の『〈食〉の歴史人類学』（人文書院、一九九四年）のⅣ章二節にはこれらの議論が簡潔にまとめられている）。

ひとつ目は、食物の象徴的な意味づけによって決められていると考える立場からの研究である。俗に「考えるのに適している学派（考えるのによい学派）」とも呼ばれる。人類社会には広くタブーの概念が存在し、食物にとどまらず性や結婚、人体から分泌・排泄されるもの（糞尿、垢、唾など）に対する禁忌が特によくみられる。これらの禁忌がなぜ生み出されたのかを説明し、そのなかで食物禁忌にも言及するのが「考えるのに適している学派」である。

社会人類学者のエドマンド・リーチは、人間が世界を認識する際にはものごとを文化的な意味体系に沿って分類するが、どうしても分類しきれないものが残ることを指摘する。分類しきれない境界線上のものに対して私たちの関心は集中し、聖なるものあるいはタブーとして特別な扱いをする。リーチの議論を食物禁忌に適用したメアリ・ダグラスの『汚穢と禁忌』は、曖昧で両義的な境界上の動物がタブー視されると説明している。例えば、魚はヒレとウロコのある水中動物として分類されるが、水中に住むのにヒレやウロコを持たない水棲の爬虫類や両生類は、魚とも陸上の動物とも分類できないため、禁食とされる。また鳥は空を飛ぶものと定義されたため、飛べない鳥は禁食とされる。他のタブーと同様、食物禁忌も、分類しきれないあいまいなものに対する特別視によって起こっているという考え方である。

ふたつ目は、コストパフォーマンスによって決められていると考える立場からの研究である。俗に「食べるのに適している学派（食べるのによい学派）」とも呼ばれる。その系譜は長く、人類学の創始者ルイス・ヘンリー・モーガンから始まり、文化は生物学的欲求を充足させるための道具だと考えたブロニスワフ・マリノフスキーなど、環境適応や社会安定のための必要性という視点から文化・社会をとらえた機能主義を経て、人間の暮らし方と環境との関わりを研究する現代の生態人類学へと引き継がれている。

この学派の代表的な研究者として知られるマーヴィン・ハリスの『食と文化の謎』（岩波書店、一九八八年）は、コストパフォーマンスの面で何らかの利益／不利益があるから特定の食べ物を食べる／食べないと解釈する。つまりコストに対するベネフィットがよい食物を摂取し、そうでない食物を忌避するという考え方である。ヒンドゥー教徒は牛を食べず、イスラーム教徒は豚を食べないという宗教的な規範も、それらの宗教が生まれた地域の環境において牛あるいは豚を食べることがエネルギー摂取などの面で非効率的だったためであると説明している。山内昶によれば、ハリスの考え方は科学的で合理的ではあるが、近代的な経済人の概念を古代人に押しつけたものであるとか、人間はときには体面を得るためだけにコストをかけたりもする、などの反論も考えることができる。

食と文化・社会の関係はさまざまに研究されているが、まだまだ未開拓の領域も多い。そもそも冒頭のジンメルの指摘にあったように、食はあまりに個人的で具体的な対象とみなされ研究されにくかった。しかしながら、食べる行為はきわめて集団的な行為でもある。いかに文化・社会と食は関係するのか、本章で紹介する文献から、その味を確かめてほしい。

（安井大輔・澤野美智子）

◉クロード・レヴィ＝ストロース

『神話論理Ⅰ　生のものと火を通したもの』

［早水洋太郎訳、みすず書房、二〇〇六年］

▼キーワード

アメリカ大陸先住民、神話、料理の火、肉食、思考

アメリカ大陸先住民の神話を生み出す思考のありようを分析するのが本書（に始まるシリーズ）の目的なのだが、独特な分析方法を通して示される論点のひとつは、アメリカ大陸先住民の思考における料理の重要性である。著者は神話に、料理はさまざまなことを考える手掛かりを与えることを見出した。

神話研究と料理

文化人類学という学問は、世界にはさまざまな文化や生活環境があり、それに応じて多様なものの見方や習慣があることを示してきた。料理の仕方や食習慣もその一部である。本書は、二〇世紀、その学術分野で活躍したフランス人人類学者、クロード・レヴィ＝ストロースのライフワークとなった、アメリカ大陸先住民の神話研究の成果であり、料理に格別の重点がおかれている。ただし、本書はアメリカ大陸先住民の食習慣や料理観を論じるものではない。議論の対象はあくまで神話である。

レヴィ＝ストロースは神話研究を計七冊の著作にまとめている。そのうち主に一九六〇年代に刊行された四巻（邦訳では五分冊）は、『神話論理』と題されており、残りの三冊には『神話論理』には組み込まれなかった成果が、さらに二〇年ほどの時間をかけてまとめられた。本書はそうした研究のはじまりに位置づけられる。

『神話論理』の議論が料理という主題と結びつくのは、第一巻から第三巻のタイトルに明らかである。『生のも

のと火を通したもの』（第一巻）、『蜜から灰へ』（第二巻）、『食卓作法の起源』（第三巻）。ではなぜ、神話について語る議論が、料理という主題に結びつくのだろうか。こうした疑問に対する回答として受け取ることができる一節を、レヴィ＝ストロースは、次のように記している。

> これらのコードのうちのひとつが特権的な位置を占めている。それは食物の食べ方に関する——したがって味覚の——コードである。他のコードが味覚のコードのメッセージを翻訳することのほうが、味覚のコードが他のコードのメッセージを翻訳するよりは多い。……このようにして私は、先住民の哲学において料理が占める真に本質的な場を理解し始めた。料理は自然から文化への移行を示すのみならず、料理により、料理を通して、人間の条件がそのすべての属性を含めて定義されており、議論の余地なくもっとも自然であると思われる——死ぬことのような——属性ですらそこに含められているのである。
> （二三八—二三九頁）

つまり、神話は料理によって物語る。アメリカ大陸先住民の思考にとって、料理は特別な素材となる。

構造分析再考

ただし本書を読み進めていくときには、神話は料理によって物語ることだけを論証するように議論が展開していない点に注意する必要がある。「先住民の哲学において料理が占める真に本質的な場」は、レヴィ＝ストロース独自の神話の解読方法を経ることで、少しずつ明らかになってくる。

構造分析と呼ばれる神話分析は、レヴィ＝ストロースが神話を読むために考案した。人類学の分野ではその妥当性について多くの議論がなされてきたが、本書を読み進めるのに助けになるよう、簡単に説明しておこう。

その分析は神話同士を比較し、反転・対称といった用語を用いて、神話の間に変形の関係を確立する。つまり、ある神話とは別の神話を変形したものである、と位置づけることが、『神話論理』の基本的な取り組みである。この意味で行われていることはとてもシンプルである。注意する必要があるのは、神話間の変形関係が読み解かれる水準である。内容を要約した、物語の展開の骨組みや主題より、物語を構成する細部が比較の俎上にのる。

例えば、登場人物の性や振る舞い、性格や特徴などである。いかに食べるのかもそのひとつである。

しかしこの単純なことを徹底する『神話論理』の行論はきわめて複雑である。ひとつの神話の変形関係にある神話が、ひとつだとは限らないからである。『神話論理』を読み進めていくと、以前にレヴィ＝ストロースが言及した神話の細部が参照され、そのつどページを繰り直さなければならなくなることがよくある。また、神話の間にみられる類似と差異の複雑なありようをときにショートカットするように強引に論じる部分があることは指摘されており、本人もそれを自覚している。

ではなぜ、前から後ろへと単線的に展開する記述には落とし込めないほど複雑な行論を要する方法によって、神話は読み解かれなければならないのだろうか。この点について考えると、構造分析をよりシンプルに受け止めることができる。神話の変形関係を確立することとは、ある神話の（論理的な）由来を別の神話に求めることでもある。つまり、神話についての説明原理をその外から導入するかわりに、神話がいかにつくられているのかを神話自体によって解明する方法なのである。神話自体に内在することこそが、この方法の目的である。そうして発見されたのが、神話やそれを語る先住民の思考における料理の特権的な位置なのである。

料理（と食べること）によって語られること

神話が料理によって物語るのは、どのようなことだろうか。じつは、料理が重要な主題であることは、本書の冒頭に登場する神話（M1：ボロロ・コンゴウインコとその巣）――レヴィ＝ストロースはそれを基準神話と呼ぶのだが――には示されてはいない。この神話（とそのヴァリエーション）は、別の神話（とそのヴァリエーション）に対する陰画として位置づけられている。陽画になるのが、異なる語族であるジェの人々によって語られる、火の起源神話（M7：カヤポ＝ゴロティレ　火の起源　ほか）である。

これらの神話が語るところによれば、料理の火とはもともとはジャガーの所有物であり、それを知らない人間は、生肉や天日で焼いた肉を食べていた。しかし、ジャガーの家に招かれた女は、料理の火と調理された肉を知る。ジャガーと女が結婚すると、ジャガーが義理の家族に焼いた肉を分配し、そのほかの人間も焼いた肉の味を覚える。その後、さらに焼いた肉を食べようと思った人間はどうにかして、ジャガーから火を奪う。火を奪われたジャガーは人間のもとを去り、森に姿を消していった。そうして、人間は火を使い料理をすることができるようになった。一方のジャガーは火を失い、生肉を食らう存在になる。

ここでは、さまざまなことが物語られている。料理された食べ物を分配することによる連帯――しかしそれこそが不和を呼び込む――だけではない。人間の側の（一方的な）自然から文化への移行が物語られていると同時に、人間とジャガーの決定的な差異が語られている。それは肉食の様態の違いであり、ジャガーのように肉を食べないことによって、人間は人間になっている。

存在を特異なものにするのが料理や食習慣であることは、別の神話においても語られている。いくつかの神話では、料理の火の主はジャガーではなくコンドルである（M65：ムブヤ　火の起源　ほか）。コンドルから火を盗むために、人間は自らを腐らせる。コンドルが好むのは腐肉だからである。また別の腐肉食いが登場する神話（M101：ムンドゥルク　ジャガーとワニとカメ）では腐肉を好むという食習慣によって、ワニやジャガーなどから、カメが差異化される。ワニやジャガーは生肉を食べる捕食者であるが、カメは自らを捕食するワニやジャガーでさえ食べることができる、腐肉食いである。神話において、食習慣は多様な存在を規定する。そして、料理はその人間的な形態といえよう。

ところで、腐ったものを食う、という様態はカメやコンドルなど特定の動物だけに割り当てられているわけではない。栽培作物の起源を語る神話において、もともと人間は腐った木などを主食にしていた（M87：アピナイェ　栽培植物の起源など）。トウモロコシなどの栽培作物は、オポッサム、あるいは天体によって人間にもたらされている。これによって、人間は腐った木を食べるのをやめることとなったのだが、この神話のなかにはオポッサムを焼いて食べたために寿命が短くなってしまう、というエピソードが挿入されるヴァージョンもある。同じように、人間の短い寿命の起源が料理の火の起源を語る神話において同時に物語られることもある（M9：アピナイェ　火の起源）。料理の主題と寿命や死という主題を近しいかたちで物語る神話において作動する想像力のありようをとらえるレヴィ＝ストロースの議論を要約することは難しいが、アメリカ大陸先住民による神話は、料理を含めた食べることと結びつけて、世界において感知されるさまざまな存在や現象を物語るのである。

食べることと考えること

このように、アメリカ大陸先住民という近代的な世界にとっての他者である人々が語ることそれ自体に内在することから明らかになるのは、異なる食習慣だけでもなければ、異なる考え方だけでもない。それは「食べること」と「考えること」についての特殊な関連だといえよう。アメリカ大陸先住民のもとでは、食べることは、別のことを考えるための導きの糸であり、世界を理解する説明原理でもある。

ところで、人類学の領域では、「食べること」と「考えること」を、水と油のように、相容れない人間的活動として位置づけているかのような語りの様態をみることができる。例えばそれは、人間社会と自然環境との関係性を捉える際の学術的な観点の違いを際立たせるためのレトリックに用いられることもあった。つまり、自然環境との関係性に、現地の人々の思考や象徴表現を読み取る学派は「考えるのによい」派であり、対照的に、思考や言説の相よりも食糧獲得を重視する観点に立つ学派は「食べるのによい」派である、といった具合である。皮肉にもこのレトリックは、レヴィ＝ストロースを批判する際にも用いられることもある。

しかしながら、当のレヴィ＝ストロースがアメリカ大陸先住民のもとに見出したのは、「食べること」と「考えること」との親和性であった。「食べることを考えること」を含め、「食べること」と「考えること」との関連を豊かに捉え、深めていくこと。これが本書の示す重要な論点であるだろう。

（近藤宏）

◉クロード・レヴィ＝ストロース

『神話論理Ⅲ　食卓作法の起源』

［渡辺公三ほか訳、みすず書房、二〇〇七年］

▼キーワード

南北アメリカ大陸、神話、消化、食卓作法、モラル

南北アメリカ大陸の諸神話を、構造分析という独特な方法論によって比較・解読をする研究書の第三巻。第一巻、第二巻までは主に南米の神話を取り上げていたが、この巻では北米大陸にまで、分析対象が拡大する。議論の俎上にのる地域が広がるのに応じて、料理もより広がりのある現象としてとらえられるようになる。

料理の布置

『神話論理Ｉ　生のものと火を通したもの』の紹介にも記したように、文化人類学者、クロード・レヴィ＝ストロースによるアメリカ大陸先住民の神話研究の成果は、料理や食についての洞察でもある。全四巻からなる『神話論理』シリーズの第三巻である本書で論じられる神話でも料理や食べることは重要な位置を占めているが、レヴィ＝ストロースはさらに一歩踏み込んで、料理という題材がみせる広がりを次のように捉えている。

この第三巻では料理の輪郭をたどった。すなわち料理の自然の側に位置する消化と、文化の側に位置する調理法から食卓作法までの広がりとである。……調理が自然の素材を文化的に加工する方法を規定するのに対して、消化はすでに文化によって処理された素材を自然に加工することであるとすれば、対称的な位置にあることになる……。食卓作法について言えば、それは調理の仕方に上乗せされた摂取の作

法であり、ある意味では二乗された文化的加工とも見なすことができる。（五四二頁）

レヴィ＝ストロースによると、「消化と料理作法と食卓作法との三位一体の理論」が神話にはみられる。たしかに料理は、消化という自然の過程と、食卓作法という文化的な取り決めにも結びつく現象である。消化と食卓作法は正反対に位置する料理の外延ということもできよう。こうした布置が世界や社会について思考する手掛かりを与えているという議論は、われわれの思考を触発する。ただ、本書の議論は抽象的な水準でのみ展開されるわけではない。以下では、取り上げられている神話の要点を紹介しながら、神話（分析）において広い意味での料理が占める位置を素描したい。

料理の外延としての消化

例えば、北米の先住民であるマンダン族の神話では（M519：マンダン　洪水）、人間は動物にしてはならないことを犯してしまう。罠猟にかかった鳥が一羽しかいなかったことに腹を立てた狩人は、羽をくちばしに突き刺して、鳥たちのもとに送り返す。また、雌バイソンを殺して捕まえた仔バイソンの頭の上に、母の内臓を置いて飾ったまま、バイソンたちのもとに送り返す。こうした人間の行為はバイソンの怒りを呼び、洪水が引き起こされる。

レヴィ＝ストロースによれば、この神話に出てくるふたつの行為は「内と外の弁証法」と呼べる。前者は外にあるべきものを内に、後者は内にあるべきものを外に置き換え、従来の身体にはない何らかの効果を新しい物体が持つようにする。マンダンの神話の場合、動物に対する挑発となり、その結果、人間に害がもたらされる。一方、別の北米先住民グループである、アシニボインの儀礼では、バイソンの腸と脂身と膀胱を棒にくくりつけた供物をささげることで、人間が川を渡る際に洪水が起こらないよう、水の主に祈る。引き起こされる効果は同じではないが、「内と外の弁証法」が、アメリカ大陸先住民の神話のみならず儀礼的実践もかたちづくっていることが確認できよう。

「内と外の弁証法」は、身体の内部、すなわち内臓（≒消化器官）に関わっているわけだが、アメリカ大陸先住民の神話において消化は、別様にも概念化されている。例えば、消化管ではなく中空状の葦を用いて食物を消化せずに体外に出すことで、危機を脱出するエピソードを語る神話もある（M514—515：マンダン、起源神話。なお消化管を含めた中空構造に対する神話的な想像力については『神話論理Ⅱ　蜜から灰へ』にて論じられている）。また消化は、開口部（口や肛門など）が過剰に開いているか、あるいは塞がれた人物によって、語られることもある。南米のギアナ地方のある神話が語るところによれば、あらゆる生物は、原初の状態では肛門を持たず、口から排泄をしていた（M524：タウパリン、消化の起源）。別のヴァージョンではこうした条件をいまでも保持しているのはアリクイで、小さな動物しか食べないのもそのためであるという（M250：タカナ　肛門のない小人たち）。別の地域では、たえまなく屁をひるのをやめるために、肛門に土で栓をしたことでナマケモノは現在のような姿になったことが語られる（M323：ナマケモノの糞便）。身体の開口部に関する想像力は、食の領域のみならず性的な領域においても作動し、特異な性器を備えた登場人物像がつくられるとレヴィ＝ストロースは指摘する（この点については『やきもち焼きの土器つくり』で詳しく論じられることになる）。こうした論の展開が示唆するように、料理とつながる消化からは、食から性までをまとめて考える思考のありようが描かれる。

対比の組み合わせとしての料理

料理の輪郭を広げるような議論が展開される一方で、料理自体の考察も深められている。第一巻では、料理は火を用いる食材の加工方法としてひとつのまとまりをなしていた。料理は生肉（生のもの）や腐肉（腐ったもの）を食べることと対立関係にあったのもこの意味においてのことである。つまり料理法によって生じる料理の内的な差異は論じられなかったのだが、本書ではこの点について議論が展開される（「マンダン風臓物料理」、「料理民族学小論」という題のついた節が本書には組み込まれている）。

北米に広くみられる、女性の美徳をめぐり太陽と月の兄弟が諍いをすることを物語る神話の細部を理解するには、料理法の間の対立関係をふまえなければならない（M425：アラパホ、天体の妻たち、ほか）。その神話では、人間の女とカエルの女のいずれが美しいのか、ということで見解の分かれる太陽と月の兄弟のもとに、それぞれの女が嫁いでくる。その後、二人の嫁が内臓を茹でて調理したものを食べるのだが、人間である女は立派な歯を持つためにこりこりと大きな音を立てることができたのに対して、カエルは音を立てようと炭を口に入れたが、よだれを垂らしてしまうだけだった。こうしてカエルである女は、人間である女よりも品がないことをさらけ出してしまう。太陽はしばしば人食いの属性を持つとみなされているが、そうした人物と共に食事をする際には、立派な歯を持っているのを示すためにも、音を立てて肉を食べることがマナーとなる。こうしたエピソードが語られる神話のなかには、人間である女は噛みやすい薄い肉片を、カエルである女は厚い肉片を選ぶという条件を語るヴァージョンもある（M430：ヒダッツァ　天体の妻たち）。同じ臓物料理でも肉片の厚み、切り方の差異が、食事作法の差異として増幅されることになる。

さらに、レヴィ＝ストロースはこうした北米の神話は、音を立てずに供された焼いた肉を食べなければならない主人公が登場する南米の神話（M10：ティンビラ　火の起源）と変形の関係にあることを指摘したうえで、「茹でたものと焼いたもの」が神話的思考においては対立をなしていると論じる。火にかけるという点では両者はともに料理である。しかし食べるときに音がしやすいかどうか、という点では無視できない差異がある。

さらに、神話において示される火のかけ方の違いがつくる対比を手掛かりに、串焼き、煮込み、燻製、揚げという調理法の差異が論じられる。串焼きと煮込みは対立関係にあり、それは、例えば火との関係によって生じる。串焼きは「火と媒介なしの結合」（五五四頁）である一方、煮込みは水と器による「二重の媒介」（五五四頁）の状態にある。あるいは、後者は肉と肉汁をすべて保存できるが、前者は浪費をともなう。それゆえに、前者は平民的で後者は貴族的となる（五五九―五六〇頁）。このようにして、火をかけたものである料理は、生のものや腐ったものと対立関係にあるだけではなく、さまざまな対立関係を内包するものとして対象化される。料理や食べることにこうした多層的な対立関係が含まれるのも、それが多様な感覚をともなって経験される出来事だからであろう。感性の論理が働く神話において、料理は重要な思考の素材となっている。

食卓作法とモラル

先にみた串焼きと煮込みの対立関係を火との関係から論じる議論は、やや思弁的であるように思われるかもしれない。ただ、料理法の分析に用いられる媒介や結合という視角は神話的思考に由来している、とレヴィ＝ストロースは論じる。

この巻で最初から最後まで問われた対立関係は、……項のあいだに知覚された関係、項が近すぎるか、離れすぎているか、適切な距離にあるのかという関係なのである。それはすなわち、結合、分離、媒介のそれぞれが経験的な様式で例示され、それに付与される価は近似的なものに留まるのだが、そのそれぞれがおそらくは関係の用語によって定義されるのだとしても、それと同時より高位の結合演算の項となりうる、ということである。（五四一頁）

本書では料理とは異なる重要なモチーフとして「カヌーでの旅」が取り上げられているのだが、このモチーフの解読においても結合、分離、媒介という関係は、重要な論点である。カヌーは、行き先を決める船頭が前方に、動力源となる漕ぎ手が後方にいることで適切に動くものであり、結合、分離、媒介を体現するものである。さらに、こうした論点は、神話の構成原理を解明するためだけではなく、神話が伝える思想を解読するための解読格子にもなっている。「神話のモラル」と題された本書の最終節では、食べるときにはつねに音を立ててはならないというテーブルマナーを持つフランス社会と、状況次第では音を立てて食べることがマナーにもなるアメリカ大陸先住民社会との対比を皮切りに、神話が語る食卓作法や少女教育の問題が論じられている。そのなかで、結合、分離、媒介は次のように論じられている。

したがって、食事のとり方、洗練された作法、食卓の道具と身繕いの道具、こうした媒介の手段は全て二重の機能を果たしている。……こうした媒介の使用が義務付けられることによって、それぞれの生理的過程、それぞれの社会的身振りに、正当な持続が割り当てられることになる。つまるところ、よき習慣とは、あるべきことが実現されること、それも実現されるべきことはけっして早まって実現されてはならない、ということを要求しているのだから。……これらの媒体〔引用者注：櫛や帽子のほか、フォークやストローなどの器具〕は、本書ででであった、月と太陽の小舟のあの神話的なイメージの延長上にある。あの小舟は、それ自身技術の産物でありながら、おそらくはあらゆる技術的な対象に、そして技術的な対象を生み出す文化そのものに認めなければならない、一つの機能を白日のもとに顕現している。その機能とは、相互に近づきすぎるかあるいは遠ざかりすぎると、人間を不能状態かあるいは理性喪失の状態を陥らせてしまうことになる諸存在を、分離すると同時に結合することである。（五八六―五八七頁）

マナーの果たす役割は外部の不浄から主体を守ることではなく、「主体の不浄から存在とものの清浄さを守る」ことにあると神話は語る。そこで告げられているのは、サルトルの哲学的命題（「地獄とは他人のことだ」）を反転したモラル、つまり、「地獄とはわれわれ自身のことである」ということだ。すなわち、「自分自身から」始まる人間主義ではなく、「人間の前にまず生命を、生命の前には世界を優先し、自己を愛する以前にまずほかの存在に敬意を払う必要がある」（五八八頁）、ということを告げるモラルである。これがレヴィ＝ストロースが神話に読み解いた思想である。

月経中の女性に課される礼儀作法も含めたかたちで論じられるモラルに関する行論については、さまざまな議論がありうるだろう。ただ、料理とその輪郭について考えることはモラルを考えることでもあるということ、そしてアメリカ大陸先住民が料理とそのマナーによって語っているモラルをどのように考えるのか、ということも食を考える際の課題であろう。

（近藤宏）

◉メアリ・ダグラス
『汚穢と禁忌』

［塚本利明訳、ちくま学芸文庫、二〇〇九年］

▼キーワード
汚穢、禁忌、聖潔、象徴、分類

分類の境界に注目したダグラス

豚を食べてはいけない、牛を食べてはいけないなど、世界には食べもののタブーが存在する。それはなぜだろうか。学者たちは多様な角度から議論を行ってきた。メアリ・ダグラスは、分類の境界にあるどっちつかずのものが一般的にタブー視されることを論じ、食べもののタブーもそのなかに位置づける立場をとっている。

ダグラスによって書かれた本書は、汚いもの・穢れ・タブーといったものが文化的につくられている様相について人類学的観点から検討したものであり、世界的ベストセラーになった。さまざまな地域の民族誌データを引用しながら、汚穢と禁忌をめぐる通地域的な要素を抽出し、理論を組み立てている。そのうちの一部分として、食に関する禁忌を取り上げている。

タブーの象徴的な意味

本書は食物禁忌のみならず、宗教儀礼や近親相姦など多様な分野におけるタブーを扱っている。著者の考えでは、タブーは文化全体の文脈のなかで考察されるべきであり、タブー視されるものがその文化のなかでどのような象徴的意味を持つかが重要である。「汚穢とは弧絶した事象ではあり得ない。それは、諸観念の体系的秩序との関連においてしか生じ得ないのである」（九〇頁）。

タブー視されるのは多くの場合、その文化において周辺部にあるもの、分類の境界にあるものである。例えば、肉体の開口部から溢出するもの（例：唾、血、尿、大便）は肉体の限界を超える周辺部としての特徴を持つ。また身体から剥落したもの（例：はがれた皮膚、切られた爪、抜けた毛髪）も同様である。髪の毛は頭に生えた状態では汚いとはあまり認識されないが、頭から抜け落ちた髪の毛は一般的に汚いと認識されるであろう。あるいは、ワラ人形を用いて誰かに呪いをかけるとき、対象とする人の髪の毛をワラ人形に入れると呪いの効力が増す、という話を聞いたことがある人もいるかもしれない。これは髪の毛が本来あるべき場所（頭皮）から剥落し、身体の一部として分類できそうでもありできなさそうでもあるという、曖昧で中途半端な状態にあるために、タブー視されたり特別な力を持つと考えられたりするためである。ダグラスは、肉体の開口部から溢出するものや身体から剥落したものが汚いもの・穢れ・タブーとして扱われるのは、これらが細菌を多く含むという機能的な理由からではなく、周辺部が侵されやすく危険であるという象徴的な意味づけに起因すると考える。

食物禁忌に関して書かれているのは主に第三章であり、ここでは旧約聖書のレビ記における食物禁忌について検討されている。「レビ記における禁止令はすべて、聖潔《きよ》かるべしという命令の次に来ている以上、それらの禁止令はこの命令から説明されなければならないのだ。聖潔と嫌忌との間には、個々の禁止すべての意味を全的に明らかにする対照があるはずなのである」（一〇五頁）。イスラエル人にとって牛、羊、ヤギ、つまり反芻しており蹄が分かれている動物は、神の祝福を受けた潔らかな動物であるため、食べてもいい。問題となるのは、どちらか一方の特徴が欠けている動物、つまり反芻しても蹄が分かれていない動物、あるいは蹄が分かれていても反芻しない動物である。これらは両義的で曖昧なものとしてタブー視され、食べてはいけない動物とされている。「聖きこととは完全であり一つであることなのだ。聖潔とは、個人および種の統一であり、完全性であり、完璧性なのである。食物の律例は、これと同様な線に沿って聖潔の比喩を拡張したものにすぎないのだ」（一一二頁）。

著者によれば、基本原則として、動物が完全にその種属の特徴を具えている場合は清いものとみなされ、ある種属の特徴を不完全にしか有していないもの、あるいはある種属そのものが世界の一般的構造を混乱させるようなものは不浄とみなされている。すなわち不浄とみなされる動物とは、うろこやヒレを持たない魚、四つ足で空を飛ぶ動物といった、イレギュラーな容姿や運動能力を持つものたちである。つまり、魚ならうろこやヒレを持っているはずだという分類方法のもとでは、うろこやヒレを持たない魚は不完全なものであり、魚としての特徴を一部欠いているため、タブー視される。また鳥なら二本足であり獣なら空を飛ばないはずだという分類方式のもとでは、四つ足で空を飛ぶ動物は鳥とも獣ともつかない、境界上の両義的な存在であるためにタブー視される。さらに、うようよ動く動物（例：蛆虫）は、その動きが魚や鳥や獣の運動様式にあてはまらないため、基本的分類法を混乱させる。このように分類の境界にあり、既存の秩序を乱すものが、タブー視されるという論理である。

以上のような論考に基づき著者は、「食物の規範は、いたるところで神の統一性、清浄性および完全性の瞑想に人々をいざなう徴証のようなものであっただろう。動物と接触するたびに、また食事のたびごとに、禁止の規範によって聖潔は具体的表現を与えられたのである。かくして食物の規範を遵守することは、〈神殿〉に捧げる供犠において最高に達する、認識と礼拝という重大な典礼的行為の意義深い一部分だったと考えられるのである」（一一七―一一八頁）と述べている。

食物禁忌研究の対向軸

本書はあくまでもタブー全体について論じることを目的としており、食を中心に据えて検討するものではない。そのため、食に関する他の理論的文献はほとんど参照していない。ただしこの本が出たあと、食に関する人類学的研究は本書を多く参照し、現在でも本書は食物禁忌に関する重要文献として扱われている。その意味で、本書が食文化研究に与えた影響は非常に大きいといえよう。

本書は食物禁忌について検討する枠組みのひとつを提供するものとして重要な位置を占めている。食物禁忌に関する人類学的研究の学派を大きくふたつに区分するとすれば、ひとつは文化的・象徴的意味合いから検討する、「考えるのによい学派」と呼ばれる立場である。ダグラスの書いた本著はその中心的な文献として位置づけられる。ダグラスの観点と深くリンクする研究として、エドマンド・リーチの『人類学再考』がある。もうひとつは食物の機能やコストから検討する、「食べるのによい学派」と呼ばれる立場である。その代表的文献としてはマーヴィン・ハリス著『食と文化の謎』が挙げられる。ハリスは食物禁忌がその食物のコストパフォーマンスによって決まっていると主張する。つまりコストに対するべネフィットの割がよい食物を摂取し、そうでない食物を忌避すると考えるのが、ハリスの観点である。食物禁忌研究においてダグラスとの対向軸を成しているハリスの著書もあわせて読んでみることをお勧めする。

象徴人類学の限界点

本書は、食物禁忌を文化的に検討しようとする者だけでなく、コストや機能の面から研究しようとする者にとってでも、食物禁忌の重要な一側面を押さえておくうえで必要な一冊である。ただし、本書をそのまま援用するにはいくつか限界点もある。そのうちのふたつを挙げておきたい。

まず、本書の書かれた当時（一九六六年）の人類学における考え方には、現代の人類学とは相容れない部分がある。例えば、「未開」や「原始」といった用語の使用や考え方そのものが、いまでは批判されて日の目を見なくなっている。これらの用語は「野蛮な生活を送っている彼らは発達の前段階なのであって、いつかはわれわれ西洋人のように進化するであろう」という西洋中心的な文化進化主義の考え方に基づいているためである。また、特定の文化や社会が確固としたひとつの体系をなすという考え方も、現代の人類学では適切ではないと考えられるようになっている。なぜなら、ひとつの文化や社会とみえるところにもさまざまな人々やモノが出入りし、規範をつねに書き換えながら、多様な生活を営んでいるためである。すなわち文化をひとつ、ふたつと明確に区切ることはできず、その内部に不変の体系があるわけでもない。本書を読む際にも、それらの点に留意すべきである。

次に、本書にみられるような象徴人類学では、モノや出来事などがその文化においてどのような象徴的意味を持つのかを人類学者が解釈し、文化をひとつの合理的な体系として把握し、秩序立った民族誌に再構成するという手法がとられた。そのため物語としての収まりがよく、民族誌を読むと面白い。しかしはたして現地の人たちは本当にそのような体系を生きているのか、人類学者が勝手な解釈でつくりあげたものではないのか、という疑いや批判は免れえない。このような点もふまえつつ、本書を読み進めるべきであろう。

（澤野美智子）

◉マーヴィン・ハリス
『食と文化の謎』
［板橋作美訳、岩波現代文庫、二〇〇一年］

▼キーワード
食物の取捨選択、コスト（対価）、ベネフィット（利益）

本書は食物の取捨選択について、コストパフォーマンスの観点から検討したものである。近代栄養学的・医学的データによって裏づけつつ理論を組み立てている。

食物の取捨選択について、文化人類学では宗教的・象徴的意味合いから解釈すること、つまり「考えるのに適している」から特定の食物を食べる／食べない、と解釈するのが一般的であった。その代表例として、メアリ・ダグラスの『汚穢と禁忌』が挙げられる。それに対し本書は、「食べるのに適している」、つまりコストパフォーマンスの面で何らかの利益／不利益があるから特定の食物を食べる／食べない、と解釈する立場をとっている。

コストとベネフィットによる食物選択

「人類の食生活は、なぜ、かくも多様なのか。ある文化では特定の食物に対する好き嫌いがみられ、ほかの文化ではそうではないのはどうしてなのか、人類学者は説明できるのだろうか」（三頁）。著者はこのような問題意識からスタートしている。そして結論は「世界各地の料理にみられるちがいは、大部分、エコロジカルな制約と条件に理由をもとめられ、その制約と条件は地域によって異なる」（四頁）ということである。例えば肉食中心の料理は、低い人口密度と、作物栽培に不向きか必要としない土地に関連がある。逆に菜食中心の料理は、高い人口密度と関連し、食料生産技術の制約から、食肉用動物を飼育すると人間が手に入れられる蛋白質とカロリーの総量が減ってしまうような土地で発達する。このように、食文化の差異はその環境におけるコストパフォーマンスで説明できる、というのが著者のスタンスである。

それは、世界中で人間が肉を貴重なものとし、肉をほしがる現象についてもいえる。人間は植物性食物以上に動物性食物を渇望し、動物性食物を生産するために多大なエネルギーと富をつぎこんでいる。それは、動物性食物が大部分の植物性食物よりも蛋白源として優れており、蛋白質の質的にも良質であり、ビタミンやミネラルを濃密に含有しているからである。また、肉は蛋白質の消化吸収面でも優れている。人間の生理学的特徴として、植物性食物だけを食べて必要な栄養素を取り入れようとすると消化に膨大なエネルギーを費やさねばならない。人間は「量のわりに高栄養で消化の早い、高品質な食物」に適応している。そのため、たとえ植物性食物から十分な蛋白質を摂取できていたとしても、より効率よく栄養素を摂取できる肉をほしがる。

まずは宗教ありきで解釈されがちな「ヒンドゥー教徒は牛を食べない」といったことも、著者はコストパフォーマンスの面から解釈する。インドには世界最多の牛が存在しているが、牛を殺したり食べたりしない。インドの膨大な人口がたくさんの蛋白質とカロリーを必要としているため、牛を殺して食べるのを拒否するのは、一見すると「経済的利益にまったく反する」ことのように思える。紀元前一〇〇〇年期の北インドにおいては牛肉がよく食べられていた。しかし人口が増加し、集中的な農耕と酪農を行うようになって、牛は人間と食物をとりあうようになり、牛の肉はコストが高くつくものになった。穀物を動物に食べさせ、その肉を人間が食べた場合、カロリーの一〇分の九が失われる。かといって畑を耕すのに必要な牛をまったくなくすわけにはいかない。そこで牛肉食を制限して、農耕に必要な牛を確保するようになった。それだけでは肉への渇望を満たすために牛を殺そうとする人が出てくる危険性があるが、宗教的に禁止すれば、牛をできるだけ長く生かしておこうとする決意が固まり、その結果として農業システムの有効性も高まる。ヒンドゥー教で雌牛が崇拝の対象となるのは、牛がほかのどの動物や物よりも多才な能力やスタミナを持ち、低コストで生き延び、人間に対して多くの貢献をするためである。つまり、牛肉を食べることはエネルギー的にコストがかかり、そのマイナスが肉食の栄養上のプラスをはるかに上回っているから牛肉を食べない、そしてそれにあうように宗教的な規範が形成されてきた。

上述した内容は、人間が肉食を求める理由については第一章で、ヒンドゥー教で牛肉食を禁じている理由については第二章で扱われる。続く第三章ではイスラム教で豚肉食が禁じられる理由について、第四章では馬肉食をめぐってタブーとする文化と嗜好する文化がある理由について、第五章ではアメリカで牛肉が他の肉よりも好かれる理由について述べられる。また第六章ではミルクを消化できる民族とできない民族がいる理由について、第七章ではヨーロッパ人やアメリカ人が昆虫食を嫌う理由について検討される。第八章では特定の動物種が食べられずペットにされる理由（特にその地域差）について、第九章では人肉食を好む文化と忌避する文化がある理由について述べられる。これらのいずれもが、コストとベネフィットという側面から検討されている。「好んで選ばれる（食べるのに適している）食物は、忌避される（食べるのに適さない）食物より、コスト（対価）に対する実際のベネフィット（利益）の差引勘定のわりがよい食物なのだ」（四頁）。

食研究における本書の位置づけ

食物の取捨選択に関する人類学的研究の流れを大きくふたつに区分するとすれば、ひとつは食物の機能やコストから検討する見方であり、もうひとつは文化的・象徴的意味合いから検討する見方（ダグラス『汚穢と禁忌』など）である。本書は前者の中心的な文献として位置づけられる。特にハリスは後者を意識して対抗するスタンスをとる（ただし「わたしとしては、食物がメッセージをつたえたり、象徴的な意味を持っていることを否定しようとは思わない」（四頁）と言い置いてはいる）。

訳者によれば、ハリスは多くの人類学者、特に日本の人類学者に「食わず嫌い」のままタブー視され、嫌われている。訳者はこの現象について、「考えるのに適している」学派の論法でいえば「異常なもの、変則的なものは特別視され、タブー視される」ためであると解釈している。ただし現在では、食物分配について栄養学的側面から分析する手法も人類学で多く用いられるようになっており、本書が訳された当時の状況とは異なっている。

データに関する注意点

本書は面白く読み進めることができ、近代栄養学的データが用いられているので説明にも信憑性があるように思えてしまう。著者は（訳者も）一般読者を引き込む腕を持っている。しかし（これは論文ではなく一般向けに書かれた本であるという点を差し引いても）根拠にしている近代栄養学的データがどこから出されてきたのか、そのデータに信憑性はあるのか、冷静な目で眺めてみれば疑わしい面もある。ハリスのような観点から研究することは有用であるが、論理の裏づけとデータの用い方にはより緻密さが求められる。

食文化をよりよく理解するために

本書は、食物禁忌や食物分配について研究する者にとっては必読書である。食物禁忌や食物分配をコストや機能の面から検討しようとする者だけでなく、象徴的意味合いから研究しようとする者にとっても、食に関する重要な一側面を押さえておくうえで必要な一冊である。

あるいは、逆説的に聞こえるかもしれないが、象徴的意味合いから食文化を研究しようとする者こそ本書を読むべきなのかもしれない。象徴的意味合いから分析する手法には、はたして現地の人たちはそのような体系を生きているのか、人類学者が勝手な解釈でつくりあげたものではないのか、という懸念がつねにつきまとう。これらの懸念に対して自らの理論の正当性を裏づける作業が必須であるが、その際にひとつの重要なツールを提供してくれるのが本書である。

さらには、グローバルな保健医療や開発援助に携わる人にとっても、この本は有用である。著者は「食物の取捨選択の実際の根拠が理解できないと、食べるによいものをさらによいものにしようとするばあい、大きな障害となる。そういう無理解は、効き目がないどころか危険な治療法をもたらすことがありうるのだ」（三一七頁）と指摘している。つまり、欧米中心的な価値観だけをもって、現地の食慣行を考慮せずに食の保健指導や食糧支援を行うことの危険性が指摘されている。現地の食慣行が「非合理的」で「ひどい」ものだと決めつける前に、まずは現地での環境エネルギーや食物エネルギーの循環の仕組みを知り、利害をめぐる相互関係を知る必要がある。本書はそのための糸口となる。

（澤野美智子）

◉中田英樹

『トウモロコシの先住民とコーヒーの国民——人類学が書きえなかった「未開」社会』

［有志社、二〇一三年］

▼キーワード

グァテマラ、コーヒー、トウモロコシ、先住民、差別

「未開」社会のモデルの構築

本書の舞台は、中米・グァテマラ共和国の山間部に位置するアトランティコ湖畔の先住民村落である。ただし、主な論述の対象は、その村落にいる人々ではない。副題が示唆するように、その地域で行われてきた人類学的調査こそが、筆者の論述対象である。とはいえ、グァテマラの山間部の先住民集落での人類学調査を主題とする著作としてのみ本書を特徴づけてしまうのは、その議論の射程を見誤らせることになるだろう。この地域でなされた研究は、人類学の内外に流通する「未開」社会に関するモデルの構築に大きな寄与をしていたからである。

著者によると、この地域の研究に基づいて、ふたつのモデルがつくられ拡散していった。ひとつは、ソル・タックスという人類学者の研究成果で、未開社会にみられる活動を経済的合理性へと還元することにより先住民社会の理解を試みたものである。この成果はのちに、セオドア・シュルツによる開発経済学における、「貧しいが効率的」説の着想の源になった。もうひとつは、エリック・ウルフという人類学者が調査をふまえて考案した、「閉鎖的農民共同体」という概念である。伝統的社会には独自の規範がありそれに基づいた行動原理がみられる。合理性だけでは理解しえない、社会関係に編み込まれた経済のありようは、モラルエコノミーと呼ばれるようになった。閉鎖的共同体の観念は、グァテマラの先住民共同体とインドネシアのジャワの村落共同体を重ね合わせ

ることによって考案された概念であり、その後、さまざまな地域の経済生活を理解するためのモデルとなっていった。

グァテマラの山間部の先住民村落での人類学調査は、これらのモデルが構築されるのに、大きく寄与していたのである。これらの調査を再審することで著者が示したのは、知識が積み重ねられていくなかでどのような現実が省みられなかったのかということである。著者はそのことを示すために、調査者たちが刊行した論文のみならず手紙も含めた膨大なアーカイブを精査している。

トウモロコシとコーヒー

本書は、序章から第三章までの合計四章で構成されている。先に示した人類学的調査の考察は、第一章から第三章にて取り上げられている。残る序章では、第一章や第三章での議論の伏線となる考察がなされている。人類学的調査を主題とする議論は、直接的にはフード・スタディの議論には結びつかないように思われるかもしれない。しかしその伏線になっているのが、グァテマラ先住民に関わる、人間同士の集団的な同定と食物との関係である。序章ではこの点が詳述されている。そこで、この点にまずは注目したい。

本書の主題が国民や先住民などの集団的なカテゴリーと食物との関係であることは、タイトルにも明らかである。トウモロコシとコーヒーというふたつの作物と、先住民と国民というふたつの民族的カテゴリーが組み合わされたタイトルには、先住民とはトウモロコシをつくる民族集団であり、コーヒーをつくる民族集団である国民と区別されている、ということがほのめかされている。

特定の食糧生産や料理の様式が民族集団のイメージ構築に寄与し、民族的な境界の構成要素となりうることは、さまざまに指摘されている。ときに、特定の集団による自己同定に用いられることもあれば、他者集団を同定する際に用いられることもある。さらに他者集団を劣位に位置づける際に、特定の食糧生産や食習慣を引き合いに出すことも珍しくはない。著者はグァテマラにおけるこの問題を、近代化の歴史をふまえて再検討している。

著者によれば、グァテマラの近代化は、一八三七年からのバリオス独裁政権によって進められた。特別な資源を持たず、工業部門も発展していなかったグァテマラにおいて、経済の近代化は農業部門において展開していった。とりわけ、コーヒープランテーションは主要な産業のひとつになった。グァテマラのプランテーションは、南部平野地帯にて整備が進んだ。一方山間部では、先住民が生活しトウモロコシ生産を中心とする自給的な農業が営まれ続けることになった。地形がプランテーションの整備を許さなかったためである。山間部は土地の接収を免れていたが、これは、プランテーション経済と先住民が無縁であったことを意味しない。プランテーション経済を動かすために必要な労働力を補うために、先住民は強制労働動員法の対象とされたのである。マンダミエントと呼ばれる一八八七年に発布された法令一七七号では、「リベラル」政権下での強制動員が次のように正当化されている。「政府諸機関の側からのより効果的な働きかけなくしては、怠けるか騙すかする先住民階層を前にしてつねに失敗し続けてきた農業経営体の努力も、無駄に終わることとであろう。インディオたちの状況を改善する唯一の方法とは、下劣で悲惨な状況にある彼らを引き上げ……我が国の産業や商業、農業にとって効率的かつ生産的な者へと彼らを変えていかなくてはならない……」(一八―一九頁)。トウモロコシを生産するだけの先住民とは「下劣で悲惨」であり、プランテーション経済に組み込むことが、彼らをその状態から解放する「唯一の方法」というわけである。ただしコーヒープランテーションの労働においても、先住民は「怠惰な」存在として規定され続けていた。

トウモロコシ生産と結びついている先住民を否定的な相貌のもとにみるまなざしは、グァテマラ内戦期(一九六〇〜一九九六年)にも現れる。左翼ゲリラ軍と政府軍との争いは、二〇万人もの死者・行方不明者を出すことになったのだが、その犠牲者の多くはマヤ系先住民であった。ゲリラの拠点が山間部にあるとされ、それ以降怪しい地域は一斉破壊の対象となっていったためである。虐殺が行われるなかで、先住民の劣位を示す指標のひとつには「昔ながらのお粗末なやり方でトウモロコシを植えている」という認識があったと著者は指摘する。この位置づけの対極には、コーヒーを生産する国民(=非先住民)のイメージがある。グァテマラの歴史にみられた民族集団の同定の力学においては、コーヒーを生産する非先住民は合理的で進んでおり、トウモロコシを生産する先住民は怠惰で遅れているがために、強制動員や虐殺の対象とされていたのである。

現代では「コーヒーの国民」、「トウモロコシの先住民」という二項対立に揺らぎがみられるようになっている。著者が調査を行うサン・ペドロという村では、コーヒー栽培が行われるようになっている。さらに、ここには伝統的なマヤ文化を求めた観光客が訪れるようになっており、彼らに向けた商品のひとつに先住民が描く「素朴画」がある。この素朴画の定番モチーフのひとつに、コーヒーを摘む先住民がある。先住民とは、トウモロコシだけを生産する民として自己同定をすることはなくなっている。また、他者もそのようにはみていない。

灌木ではないコーヒーをとる民

現代における「コーヒーの先住民」という民族イメージは、観光客に販売するために先住民自身が描く「伝統的」絵画のモチーフにもなっている。灌木になった赤い実を摘む伝統的な衣装を身にまとった女性の絵は、コーヒーが現代の先住民文化の重要な要素となったことを表現している、と著者も論じている。ところが著者はコーヒー農園の様子を描く多くの絵画のなかで、ほかの絵画にはない異様な様子が描かれた一枚の絵画を発見する。そこに描かれていたのは、コーヒーを摘もうと登った枝が折れ、転落している農民の姿である。

現代のグァテマラ・山間部で先住民が栽培するコーヒーは、灌木種であるので、採集にあたって木に登る必要はない。先の絵画に描かれたコーヒーの樹は、先住民文化となった今日のコーヒー栽培以前の樹種、すなわち、強制的な動員をともなった時代の樹種であった、と著者は写真史料とともに指摘する。

数多く存在するだろう観光客向けの絵画のうちの一枚に、決定的な違いがあることを著者は鋭く看破する。かつてコーヒー農園での強制労働に駆り出された民の記憶を表現する絵画は、ナショナル・イデオロギーとしてのかつての「コーヒーの国民」にも、現代的な「コーヒーの先住民」にもそぐわないイメージを生み出している。現代の先住民の文化を表す絵画のヴァリエーションにあった、異質なイメージを取り上げることで著者が目指しているのは、他者理解に対する批判でもあった。

著者によれば、ある人類学者は現代のグァテマラにみられる「コーヒーの先住民」について次のように論じている。今日のグァテマラの先住民は、もともと行っていなかったコーヒー栽培を巧みに取り込みながら、自らの文化を再創造し、新たな社会環境を巧みに生き抜いている。「新たな創造的伝統」とでも呼べる枠組みを持ち出すその言論は、先住民の現状にみられる力強さを肯定的にとらえるものだが、そのときには、多くのものが等閑視されている。例えば強制動員をともなった、かつてのコーヒーと先住民との関係である。その過去は、コーヒーとの新たな関係によって特徴づけられる現在から切り離され、不可視になってしまう。

それればかりではない。「コーヒーの先住民」は、国際的な経済網に参与できる力を持つ人々としての先住民を肯定しているが、村落共同体を包摂する大きな経済網に接続されない生き方は暗黙のうちに排除されている状況を変えることはない。「コーヒーの先住民」のイメージを増幅する言論は、経済的に貢献しない者を「未開」や「怠惰」などの否定的な様相のもとに位置づけてしまう価値観を問い返すことはない。

著者の批判はここにある。グァテマラ山間部において先住民自身が描き出しているコーヒーと先住民の関係の広がりは、著者にとってグァテマラにおける集団同定の力学自体を問い返す手がかりを与えるものであった。食糧生産の様態などを通して他者の同定＝理解を試みる第一章以降の議論は、こうした関心の延長にあるといえる。

著者がコーヒーとトウモロコシに即してグァテマラの歴史と集団の同定の問題を描き出す際にみられたように、食糧生産や食習慣にはそれぞれの集団の生の特徴を見出しやすい。その違いは差別を生むこともあるが、それだけが問題ではない。著者は、グァテマラの近代化にみられる「民族や人種の差別」は「資本主義の労働生産」に関わるものであるとも指摘する。

食糧生産や食習慣という社会的な活動は、必ずしも差別を生むものではない。著者が示しているように、問題は、それらを通して他者の同定を試みる者たちの認識論的な枠組みである。文化人類学のみならず、食をめぐる社会的な活動を論じるフード・スタディの試みにとっても、見逃すことのできない点が本書では指摘されているように思われる。

（近藤宏）

◉ピエール・ブルデュー
『ディスタンクシオン――社会的判断力批判』
［全二冊、石井洋二郎訳、藤原書店、一九九〇年］

▼キーワード
階級、身体、味覚／好み（taste）

階級を体現する食

本書は一九六〇年代フランス社会を対象に、個人の趣味と出身階級・学歴・職業との関連を示した論考である。雑誌、スポーツ、音楽、絵画、そして食べ物まで、私たちにはさまざまな趣味や好みがある。一見すると非常に個人的なことに思える趣味や好みは、生まれ育った環境の産物であり、したがって、生まれ育った階級／階層の反映でもある。「おいしい」「まずい」「おいしいかどうかわからない」という身体的感覚は、出身階級・階層の産物であるかもしれない。

本書は二巻からなる大著であり、第一巻（第Ⅰ部・第Ⅱ部）が総論、第二巻（第Ⅲ部）が各論となっている。第Ⅰ部ではまず、著者が探求の対象とする六〇年代フランス社会において、「文化貴族」と呼ばれるべき一定の階級に属する人々がいることを指摘し、その貴族性が趣味という、一見個人的な事柄を通じて継承されていくことを指摘する。文化資本とはある一定の文化（正統的文化）に、日常的に慣れ親しんだ人々が持つ、個別の作品への態度や具体的な状況における振る舞い方の総体といえるだろう。「物質的遺産のうち同時に文化的遺産でもないものは存在しない」（Ⅰ一二一頁）。

第Ⅱ部ではこの文化資本が学校での成績と個々人の学歴を通じて階級の再生産を助けるメカニズムが論じられる。同じ学習内容であっても、それに対する親しみの度合いは児童・生徒のおかれた家庭環境によって異なる。

ブルジョワ・貴族階級の文化が正統とされている以上、労働者・農民階級の子にとって、学校で教えられる文化は自分たちの日常生活とかけ離れている。結果、労働者・農民の子はなじみのない文化を学習して身につけざるをえず、この過程で学校文化の忌避や脱落が生じやすい。他方、中間階級は学歴インフレ（高卒資格取得者数の増大と高卒資格の無意味化）と、かつては保証されていたかに思える将来像からの転落という恐怖に直面している。

第Ⅲ部は、支配階級・中間階級・庶民階級で、どの趣味がどのように語られているかのカタログのようなものだ。

社会学において食を取り上げようとする人が、本書に言及しないことはめったにない。それは、本書がブルデューの代表作であり、ブルデューがフランスでも、アメリカ合衆国でも、そして日本でも、一世を風靡した社会学者だったからというだけではない。本書は、階級と日常的な振る舞いと個々人の身体とを結びつけた。その視点は、現在ではもはや声高に主張されない。しかしそれは、ブルデューが誤っていたからではなく、むしろ当たり前とみなされるようになったからではないだろうか。ごく個人的なもののようにみえる趣味が階級の問題であることを指摘し、実証した点において、本書はいまなお高く評価される。

本書は食研究にいかに役立つだろうか。まず味覚／趣味（taste）を階級／階層研究と関連づけている点だ。本書では食そのものが研究対象として挙げられるわけではない。しかし階級を体現し表象する重要な要因として扱われている（Ⅱ九頁で、料理が「ほぼ同じ性向を測定するような質問」として挙げられていることから、本書において料理は階級を横断して使うことのできる質問項目として扱われていることがわかる）。本書第Ⅲ部では、メニューや食材として何を重視して何を買い、どんな台所用品を取り揃えて何をつくるかということが、それぞれの階級について繰り返し言及される。「比類のない」大ブルジョワジーは料理を「一つの精神状態」といい、「手をかけて料理された、本当に料理と呼べるような料理、つまりマディラ酒入りソースを二日間かけて作るとか、何かを長時間煮込むとかしてつくった料理、それこそが料理であり、まさに芸術」という（Ⅱ三四頁）。上昇しつつある青年管理職は「行き過ぎ」を拒否し、外国料理や豪勢なフルコースではなく伝統的で質素な家庭料理を好み、

「夕食は簡単なもので済ませることが多い」といいつつ、ワインの味と銘柄について知識を披露する。「庶民階級」について述べられた章では、インゲン豆の大食い大会出場者が「牛」「レスラー」として描写される（Ⅱ二〇六―二〇七頁）。

「たくさん食べる」ことに価値を見出し、限られた予算のなかで豚肉やジャガイモ、砂糖を多く買うのは庶民階級に分類される人々だ。子牛肉・子羊肉・羊肉・魚介類・生の果物を買い、食前酒を飲みレストランに行くのは支配階級に分類される人々だ。筆者はこの現象は、それぞれの階級が食に何を求め（エネルギーの補給か、健康の増進か）、調理と食事にどれだけ時間をかけられるのか（三〇分か二時間か）といった事情から生まれているると指摘する。肉を買うか魚を買うか、野菜や果物をどれだけ買うか、厚手の鍋を使うか圧力鍋を使うか、台所で食べるか居間で食べるか、食器は陶器か磁器かプラスチックか、一人で食べるか家族で食べるか、一五分で食べ終えるか二時間かけて食べるか、これらはどれも、その個人と家族がおかれた環境と選択の結果だ。食材を手に入れてから口に入れるまで、あらゆる行動は階級と無関係ではありえない。

食研究に本書をそのまま利用することは難しい。ブルデューが本書で採用した分析方法には、出版以後さまざまな批判が寄せられており、そもそも現在は文化社会学を論じる際に、本書が示した「ハビトゥス」という概念をそのまま採用すること自体、かなり思い切った（無理のある）ことだと思われる（北田暁大・解体研編『社会にとって趣味とは何か――文化社会学の方法基準』河出書房新社、二〇一六年を参照のこと）。

それでも本書が食研究として「使える」とすれば、それは本書において食べることが身体をつくり、階級を体現し再生産していくひとつの重要なトピックとして扱われているからだ。何を入手し、どのように調理しどのように食べるのか、何をおいしいと感じ、何をまずいと感じるかといった、きわめて個人的にみえる行為が、階級を背景とした差異化の欲望の発露だと指摘する。食べる行為と味わう行為は、どちらもとても社会的な行為だ。食材を買い、つくり、食べる振る舞いを通じて、私たちは自分の身体をつくり、自分たちの階級を文字通り「体現」する。このことを示している点で、本書は、具体的な研究方法の参考というよりも、食研究のひとつの方向を教えてくれる。

（朴沙羅）

◉池上甲一・岩崎正弥・原山浩介・藤原辰史

『食の共同体——動員から連帯へ』

［ナカニシヤ出版、二〇〇八年］

▼キーワード

米食、ナチズム、台所、有機農業、食育

本書は四本の論文が収録された論文集だ。戦前から太平洋戦争直後の日本における米食を考察するもの、ナチス・ドイツにおける主婦の戦時動員と台所との関係を分析したもの、有機農業を運動としての側面と商品としての側面から考えたもの、食育基本法について論じたものがある。どれも、食べることを通じて人々は連帯することができるのか、という問いに答えようとしている。

食による連帯とは何か

本書は、「食の商品化がほぼ完全に貫徹してしまった世界の中で、いかなる〈食の共同体〉が成り立ちうるのか?」（六頁）という問いを、四つの論文で答えようとしたものだといえる。

一本目、「悲しみの米食共同体」は、日本における米食の広がりを、軍隊・学校給食・闇市といった戦前から太平洋戦争直後の歴史を通じて描き出している。和食といえば白米を思い浮かべる人も多いかも知れないが、実際のところ、歴史を通じて日本列島に住む人々が白米を食べるようになったのはごく最近のことだ。しかし、白米を食べたいという欲望と、白米は贅沢（あるいは不健康）であるから常食してはならないという思想、そして皆が同じものを食べることを通じて共同体を構築していこうとするイデオロギーは、明治初期から戦後に至るまで、米の食べられ方をめぐって複雑に絡みあっていた。「戦前・戦時の国体に生きた人々の米食願望・米食行為の内に、意識しないまま共有されていた観念」を、著者は「日本米イデオロギー」と呼ぶ。その特徴として、日本米と日本人の心性が密接に関係するととらえ、日本米の優秀性を誇り、にもかかわらず米食を通じて仲間意識・平等意識を抱かせ、米の司祭としての天皇への崇拝を育成させ、日本米が食における豊かさの象徴として機能するという五点を挙げる。

著者は、戦前・戦中を通じて、食べるもの（白米）の規制と食べること（集団食）の訓練が同時に行われていたことを指摘する。そしてソ連のラーゲリに収容されていた詩人・石原吉郎の体験談が描き出す「乏しい食の分かち合い」に、「〈食べるもの〉を制約されたなかでの、〈食べること〉による保障」としての「極めて現実的な「共存」「連帯」「共生」」をみる。著者にとって食の自由を「食べるものの豊富さ」で実現しようとした戦後の高度経済成長路線は、食の分かちあいという可能性を放棄したとして批判されるべきものだった。

二本目の論文である「台所のナチズム」は、女性を蔑視していたナチズムがいかにして主婦を動員したか、という問いに答えるため、「台所の担い手」「家族の健康の担い手」だった主婦が「国家の担い手」とされていくプロセスが描き出される。ナチズムは台所の理性的な運営と、食の公共化を推し進めた。日曜日に雑炊を食べ、浮いた食費を救貧事業に募金させる「雑炊の日曜日」運動や、無駄をなくし、食品を清潔かつ長持ちするように保存する技術の普及、生ごみを分別し豚のえさとする運動は、「食というプライベートな行為が、別の家族、あるいは別の地域と結合しながら、公共空間へと広がっていく側面」だった。

とはいえ、こういった運動はどれも、実際のところたいして成功したわけではなかった。著者は「台所から排出された生ごみが豚の飼育にどれほど役立ったかは、このさい問題ではない」と述べたうえで、「注目すべきは、この残飯がたどる道のりで人間たちがどのようにつながっていくか、である」（一〇七頁）と指摘する。ナチス・ドイツにおいては、食べ物を調理し食べる人々は、国家の一部として欲望や嗜好を押さえつけられた。その反面、調理する場としての台所が家族の生命を循環させる生物のようなものとして表現された。そのプロセスは同時に、家庭に閉じ込められ単調な家事をこなすだけの存在とみなされていた主婦たちを、国のため、民族のために戦う誇り高き戦士として動員した。著者はナチス・ドイツの

「ダイエット」を実践した人々を、食を自分で選ぶ自由を奪われていく存在として描き出す。私たちもまた、「正しい」食のために食べもの・食べ方を選ぶ自由を奪われていないだろうかという問題提起も、そこには含まれている。

三本目「喪失の歴史としての有機農業」は、戦後日本における有機農業運動の歴史から、「有機」「地産地消」の「正しさ」とは何か、という問いに答えるものだ。映画『おもひでぽろぽろ』に登場するトシオは、有機農業に携わっていた。舞台となった八〇年代後半、有機農業は急速な市場化や法的・行政的整備と、生産者運動・消費者運動との間で引き裂かれつつあった。

有機農業運動は、三里塚闘争や逗子市池子の森米軍住宅問題のなかで、あるいは八郎潟の減反政策のなかで、一部の農家が有機農業へ転身していったという、行政や資本からの自立性を獲得する運動としての側面を持っている。しかし八〇年代には有機農業の産物を求めるのは「消費者のエゴ」という指摘や、有機農産物の生産者・消費者に対して「全て有機農業にするか、全く有機農業を行わないか」という選択を迫るような、一種の有機農業バッシングが広がった。著者はこのような有機農業運動を「究極的には解消不可能な矛盾を生々しく抱え込み、時として感情の露出を伴いながら、相互の共感や反目を経験するという、密度の高い関係性が一つの前提となりながら、そのさなかに、有機農業と隣接する社会的諸問題、あるいは飛躍はあるものの当時において「リベラル」な傾向を持つとされていた団体が取り組む諸問題が投げ込まれ、一定数の関係者が同調していくという構図」（一五〇―一五一頁）と記述する。しかし、有機農業が抱える運動としての側面と消費としての側面の葛藤は、九〇年代に入って有機農産物が市場に出回るための条件が整備され、有機農産物が行政の基準をクリアした安全な食品として「一種のブランド」として確立されていくことで消えていった。

四本目「安全安心社会における食育の布置」は、食育基本法の成立プロセスを考察し、「食育のもつ、抗いがたい魅力と魔力を明らかにしよう」（一八二頁）と試みる。著者は食育という言葉および概念の曖昧さや「「社会のあらゆる分野」にわたる広範な主体を食育に駆り立て、食という私的領域を国民運動として組織化する」ところに「食育基本法の最大のねらいがある」（一八八頁）と明言する。同時に、食育のビジネスとしての側面にも注目し、食育イベントにファストフード業界がブースを出店し、スナック菓子が健康への懸念を解消させようとして「スナックスクール」を実施する場面に「食育コングロマリット」の形成をみる（二三〇頁）。

本書は「何を食べるか」ではなく「いかに食べるか」という点に着目して、戦前・戦中の日本やナチス・ドイツ、有機農業運動の変遷や食育運動を分析している。「食べること」に注目し現代社会における食の役割を批判的に分析しようとする視点は、食研究のひとつの方法を示している。

食生活が大切だ、といわれて反対する人は少ないだろう。では、なぜ、何のために食生活が大切なのか？　この本に収められた論文は、その「大切さ」を国家権力に渡してしまわないための方法を模索しているように読める。「私たちは、「弱者」と定義される人々や世界の飢えに苦しむ人々と、「胃袋」を通じてつながることで、一部の人達に政治的経済的な力が集中する一方で、その仲間に入れない人たちはどんどんと切り捨てられていくというような非人間的な方向とは違う世界を構想できるのではないか」（一八一頁）。国家による食を通じた動員から、食を通じた民衆による連帯へ、という図式だ。

では、連帯と動員の違いはどこにあるのだろうか。じつはこの本において、その差異はいまひとつ明らかでない。本書の副題は「動員から連帯へ」だ。しかし、本書で描かれるのはもっぱら動員の歴史である。国家によって動員された人々にとって、もしかするとその「動員」は連帯だったかもしれない。身近な人間関係から断れずに参加する「連帯」は動員と変わらないかもしれない。上からの動員に下からの連帯で対抗する、という図式は、それほど自明ではない。では、それでもなお連帯が可能だとすれば、それはいかにしてだろうか。その問いに答えるのは読者に任されている。

（朴沙羅）

◉辺見庸

『もの食う人びと』

［角川文庫、一九九七年］

▼キーワード

旅、ルポルタージュ、食と生

「食」からみる政治と実存

共同通信の記者であった辺見庸によって連載されていた世界各地のルポルタージュを一冊にまとめたものが本書である。発売当初（一九九四年）から大きく話題になり、現在も読み継がれているベストセラーだ。

本書は、「食」を視点の中心に据えて、取材し表現するスタイルが貫かれている。ミャンマーの難民キャンプでは配給食料を売り燃料を買う者たちに焦点を当て、バングラディッシュでは富者のハレ（祭礼、儀式）の日における貧者の食の流通過程を観察し「残飯」を食べ、ミンダナオ島では残留日本兵掃討作戦中に中身がわからずに「偶然」起きてしまった同族カニバリズムについて記事を書いている。多くのルポルタージュは、ある地域を描くときに、国際情勢や議会政治など大きな視点から足を踏み入れることが正攻法となっているが、辺見が試みるのは生活の根本である「食」という場面から眼差すことである。そこからみえてくるのは「表面上の、意味的風景をせせら嗤う、意味のぽこりと陥没した風景」であり、言説の素描からは矛盾する現実であった。だからこそ「おもしろい立体的全体たりうる」（三六三頁）と辺見は取材に好奇心を高ぶらせる。大きな枠組みから日常をみることを拒絶して、実存とトコトン付き合うことを「食」の領域に潜ることによって可能としている。

「食」は「おいしさ」だけではない

昨今の「食」をめぐる情報は厖大である。日常のなかで雑誌などの飲食店の広告は、テレビでの「食レポ」のような、つねに「おいしさ」を感ずる瞬間に焦点を当てる手法が定着している。画角を料理に対して最大限に設定し口に入れる瞬間を何度もみせつけるグルメ番組、美しい盛りつけのカラー写真を強調する料理雑誌。視覚的にこれでもかと「味」を強調するこれらは、舌の上の刹那的な「おいしさ」の快楽にのみに「食」の幅を切り縮めているのではないか。「食」を舌だけでとらえ瞬間的な感覚を肥大化させる表現は、「食」の意味を「うまい／まずい」という二分法の価値基準に収斂させる。そのようなものに還元できない過剰のものを含んだ何かを、ときに「食」というかたちで人々が知覚することを、本書は雄弁に物語る。「忘れかけている味を思い出させたいのだ。怒りの味、憎しみの味、悲しみの味を」（八頁）。

「食」の瞬間の快楽だけを焦点化する言説の過剰は、「食」をめぐる日常の堆積を捨象させる。昨今の「食」の言説の過剰が、食材の栽培／採集する過程や、その「食」を培ってきた調理技術の文化、その背景にある風土などの日常生活の社会関係を抹消しようとしている。そのような価値に慣れきってしまっている社会、それを良しとしている自身の身体に対して、辺見は強く疑問を抱く。「私は、私の舌と胃袋のありようが気にくわなくなったのだ。長年の飽食に慣れ、わがまま放題で、忘れっぽく、気力に欠け、万事に無感動気味の、だらりぶら下がった、舌と胃袋」（七―八頁）。私たちが食べ楽しむ対象は、ただのモノであると同時に過去から積み重なってきた文化や経験が体現されたものであるだろう。その原点にしがみついて記述したものを辺見は志向した。

ドナー・ケバプとトルコ人排斥

一九九〇年代初頭のドイツの記事では、ドナー・ケバプ（羊肉や牛肉を鉄の心棒に巻いてじっくり炙る料理）のトルコ料理屋の増加と、ネオナチの台頭に相関関係があることを描いた。「新規開店組の多くが、ドイツ企業を統一後に解雇されたトルコ人であること」（九九頁）に着目し、「（ドナー・ケバプの店が）増えているのは、なにもトルコ人の転職のせいだけでない。／口腹の欲に攘夷なし、である。食欲に民族の別などあるわけながい。ましてケバプはうまい」（一〇一頁）とドナー・ケバプがトルコ人以外の客にも好評であることに視点を当てることによって、トルコ人失業者の新しい就業先がドナー・ケバプ店であることと、「食」が持つ越境の力という社会的側面をみるのである。だがドイツにおけるトルコ人に対する蔑称も「食」に関係したものであった。辺見は次のように言及している。「食べるというのは、それぞれの民族が、祖先や文化の記憶を味になぞることでもあるから、「食」にかかわる差別は深く心を傷つける」(一〇五頁)。「食」は人間の日常を構成し、それだけ無意識のうちに自分自身の存在と分かちがたくあるものだ。「食」にまつわることは存在することそのものに関わり、よってその蔑称は、存在を否定することするような暴力として作用するという。ここで辺見は、日本における排斥運動が、「食」に関わるものを強く含んでいたことを想起するのである。「「食」ほどすてきな快楽はなく、しかし、容易に差別の端緒となる営みもない。日本ではそうだった。在日中国人、朝鮮人、沖縄出身者を、「食」の違いで差別した歴史がある。ドイツのトルコ人差別にも、なにか似たものが私には見えるのだ」(一〇四頁)。

ボグラッチの「おいしさ」

『もの食う人々』は「食」にまつわるルポルタージュであるにもかかわらず「おいしい」「うまい」という表現がほとんどない。唯一明確に辺見が「おいしい」と喝采をあげたのは、ポーランドの炭坑の町を訪れ、炭坑労働をしたあとに飲んだ一杯の熱いスープであった。「昼過ぎまでのこの(炭坑)労働のあとに、鉱員クラブの食堂で、それは出たのである……ボグラッチという、見た目にはどうということもない、茶色い、具だくさんの田舎スープ。「うまーい!」私は叫んだ」(一一四頁)。しかし翌日、味が忘れられず再び食べにいくと「やっぱりおいしかったけれど、私には、なぜか、前日ほどの感動はなかった。その日は働かず、石炭を食いもせず、汗もかかずに、そのスープを飲んだからだ、きっと」(一一五頁)。空腹であるとき、体をよく動かしたときに食べるものが「おいしい」のはあまりにも自明なことだが、辺見が唯一「おいしい」「うまい」という表現をしたのが、きつい炭坑労働のあとに食べたスープだったのは本書の性質を象徴している。「おいしさ」とは、料理の善し悪しを舌で判断して感じるものでは必ずしもないことを示しているのだ。どんな料理でも空腹具合や、心身の健康、一緒に食べる人々などの周りの環境に強く影響されるだろう。本書は「おいしさ」を、身体の状態や状況をめぐって経験したことでもって人間は知覚するという「食」の真実を見据えている。

先に挙げた「食レポ」や飲食に関する雑誌が表現する「おいしさ」とは、料理そのもののことであり、あとは個別人間の好みで決定することを前提としている。「おいしい」料理とは料理そのものが一元的に決定しているのであり、それを「おいしい」と感じないのはひとりひとりの好みが違っているからだ、それが「おいしさ」を決定する本質的なことなのだ、と。

このような刹那の「おいしさ」と「個人の好み」という食の認識を解体する試みとして『もの食う人びと』は読むことができるだろう。辺見は現在の「おいしさ」の言説を直接に批判する方法ではなく、「食」をめぐる同時代的複数性、歴史的重層性を端的に提示し、それが原理としていかに核心的であるかを、理論的にではなく、誰にでも普遍的にある「食」という経験に訴えかける方法で表現する。また「うまい」「おいしい」という抽象度が高い形容でしか表現できていない「食」の快楽について、空腹する身体という射程から「おいしさ」というものは複雑な価値の混成であるという認識を提示している。「食」を商品形態でしか眼差していないわれわれの感性を、問いただしたのだ。

「食」と身体

『もの食う人びと』は、「食」のとらえ方を舌の上だけでもみていないし、「食」の楽しみとは「おいしさ」を感じる快楽だけだとも考えていない。辺見にとって、「食」とは日々の生活そのものであって、刹那で切り取るものでもなく、味覚だけで判断するものではなかった。音楽のリズムや絵画の色彩の機微と同じように、「食」とは身体から身体へと伝わるもの、言葉や概念の手前で伝わる何かを絶対的に含むものなのである。氾濫する美食に関するコメントにも、唯美主義者の洗練された注釈にもけっしてとらえきれない残余が「食」を取り巻いているから、その表現とは理論抜きの純粋実践の所産に根ざすべきなのだろう。辺見が発問するのは、この点においてであった。「食」がどこまでも「解釈されることに……意味化されることに」（三六二頁）対して、異なる回路を目指すのだ。

このことを体現する方法論は至極単純である。「噛み、しゃぶる音をたぐり、もの食う風景に分け入って、人々と同じものを、できるだけいっしょに食べ、かつ飲むこと」(七頁)。「食」が階級的性格を帯びたり、舌だけではない身体全体、さらにいうならば霊的体験でさえある現実を思い起こさねばならない。食物の好みとは体験的習得であり、幼少時の体験の記憶が強烈に残存し保守的にもなることもある(池上甲一ほか『食の共同体——動員から連帯へ』ナカニシヤ出版、二〇〇八年、七一—七二頁)。習得したことのなかで生まれた世界から遠ざかったり、その世界が崩れたりしたとしても、最も長く生き残るのは食の好みだということがありうる。『もの食う人びと』では、「食」をめぐる事柄とは、身体がある場に根づいていた痕跡として理解されるのである。

胃袋の連帯

だからこそ辺見は次のようなことも思考するのだろう。「人類は頭ではだめでも、胃袋で連帯できるのかもしれない。少なくも、食っているあいだぐらいは。五千人が同時に食事できるこの店で、民族、宗教問題緊急国際会議を開いたらどうであろうか」(六五頁)。バンコクにある巨大なレストランで一堂に集まり会議を開きたいと考えるのは、考えや意見の一致を計りたいためではなかった。辺見は、共同を志す人間の思考が頭のなかで独立して形成されるものではないことを前提としている。「連帯」とは、共同行為の結果であり、これを「食」から考え「胃袋の連帯」を幻想しているのである(同、一〇—一二頁も参照)。政治家の会談から友人同士の団らんまで、仲裁や結束や親交を目指すとき、食事を共にすることは普遍的に行われている。すなわち、人々が共に食べる営みとは、少なからず共同意識を醸成する(同、四—五頁)。同じ組織に属している者たちや、仲を取り直す必要がある者たちが食事を共にするのは、目的やイデオロギーだけによる頭脳の認識だけでは、共同意識を育むにはいくらか足りないものがあると認識しているからにほかならない。

思考だけでは紡げない人々のつながりを、「食」によって思考の隙間にある情動や知覚を共有することで果たすこともあるのである。切り分けられた断片であった者たちの連なりを、「食」によって紡ぎ、よりよい生への運動として「食」があってほしいという構想が本書には賭けられているのである。

(持木良太)

◉上原善広
『被差別の食卓』

［新潮新書、二〇〇五年］

▼キーワード

被差別部落、ソウルフード、あぶらかす、さいぼし、フィールドワーク、旅

被差別地域の料理をたずねて

著者は、大阪の「更池」と呼ばれる被差別部落に生まれた。屠場が昔からあり、それを生業にして生活している人々が住む町で著者は育った。毎日の生活のなかでずっと慣れ親しんできた料理は、屠場からの副産物である「あぶらかす」や「さいぼし」を使った料理だった。これらの料理が、被差別部落独自の料理であることを知ったとき、著者はそれをどのように受け入れ、意味づけをしたのだろうか。いや、おそらくそのために著者は、世界の被差別地域を訪ね歩き、「ソウルフード」の味にふれようとしたのではないだろうか。

本書は、ノンフィクションライターである著者が、アメリカ・ブラジル・ブルガリア・イラク・ネパールを旅し、その地域で差別を受けてきた人々が生み出した「抵抗的余り物料理」を味わってきた記録である。

「抵抗的余り物料理」とは、「一般の民が食べずに捨てた見向きもしなかった食材を工夫して作った」（七頁）その地域に伝わる料理であり、「差別と貧困、迫害と団結の中で生まれた食文化」（七頁）を象徴するものとされている。本書で紹介される「抵抗的余り物料理」は、どれにおいても、読み手の多くが口にしたことのないものばかりだろう。どのような食材かというと、なまず、ザリガニ、豚の内臓（フェジョアーダ）、はりねずみ、死牛などであり、めったに食べることのできないものば

かりであるが、読んでいてもあまり食べたいという興味はわかない。著者は、どの料理においても自分の舌で味わい、その感想を率直に表現しているが、多くがおいしいとは記述していない。すなわち、著者はこの特有な料理を、素晴らしい料理として紹介したいわけではない。著者がいいたいのは、このような一風変わった食材がソウルフードとしてその地域に定着し、文化的所産として存在している事実であろう。

また、本書には、そうした食の紹介だけでなく、その地域における差別の歴史、人々の暮らし、交わされる会話、料理の方法などが詳細に記されている。その地域での生活の風景が、食を通して鮮明に映し出される。読み進めるにつれ、被差別の地域では国や信仰が変わっていても、食文化において、特徴ある食材と人々の様子が、どこか共通しているように感じられるようになるのだ。

現地の人との関わりのなかで

本書の特長である、被差別地域の食の描かれ方について少しみてみよう。ここでは第四章を紹介する。著者はネパールを訪れ、タブーである牛肉料理を食べさせてもらう。ところでネパールは、ヒンドゥー教の国で、カースト制度がなりたっている。カーストや民族で分けると、ブラーマン（僧／アーリア人）・チェットリ（軍人）・モンゴロイド系・不可触民（アーリア系）に区別される。最下位の不可触民は、そう呼ばれているように、上位の階層には決して触れられない。「穢れている」ととらえられているからである。この不可触民のなかでも、「サルキ」「バディ」と呼ばれる人々は、日本の近世において、エタ・カワタと呼ばれてきた被差別部落民と非常に類似した点がある。

「バディ」という売春を生業とする人々は、川辺に住み、川が増水したときは家が流されるのだという。川辺に住むようになったのは、町の住民に追い出されたからだ。「サルキ」と呼ばれる人々は、死牛馬の処理と皮革加工の仕事に携わる不可触民であった。このような、日本における被差別部落との共通性から、カースト的な考えが、中国や朝鮮を経由して日本に輸入された可能性は高いと筆者は考える。そうして著者は「サルキ」の食べる牛肉料理を訪ねるのであった。

繰り返すがネパールでは、宗教的な理由から、牛を食べることはタブーであるという考えが根強いため、他の人々は牛肉を食べない。ネパールで市販される冷凍牛肉は、外国人向けのものだという。著者は、サルキの人々に、牛肉でつくったすき焼きをもてなし、親睦を深めていく。そのなかで、「あぶらかす」や「さいぼし」と同様の加工方法による、「抵抗的余り物料理」の食材の存在を明らかにしていく。著者は、サルキの人々と、自分とを重ね合わせてみていたようだった。

アイデンティティと食

ネパールでの「サルキ」の人々との出会い、そして食を通して、著者は自己アイデンティティを確認する。最終章では、著者は故郷に戻っていく。「更池」にあるあぶらかすをつくる小さな工場を取材する。著者はしめくくりに、「わたしのソウルフードは、母がつくるあぶらかすと菜っ葉をたいた煮物である」と述べ、次のようにまとめるのである。

> 料理は味が決め手である。しかし同時にその国、民族、地方、個人を表す文化でもある。だから他人にはどうということのない味でも、その人にとっては懐かしい味であったりする。わたしにとって、それはあぶらかすと菜っ葉を煮たものであり、それは私の母への思い出につながり、そして被差別の民へとつながっていく。料理が一つの歴史であるとするなら「被差別の食卓」は、被差別の民への歴史そのものでもある。（一九九頁）

本書から得られること

ここまでみてきたように、著者は、被差別民であるという共通項をたよりに、向かった地域でソウルフードにふれていった。人々が生きるための「食」を、実際の目でみて、自分も同じように食する。その地域のものを、臆することなく、積極的に味わう。取材をする対象と比較していたものは、自身の「ソウルフード」であった。「あぶらかす」を「ソウルフード」と呼ぶ意味を、著者は探していた。この旅を通して著者は、慣れ親しんだ「抵抗的余り物料理」の「やみつきになる味」とは、その地域の人にしかないのだということを悟ったのである。

食文化研究のなかには、郷土食研究などのように、その土地に長く伝わる食文化を研究する分野がある。このような研究が陥りがちなのが、失われるかもしれないものを対象とした記録にとどまることである。フィールド調査を行い、記録するに終始しないためにはどうすればいいのかを考えようとする読者には、本書は非常に参考になるだろう。端的にいえば著者は、それぞれの食のフィールドを、「被差別民」という一本の串に通して結論を引き出している。本書はルポルタージュでありつつも、社会学的な問いに答えようとしているのである。

もうひとつ、参考になることはフィールドにみられる人々の、生き生きとした様子の描写のされ方である。著者は、被差別部落民として体験してきた差別や偏見から生まれた苦悩を、世界各地の被差別民とともに、「語り」として記述する。本書で最も興味深かった点は、日本の地域のルポルタージュであった。通常なら、取材を断っている工場主が、取材に応じている。地域の人々が、非常にリラックスして答えている。著者の描く被差別部落での食の風景は、生き生きとリアルに表現されていた。

このような点からいえば、特定の地域において当事者が、食のフィールド調査を行う利益は大きいといえるかもしれない。食の研究はまだまだ他の研究群からみれば浅く、十分な蓄積がないといえる。「食べるコト」についてのいきいきとした記述は、食の社会学的研究の新たな方向性を見出してくれるかもしれない。

本書についてひとつだけ指摘するとすれば、旅で経験した食材の特殊性を誇張しすぎている感が否めないという点だ。特にすでに消えつつある料理まで、わざわざ掘り起こして紹介している点は、食研究としてとらえるならば、なぜ失われつつあるかについて、言及しておきたいところである。

（巽美奈子）

◉上原善広

『被差別のグルメ』

［新潮新書、二〇一五年］

▼キーワード

ソウルフード、被差別部落（路地）、アイヌ、北方少数民族、沖縄諸島、在日韓国・朝鮮人、ルポルタージュ

日本のソウルフード

本書は、二〇〇五年に出版された『被差別の食卓』の続編であり、国内編である。前作で著者は、海外の被差別の民を訪ね、それぞれのソウルフードを取材し、「食」から被差別の立場におかれた人々の生活を描いた。今作の内容は、著者自らが幼少の頃から親しんできた被差別部落（本書は路地と表記）のソウルフードを皮切りに、アイヌ、北方少数民族、沖縄の離島を取り上げ、最後に被差別部落と在日韓国・朝鮮人の食文化が融合して生み出された焼肉で締めくくられる。前作『被差別の食卓』が、被差別部落のソウルフードと他国で差別・疎外されている人々のソウルフードとの共通性や差異を認識し、自身の被差別者としての「生」を再考する旅の記録であったとすれば、本書『被差別のグルメ』はソウルフードから日本の「暗部」を直視し、そのただ中に生きる人々が日々生み出す抵抗の様相をリアルに描いたものとなっている。海外を舞台としていた前作では、登場する食材や料理も日本の読者にとってなじみのないものが多かった。今作では、北方少数民族の「食」を除けば、被差別部落の食堂や東京のアイヌ料理屋、沖縄の離島で食べられる家庭料理などが題材となり、なじみがなくとも食べる気になれば足を向けやすい料理が多数取り上げられている。それらのソウルフードは一見親しみやすいものに感じられる。しかし、本書を読めば、近代化のなかで日

本がその帝国を拡大・再編する過程で生み出された犠牲者たちが、生き延びるために創出した「食」であることがわかる。

「食」から浮かび上がる人々の関係

本書の題名にあるグルメという言葉には、一般的に知られる美食や美食家という意味と、そこから転じた食通という意味があるという。本作では、前作よりもさらに食通となった著者が、ソウルフードとそれらをめぐる多彩な人々の暮らしに鋭く切り込んでいく。それは、たんなる垂涎を誘うようなグルメリポートにとどまらない。料理そのものだけでなく、食材の調達から調理、消費までのプロセスを細やかにたどることによって、そのソウルフードが生まれた歴史性や文化的所産としての意義を読みとることができる。著者は、ある人々がどうしてその料理を食べることになったのかを歴史的・地理的に紐解きながら、被差別の立場におかれた人々が社会のなかでどのような生活を強いられてきたのかを明らかにしていく。さらに、すべての料理ではないが、食材の調達から食べるまでの過程において、誰がどのような役割を担っているのかを記録しており、「食」を通したコミュニティや家族の成員同士の関係性をも読み込むことも可能にしている。例えば、被差別部落において干したサイボシをトンビから守るのは子どもたちの役割であったし、沖縄の離島、久高島でイラブー（ウミヘビ）を捕るのは、女性の仕事であった。男性の仕事は、女性が捕獲したイラブーを燻製にすることだ。著者は、ひとつの料理のルポルタージュを通して、ある文化集団のジェンダー役割、世代間の関係性など複眼的な視点から人々の生活を描いているのだ。

環境が生み出す「食」

全体を読み通すと、都市部で食べられるソウルフードよりも農村部で食べられているもののほうが多様な食材が記載されていることに気づく。それが如実に現れているのは、厳しい気候と豊かな自然環境のなかで生み出されるアイヌ（第二章）や北方少数民族（第三章）のソウルフードの記述だろう。雑穀や野草類・木の実に加えて、鮭などの魚類、鹿やウサギ・エゾリスなどの肉類など、じつに多様な食材が用いられている。もちろん、こうした地域ごとの差異は、同じカテゴリーに一括りにされる人たちのなかにもある。同じような文化背景を持つ人々が類似した食文化を形成していく。その一方で、その人々のなかにも、住む土地それぞれの自然・社会環境にあわせた独自の食文化も形成される。著者は、被差別者たちの「食」を安易に一括りにせず、気候などの自然生態学的な違いや地域性、都市／農村という差異がその土地に暮らす人々の食文化を強く規定することも見逃さない。

食の継承とその断絶

これらのソウルフードはすべて後世に継承されていくわけでもない。一章の被差別部落内の「食」を例に挙げてみよう。筆者の出身地・更池では、牛のフク（肺臓）の天ぷらが食べられてきた。しかし、被差別部落内でも精肉を食べることが一般化するなかで、スライスしなければおいしく食べられない手間のかかるフク（肺臓）の天ぷらはほとんどみかけられなくなる。ほかにも、失われた食文化として、水生植物のヒシが紹介されている。更池は農業用水用の溜め池が多かったため、その池に自生するヒシを食べていた。このヒシは、かつて日本各地で食べられていた食材だ。本書での言及はないがヒシは生薬として重宝され、戦時中など食糧不足の際には救荒食物としても推奨されてきた。三重県でヒシを食べる部落の人をからかう子どもの囃し歌が残っていることを知った著者は、大阪においても貧困に苦しんでいた部落の人を象徴する食のひとつであったのではないかと推察する。非常食とされるものを日常的に食べていた被差別部落のなかには、一般地区の暮らしぶりからすればつねに非常事態といえる生活におかれていた人たちもいたのかもしれない。このヒシを食べる食文化は、都市化によって大阪では廃れてしまうが、現在でも好んで食べている地方もある。実際、九州には生産農家もあるようだ。食べる場所・人によって、その「食」の社会的意味が大きく変わることを示唆してくれるエピソードである。

グローバル化や流通経路の発達によって社会が画一化するなかで、世界各地の人々が似たようなものを食べる機会は増えている。それでもなお、ソウルフードが食べ続けられているのは、単純にそれが生まれ育った故郷の味であるからだろう。上述したフクやヒシは社会変化のなかで自然に食べられなくなったものであるが、なかには差別を避けるために、自らのソウルフードを食べることをあきらめ、口にしなくなった人たちもいる。このように自ら意識的に断とうとしないかぎり、幼少期から身に付いた「食」の嗜好や習慣を変えることは困難だ。そして、差別のなかで食べ続けるからこそ、それを食べる人同士の紐帯をさらに強化する作用を持つこともある。第一章でサイボシを食べることで会社の同僚と仲良くなったエピソードは、被差別者たちが他のマジョリティには理解できない、ソウルフードという独自の「暗号」を駆使して、つながりあい、自助的なネットワークを構築してきたということを読者たちに示す。また、ソウルフードは、必ずしも家庭料理を通して継承されるわけでもない。二章では、アイヌの食文化の代表的食材であるキトピロを、二〇代になってからはじめて食べたアイヌ女性のインタビューが取り上げられている。幼少期に食べることがなかったとしても、自身の出自と向き合うなかで、自文化のソウルフードに出会い、または再会し、食べるようになる人もいるのだ。

料理店の役割

ソウルフードと人々を引き合わせる重要な拠点のひとつとなっているのは、多様な料理店である。取材先には、これらの料理店がたびたび取り上げられる。それは、若者が減り、賑わいがなくなった被差別部落のなかに人々が集まる場として開業された食堂や、東京に出稼ぎにきて孤独な思いをしているアイヌたちの拠り所として開業されたアイヌ料理店である。著者は、こうした料理店を経営する人やそこに集う人々の語りから、ソウルフードがどのように継承されてきたのかを巧みに描いている。その記述からこれらの料理店が、故郷を離れた人々にとって、自分たちの慣れ親しんだ懐かしい味を楽しめる貴重な場であることをうかがい知ることができる。

そして、これらの料理店の開業は、家庭やコミュニティのみで食べ継がれてきたソウルフードを広く社会に普及させる役割をも果たした。著者は、ソウルフードの特徴を以下の三つにまとめている（一七頁）。

①よそ者を寄せ付けない独特の風味と味
②高タンパク、高カロリー
③一般地区では食べない食材の利用

このような特徴を持つにもかかわらず、忌避されてきたはずのソウルフードのなかには広く人々に受容されるものが現れる。かつて一般地区の人々が食べずに残したものであったホルモンも現代では多くの人が好む食材となり、かつてのように安価で入手できる食材でもなくなった。このホルモンの普及を受けて、かつての偏見がなくなり若年層に受容されるソウルフードとなった。あぶらかすを使ったかすうどんもそうしたメニューのひとつだ。かすうどんは、あるフードチェーン店の名物メニューとなり、現在では河内の郷土料理として認知され、人気メニューのひとつとなっている。この背景には、保存や加工技術の向上、味付けの工夫などの生産者や流通業者の努力によって、より万人うけしやすい味になったことがある。こうした事実を考慮して、近年流行しているB級グルメなどのラインナップを確認してみれば、ソウルフードらしき料理も多く含まれていることがわかる。しかし、その宣伝文句やメニューの解説には、著者が各地を取材するなかで描いてきたような被差別者たちの苛烈な「生」の歴史はみえない。そうした理解がなくても、他者が食べてきたものを食べることはできるのだ。そう考えると、本書は、ソウルフードが生まれてきた背景にある差別と抵抗の歴史を知らずに食べている消費者である読者たちにそれを解説する役割を担っているともいえるだろう。

以上のように、本書はソウルフードができあがるまでの生産から流通、消費までを記録し、ソウルフードの成り立ちとそこから浮かび上がる人々の生活の諸相を描いている。そのうえで、後世への継承と外部への伝播・普及についても言及している。本書は、食研究を実施するうえでの重要な視点が散りばめられた内容となっているのだ。

食べることの政治性

しかし、著者がソウルフードを紹介しながら日本の被差別者について述べる際に、疑問を持たざるをえない部分もあった。例えば、著者は、「アイヌなどいない」という日本の政治家発言を危惧し、アイヌをどう呼ぶかについて「アイヌ系日本人という言葉が正確だと思う」（七六頁）と述べる。また、在日韓国・朝鮮人に対する攻撃の理由とされる「在日特権」の誤解について説明しながらも、「日本語の方が母語になっているのに、帰化しないことに問題の根本があるように感じる」（一九三頁）とも言及している。これらの言葉はインタビューから引用されたものではなく、著者の私見として記述されている。著者はそれぞれの多様な文化的アイデンティティについて深く掘り下げておきながら、その政治的アイデンティティを理解することを避けているのではないか。このことは、「食」を切り口とした他者理解の難しさと限界を物語っている。

本書のあとがきには、以下のような記述がある。

料理の精神性とは、その料理の生まれ、歴史、場所から生じる。場所とは海外でいえばどの国の料理か、どこで生まれた料理なのか。それをどこで食べたのか。料理人はどこの誰なのか。さらに料理人の心身の状態は万全だったのかまで含まれる。（二一五—二一六頁）

著者は、ソウルフードが生み出された差別と抵抗の歴史を紐解き、その料理の「精神性」を理解しようとしてきた。そこには、同じ被差別の経験を持つ人々へ向けられた共感が基底にあることは間違いない。著者の精緻なルポルタージュは当事者研究として位置づけることもできる。ソウルフードという言葉自体が、アメリカの黒人運動において自文化を再評価するなかで生まれた言葉であり、このソウルフードという言葉を著者が掲げることの原点には、当事者として言葉を発しようと試みたことがまずある。そのため、本書も当事者研究としての側面を持っている。ゆえに、ルポルタージュのなかには、同じ被差別の状況におかれ「他者」との間に生じる「共感」にとどまることのできない関係性も埋め込まれているはずである。それを明らかにするためには、被差別の立場にある人々が何を食べてきたのかだけではなく、かれら・かのじょたちが生み出したソウルフードを筆者、ひいては読者たちが食べる現代的意味を掘り下げる必要があるだろう。その点についての深い考察がないために、本書で記述される著者の「食」に関する膨大な知識には圧倒されたが、ソウルフードに込められた「精神性」に対する理解については、いささか不十分に感じた。この不十分さも含めて、本書は食研究を行う者に多くの示唆を与えてくれるだろう。

（瀬戸徐映里奈）

◉山尾美香

『きょうも料理――お料理番組と主婦　葛藤の歴史』

［原書房、二〇〇四年］

▼キーワード

主婦、家庭料理、料理番組、料理研究家、メディア

「家庭料理イデオロギー」

料理に手間をかけること、それがなぜ、愛情のバロメータとみなされるのか。「家庭料理＝愛情」、なぜ人々はそう思うのだろうか。こうした問いが、本書の大きなテーマとなっている。自らの主婦経験から生まれたこの疑問を解くため、著者は家庭における食事づくりのバイブルとなるテレビの料理番組に着目する。そして著者は、料理を手づくりするなどの手間暇をかける行為で愛情をはかろうとする現象を、近代における「家庭料理イデオロギー」と名づけ、その経緯を「料理番組」の変遷から検討し、明らかにした。すなわち本書はメディア史研究として、テレビの料理番組に関するメディアを分析対象にし、それを通史的にとらえたものである。扱われるNHK番組『きょうの料理』は、家庭の食事担当者を対象とした、料理のつくり方を支援する番組としては先駆け的な存在である。本書はこの長者番組の誕生の背景にまでさかのぼり、検討している。

NHK料理番組『今日の料理』の誕生

ここではまず、筆者が最も興味深く感じた第四章の分析部分を詳しくみていくことにしよう。

昭和三二（一九五七）年に誕生したNHKテレビ番組『きょうの料理』は、繰り返しになるが、よく知られた、現在も放送中の長者番組である。著者は、この番組の誕生から現在までを分析するのだが、このとき、著者は、

テレビ番組の放送内容だけでなく、昭和三三年から刊行される雑誌『きょうの料理』や、番組に登場する料理研究家の「語り」に目を向け、分析を行っている。

著者の分析によれば、『きょうの料理』という視聴者向けのテキスト本の登場が、料理を紹介するメディアの大きな転換期であったという。戦前においても、女性は女学校や料理学校で料理を学ぶ機会があったが、著者によればそれはあくまでも教養としての知識であり、実践に直結する教育ではなかった。昭和三〇年代には、産業の発達により、電気炊飯器、インスタントラーメンの開発、普及など、革新的な調理技術が一般化していく流れがあった。その一方、栄養学、調理科学からは「一汁三菜」という概念が生み出され食事内容が複雑化していった。こうしたことが組み合わさり「料理の神聖化」が成立したと著者は分析する。さらに、それこそが「家庭料理=愛」という愛情イデオロギーを復活させ、『きょうの料理』は、主婦へその刷り込みを行うための媒体として機能していたと著者は考察する。つまり、主婦なら、母なら、時間や手間を惜しまず、手づくりの料理を用意することが家族への愛情の証であるという言説は、昭和三〇年代の社会的背景とメディアによって形成されてきたというのである。

平成の家庭料理

ここまででも十分に興味深い論考であるが、だが本書は、そこで終わらない。それを平成期へと結びつけることで、「家庭料理イデオロギー」のいまをとらえようとする。第五章「バブルとホンネとイメージと（昭和五〇年代~平成）」では、生活の豊かさによって発展したグルメ番組、料理研究家、新しい形の料理番組など、料理にまつわるあらゆるメディアを分析し、著者は、料理が「自己演出の道具」に化したことを論じる。まさに「料理番組」という意味づけがここで変化したのだ。料理に重要なのは「感性」だとうたわれたのである。

しかし、男性料理研究家が登場するようになると、男の料理には独創性、女の料理には基本が重要であるというような規範的な意識が、ここでは浮き彫りにされる。料理をするという行為には、いまだなお性差が存在していたのである。

そして、最終章の第六章「家庭料理はだれのもの」で著者は、「家庭料理=愛情」イデオロギーから、解放されない現実をとらえつつも、主婦もまた、家庭料理を武器に自己アイデンティティを見出そうとしてきたことも否めないとするのだ。終盤は、エッセイ的な文脈になってしまっているが、それには読者と同じ「主婦」の立場に立とうとする著者の誠実さが表れているともいえるのである。

まとめとして――料理を素材にすること

本書が刊行された二〇〇〇年代はじめには、現在ほどメディア史研究は多く発表されていなかったように思う。そのようななかで本書は、料理に関わる「メディア」をあらゆる側面から挑戦的に取り扱っていた。料理を素材に扱う家政学系の研究者とはまた異なる研究の視点や分析方法を、われわれは本書から学び取ることができるだろう。

（巽美奈子）

◉表真美『食卓と家族——家族団らんの歴史的変遷』

［世界思想社、二〇一〇年］

▼キーワード

食卓、家族団らん、家庭科教育、ジェンダー、家族関係

『食卓と家族』

本書は、家政学を主な研究領域とする著者が、「食卓での家族団らん」の実態と言説に着目しながら、教科書などの公的メディアを中核にすえて、その歴史的変遷を解明したものである。家族社会学、家政学、家庭科教育学、ジェンダー論にまたがる研究と位置づけることができ、その特徴を挙げれば以下の三点になろう。

まず、誰とどのような形態で食事をとるべきかといった、家族という私的空間における食事に関する行儀作法や行動規準をめぐる言説の歴史性を明らかにした点である。次に、教科書という公的メディアを対象とすることで、国家が食を通じて人々をどのような国民に育てようとしているのか、つまり国民化の様相を浮かび上がらせた点である。最後に、女子教育の一分野として家庭科教育をとらえることで、家庭の食卓のジェンダー化を描いた点である。なお、こうした特徴が最も現れているのが、第二部第四章である。

「食卓での家族団らん」とは何か

日本における食卓での団らんは、いつどのようにして始まり、どのように普及していったのだろうか。……多様なライフスタイルが容認される現在、食卓での家族団らんは強制するべきでないものなのか、

それともこれからも子どもたちの心身の発達のために奨励すべきなのか。奨励するのならば、どのような形をとるべきなのか。（二―三頁）

このような著者の問題意識から出発した本書は、序章を除いて三部六章構成となっている。第Ⅰ部「食卓での家族団らんの現実と言説」では、現代における食卓での家族団らんに対するイメージ（第一章）ならびに戦前の実態の把握（第二章）が目指されている。第一章「幸せな家庭の象徴としての食卓」では、本書の鍵概念である「食卓での家族団らん」の定義と、現代におけるメディアが提示するイメージの検討を行っている。著者は、先行研究をふまえて「食卓での家族団らん」を「日常の食事の場で、家族が揃い、会話を交わしながら、楽しく過ごすこと」（一三頁）と定義する。このような限定された行動を研究対象とすることにより、①日常生活世界における団らんを対象とすることが可能、②場の限定によりイメージや映像化が容易、②継続的・体系的な「団らん」の比較分析が可能と述べる。

続いて、「食卓での家族団らん」が社会問題化した背景について『なぜひとりで食べるの』以降の変化に着目して検討する。『なぜひとりで食べるの』とは、一九八二年一二月に放送されたＮＨＫ特集『子どもたちの食卓・なぜひとりで食べるの』というテレビ番組を指す。この番組は、子どもの「個食」を社会問題化する契機となったものであるが、食生態学者の足立己幸氏の協力でＮＨＫが実施した子どもの食生活の実態を解明する調査に基づいて制作され、のちに出版された（足立己幸・ＮＨＫ『おはよう広場』班、日本放送出版協会、一九八三年）。著者は、このテレビ番組を契機に、一人での食事や食の個人化に対する警鐘が鳴らされるようになったと指摘する。第一章では、さらに、近年文部科学省を中心に食卓での家族団らんの重要性がうたわれる現況について公的メディア（冊子・パンフレット）などを素材に論じている。

「教科書に描かれた家族の食卓」の変遷

第Ⅱ部「教科書・雑誌における食卓での団らん言説の歴史的変遷」は、本書の中心的な箇所であり、第三章「食卓での団らんはいつはじまったか」と、第四章「教科書に描かれた家族の食卓」の二章から構成されている。明治期の婦人雑誌・総合雑誌、修身教科書、家事科（家庭科の前身）・家庭科教科書を分析資料としながら、「食卓での家族団らん」言説の初出や、近現代における食卓での家族団らんに関する教育の解明が目指されている。

第三章では、雑誌分析の結果、明治二〇年に発表された、女子教育家・巖本善治の『通信女学講義録』が食卓での家族団らんの初出であることが析出される。続いて、第四章では、明治初期から二〇〇五年までの初等・中等教育における家事科・家庭科教科書一八九種を対象に、食卓での家族団らん言説の変遷を分析している。著者は、内容分析の視点として、「食卓での家族団らん」を実現するために必要な要件である構造的要因と、それによって得られる効果である機能的側面を設定する。構造的要因は食事時間、食事空間、食卓の変化、主婦の役割、家族の嗜好の五項目で、機能的側面は家事の合理化、精神的機能、子どもの教育、生理的機能の四項目から構成される。ここでは、明治一四年から戦前期になされていた家事科教科書と、終戦後から現在にかけてなされている家庭科教科書に分けて変遷の概要を紹介したい。

まず、家事科教科書では、明治二〇年代にはじめて「食卓での家族団らん」に関する記述が登場する。その際に、キリスト教主義に基づいた近代的家庭論に結びつきながら語られていった。大正期に入ると、教科書における「食卓での家族団らん」に関する記述内容が平準化し、多くの教科書で構造的要因と機能的側面の双方の記載が見られるようになる。加えて、生活改善運動の影響を受けながら家庭の科学化・合理化の視点が追加される。昭和期に入ると、構造的要因の記載が減少する一方、精神性を強調した内容が増加し、軍国主義的教育の様相を帯びていった。

一方、戦後の家庭科教科書では、一九五〇年代半ばから一九七〇年代半ばころに食卓での家族団らんに関する記述が最も減少する。著者は、この時期に家庭において食卓での家族団らんが実現されていたと指摘する。しかしながら、先に取り上げた「なぜひとりで食べるの」が放送された一九八〇年代後半になると、教科書で扱う分量が増えるとともに、記述内容が孤食や個食、食の個人化などの現代的状況を事例として取り上げながら、食事が持つ精神的・社会的機能を力説する記述へと変化する。二〇〇〇年代では、すべての教科書で、機能的側面がうたわれ、その重要性が強調されていく。

なお、このような歴史的変化のなかで、戦前・戦後を通じて共通する内容として、著者は「食事室の条件、家族の嗜好を満足させる献立とすること、母（主婦）の食事作りの重要性、食事の精神的機能」（一三〇頁）を挙げている。

第Ⅲ部「これからの食と家族」は、第五章「子どもの発達、家族関係に及ぼす影響」、終章「食卓は家族を救えるか——これからの食と家族」で構成されている。第五章は、これまでの分析結果をふまえて、一二〇年間における食卓での家族団らんの意味を考察するとともに、近年の食卓での家族団らんと家族関係や子どもの発達との関連についての実証研究を整理し、家族団らんの効果の検証を行っている。終章では、これまでの分析結果を近代家族論や国家政策における家族の議論と絡めて考察し、今後の教育への示唆を提示している。

教育と食をめぐる研究の展開可能性

本書の評価すべき点は、記述的アプローチに基づき、構造的要因と機能的側面という視点に立って歴史的変遷の解明を行ったうえで、今後の教育への展望や示唆を提示している点である。教育学では、学問的特性上、規範的アプローチ（望ましい食卓のあり方は何か、望ましい家族団らんのあり方は何かなど）の立場から問題設定が行われる傾向にあり、本書が扱う「食事」と「家族」は、精神的機能が強調されるなど規範性が帯びやすい対象でもある。しかしながら、著者はそうした立場に慎重的であり、単一のモデルにしたがった食卓での家族団らんの推奨を改めて、家庭の実情にあわせたコミュニケーションの模索を提案している。

学校教育が家族に介入し、精神的機能や規範性が強調されるという現象は、食に関する教育に限ったことではない。近年小学校で盛んに実施されている「二分の一成人式」は、誕生から現在までの家族との歩みを確認させ、養育者に対して「感謝」を伝えることが学習の一環としてなされている。内田良によると、このような取り組みは、多様な家族関係や家庭状況を無視したものであり、「感謝」という個人の感情が公的の場で表出され消費される問題性が指摘される（内田良『教育という病——子どもと先生を苦しめる「教育リスク」』光文社新書、二〇一五年）。

著者が内容分析の際に提示した構造的要因と機能的側面という視点は、内容分析の視点として参考になるだけでなく、子どもたちの多様性な社会背景や家庭環境を把握しそれをふまえた教育実践を行う際にも、活用することができるだろう。

このような意義深い研究ではあるが、次の三点について今後検討の余地が残されているといえる。まず、他メディアの言説との照合である。本書では、先に挙げた資料以外にも、明治・大正期の女性個人史や、戦後のアニメやテレビドラマなど、複数のメディアにも目配りされているが、専門家の言説や、専門雑誌については、日本家政学会や日本家庭科教育学会の動向に若干言及するにとどまっている。教科書の改定には、家庭科教育そのものに従事する教育者や研究者のみならず、隣接領域の栄養学、さらには中央教育審議会等の教育政策に関わる研究者や教育者などの影響を無視することはできない。こうした専門家や専門領域で「食卓の家族団らん」についてどのような議論や知見、問題提起がなされていたかの検証は、「食卓の家族団らん」言説の生成や展開の解明に寄与するだろう。

次に、国家と子どもの媒介者となる教師集団の実践の解明である。家庭科教育では、先に挙げた日本家政学会や日本家庭科教育学会以外にも、教師の職能団体として、全国家庭科教育協会（昭和二五年創立）、全国小学校家庭科研究会（昭和四〇年創立）などがある。これらの団体における研修内容や会誌等において、国家の示す教育内容をどのように解釈して「食卓と家族団らん」をはじめ、食事と家族に関していかに教育してきたのかという一端を解明することができるだろう。

最後に、食研究においては、「食卓の家族団らん」以外の観点から教科書分析をする余地は十分に残されているといえる。本書では、幸いにも家事科・家庭科教科書の収集方法や資料の出所が詳述されている。ぜひとも参照していただきたい。

（大淵裕美）

◉松島悦子
『子育て期女性の「共食」と友人関係』
［風間書房、二〇一四年］

▼キーワード
共食、子育て期女性、友人関係、互酬性、ネットワーク

本書は、子育て期女性の友人関係に焦点を当て、現代社会における「共食」が人間関係の維持・構築に果たす機能を実証的に検証したものである。

子育て期女性のサポートとしての共食

近年、母親の「孤育て」による育児ストレスや子どもの虐待・ネグレクトなどの問題が生じている。著者は、育児期を孤立しやすいライフステージととらえ、女性たちのストレスを軽減させるためには、援助的なネットワークを持つことが重要であると指摘する。そのひとつの手段として、「共食」があると位置づけ、女性たちのネットワーク形成に寄与する可能性を検討する。

著者の松島悦子は、家政学・家族関係学を専門とする。一四年ほど東京ガス都市生活研究所で食生活や住生活に関する社会科学的アプローチの研究に従事するかたわら、修士課程・博士課程に在学した経歴を持つ。のちに言及する本書の実証データである二つの質問紙調査は、当該研究所のアンケートモニターを対象に実施されたものである。

本書の特徴は次の二点に集約される。ひとつは、共食の多面性をとらえる点である。近年の食育推進では、「孤食」を問題行動としてとらえ、その対立軸として共食を位置づけ、推奨する傾向がある。著者は共食を孤食の対立項として位置づけることはせず、その排他的側面

にも目配りしている。もうひとつは、子育て期女性という行動制約の大きなライフステージの人々に対する食を通じたサポートの可能性を示した点である。とりわけ著者は、人と関わりを持ちながら共に食事をすることを重視する立場から研究を行っている。そのため、共食が孤立しがちな当該時期の女性に対する子育て支援のひとつとして機能する可能性を検討している。

友人との共食の多面性

本書は、序章をのぞき八章から構成されている。第一章「先行研究」では、共食ならびに子育て期女性のライフスタイルと友人関係に関する先行研究を整理し、本書での課題を析出している。この章で著者は共食を「時間と空間を共有して、他者とかかわりをもちながら一緒に食事をすること」（三五頁）と定義する。また、本書では、子育て期女性の共食を、子連れで家を行き来する友人との食事に限定し、「ハレ」と「ケ」の中間的な食事と位置づけている。

第二章「インタビュー調査からみる共食の概況」では、二〇〇二年に一〇名の子育て期女性を対象に実施したインタビュー調査に基づき、共食の実態の解明と分析概念の抽出を行っている。インタビューの結果、共食によって、大人同士の会話の場や子ども同士の遊びの場、料理を披露する社会的欲求を満たす場となっていることが析出された。さらに、共食の義務的な付き合いや費用の折半などルールの厳格さというネガティブな側面も確認された。

分析概念の抽出では、共食の要素、共食の機能、共食を維持するメカニズムを抽出している。著者によると、共食の要素は、食事と人間関係で成立し、互酬性の働きにより反復・継続する。共食の機能は、食事に関連した機能と人間関係に関連した機能を抽出している。共食を維持するメカニズムとは、共食を共にする人々の間に互酬性の規範が生成するとともに共食の機能が作用し、そのことによって次の共食が促され維持されるという。

第三章「理論と仮説」では、第二章のインタビュー結果の知見をふまえ、社会学における交換理論とネットワーク理論を概観し、分析枠組みと仮説を提示している。交換理論では、ピーター・M・ブラウの互酬性概念と、ジョージ・C・ホマンズの「費用と報酬」論を援用している。ネットワーク理論については、社会的ネットワークや育児ネットワークなどの研究を整理したのちに、個人を中心に据えたパーソナル・ネットワーク論に依拠しながら、共食を契機としたネットワーク（共食ネットワーク）の特性や女性への影響を検証するための足掛かりとしている。

互酬性とネットワークからみた友人との共食

第四章では、第五章から第七章で分析に使用する量的調査の調査方法やデータ、分析方法、変数について論じている。本書では、先に取り上げたインタビュー調査と二種類の質問紙調査に基づいた検証がなされている。質問紙調査のひとつは、二〇〇二年に乳児から小学校六年生までの子どものいる三〇代既婚女性を対象に実施されたもので、第五章で使用されている。もうひとつは、二〇〇五年に未就学児のいる二〇代から三〇代の既婚女性を対象に行われた調査で、第六章と第七章で用いられている。

第五章から第七章は、本書の中核をなす量的調査に基づく実証研究である。第五章「共食の実態と互酬性の検証」では、①共食の特徴把握や共食ニーズの高い層の解明、②料理に対する熱心さや共食頻度の均衡が共食の評価に与える影響の解明（交換理論の検証）、③共食の実施の有無に関する規定要因の抽出と共食しない人の特徴の解明が行われている。

第六章と第七章では、第五章の結果を受け、共食ニーズの高い女性に焦点を当てた分析がなされている。まず、第六章「共食ネットワークの特徴」では、共食ネットワークの特徴をパーソナル・ネットワークの比較を通じて解明するとともに、共食が女性たちのサポート資源としてどのように貢献するかを検証している。共食ネットワークは、パーソナル・ネットワークと比較して子どもを通した人間関係であることが多く同質性が高いことや、共食をする人は子ども関係の友人からもサポートを得ていることなどが示唆されている。

第七章「共食の諸機能と多様性」では、「家で友人と共食を行う人」に限定して、第三章で析出した「共食の要素」と「共食の機能」に関する仮説を、専業主婦と有職者に分けて多変量解析（共分散構造分析）を用いて検証している。

第八章「考察と結論」では、これまでの結果をふまえ、共食の各機能が共食の食事・人間関係・互酬性という要素の影響を受けること、さらに共食の機能の大半がネットワーク特性のいかんによって規定されることを明らかにしている。とりわけ、専業主婦層では、子どもを遊ばせる場と大人同士の会話ができる場の両立を可能とする共食ニーズが高いだけでなく、共食がネットワークの拡大や他者とのコミュニケーションの醸成、料理を通じた自己呈示として作用することも示された。これらの結果を受けて、著者は、共食を人間関係の構築に寄与するひとつの装置として積極的に活用することを提案している。

共食をめぐる実証研究の展開に向けて

本書は子育て期女性が友人と自宅で行う食事という非常に限られた共食の局面に着目し、混合調査の方法を採用して理論的にも実証的にも深く追究した意義深いものである。ただし、三つの点において課題や限界があると指摘できる。

まず、友人と共食が可能な条件の精緻化である。著者は首都圏で調査を実施した理由として、都市部は移動性が高く、友人などのネットワークの重要性が指摘されているためと述べる。ただし、友人との居住距離や、回答者本人が選択可能な移動手段などが共食の可否に大きな影響を与えると推察される。特に、乳幼児などの未就園児を抱える場合は、徒歩や自転車での移動ですら負担になることもある。また、著者の調査対象地である首都圏であっても、子どもを通した友人などが遠方に居住する場合もある。共食をともにする友人へのアクセスに大きく作用する物理的距離や移動手段を指標として導入することで、本研究の議論をより精緻化することが可能になるだろう。

次に、食の多様性と共食の共存可能性に関してである。本研究では品数や費用といった量的な指標で食事の要素を抽出し分析しているが、この指標では、食に関する多様な背景を持った人たちの共食を検討することが難しい。宗教上の理由や身体的理由（食物アレルギーや疾患など）、食に対する価値観などで、独自の食生活をする人々は女性や子ども双方ともに一定程度存在する。外食産業では、宗教的戒律にのっとった食事（ハラール食など）を提供する店舗が少しずつではあるが増えており、アレルギー表示やアレルギー対応食については広く浸透している。このように、人々の多様性に即した食の選択や共食が可能になりつつある現代社会において、友人との家での共食ではどのような食事の工夫をしているのか、多様な人々が集う共食機会が多いのか、それとも同質性の高い人たちとの間での共食機会が多いのか、さらに、どのような条件や仕組みがあれば食の多様性と共食の両立が可能なのか。このような問いを検討する余地が残されている。

最後に、自宅でも外食でもない新たな共食の場が女性と子どもに与える意味を検証する必要がある。具体的には、二〇一〇年代頃より盛んになっている「子ども食堂」のような取り組みである。本書の理論的射程を超えてしまうが、女性や子どもが子ども食堂を通じてどのようなネットワークを形成するのか、またどのような条件の人たちが子ども食堂を利用するのかなどを解明することで、「支援としての共食」の可能性をさらに展開させることができるだろう。

このような限界や課題が残されているものの、本書は食研究に対してふたつの点において活用可能性がある。ひとつは、共食の実証研究（特に混合調査）を行う際に活用できる点である。具体的には、質的研究をふまえた仮説の析出と質問紙調査の設計・実施は、混合調査の実施を検討している人にとってお手本となるだろう。なお、本書に掲載されている変数一覧表は有益である。そこには、「設問・項目」「内容」に加え、変数を使用している章が示されている。例えば、「友人との共食頻度」という設問・項目は、「友人との共食の頻度（食事）」「友人との共食の頻度（お茶）」「家で行う友人との共食頻度（食事）」「友人の家に呼ばれる共食頻度（食事）」などの六つの小項目で構成されている。また、内容欄には「ほぼ毎日」（六点）、「週三〜四回」（五点）、から、「一年に一回以下」（一点）、「全くしない」（〇点）までの七つの選択肢が記載されており、選択肢をどのように数値化して統計的処理をしたかがわかるようになっている。

もうひとつは、本書の体裁の活用可能性である。本書は、著者がお茶の水女子大学に提出した博士論文に基づくものであるが、ほぼ博士論文の体裁をとどめている特徴がある。家政学や社会学分野で食研究に関する博士論文を執筆する学習者にとっては、本書の構成そのものが有益となるだろう。

（大淵裕美）

◉テオドル・ベスター

『築地』

［和波雅子・福岡伸一訳、木楽舎、二〇〇七年］

▼キーワード

市場、文化、制度、エスノグラフィー、場所

マーケット・プレイスの民族誌

現代人の食は膨大な経済活動の上に成り立っており、食の生産や供給について解析するために食料経済学や農業経済学が確立されている。だが一方で食には経済学的アプローチには収まらない個別具体的な側面が残されており、それをとらえるには人類学的なフィールドワーク調査が有効な手法となる。

いかにグローバル化が進むとも、経済行為は一律に展開されるのではなく、国ごと・地域ごとの社会と文化に深く根づいている。それゆえ、人類学者がモノとサービスが行き交う取引や制度を記すときは、それがいかに、文化的・社会的資本の生産と循環によってできあがっているかに注目する。人類学における市場の研究は主に第三世界や小作農・植民地社会において行われてきたため、経済的コンテクストの異なる日本社会を対象とする『築地』は、オリバー・ウィリアムソンの制度派経済学やマーク・グラノヴェッターの経済社会学に近接するものだといえる。とはいえ一般的な経済学モデルに還元できない面をみようとする点で、本書はやはり人類学者による食のエスノグラフィーなのだ。

経済人類学の研究としての本書の出現の背景には、当時注目されていた日本の国内流通システムに対する議論があった。生産者と消費者の間に幾重にも張り巡らされた卸売業者は、非効率性の象徴として批判される一方で、《系列》として垂直的に構成された企業群は取引の安定

を確保する利点もある。本書は、築地を舞台に、日本経済の特徴とみられる小規模企業群《仲卸業者》に焦点を当て、その多くが家族経営である彼らの近代以前の慣習を維持する経済文化と合理化・近代化を主張する大規模企業の経済文化との接触を検証する。エコノミストが一般化されたモデルとしてのマーケット（市場《しじょう》）のパフォーマンスを考えるのに対し、築地という特定のマーケット・プレイス（市場《いちば》）のパフォーマンスを分析する民族誌であることに本書の特徴がある。

経済合理的な観点からすると、激しい競争によって個人利益を最大化する行為は当然のように思われるだろう。しかしながら、社会制度や文化パターンの側面から市場を分析する本書では、短期的には不合理にみえる方法であっても、じつはそれだけではないことも示される。経済取引である以上、個々の業者の間に激しい利害関係が生じているのは事実であるが、それが市場全体の信頼を低めることになってはよくない。それゆえマグロのせりにおける救済措置のように、「顔の見える真正な関係」に基づいているからこそ集合的な利権が長期的にはそれなりに平等になるような仕組みが備えられているのである。そのような外部からはなかなかみえにくい市場の統合と調整をならしめている仕組みを「見える手」として示すのである。

本書は、日本をフィールドとするアメリカ人の人類学者テオドル・ベスターが、世界最大の魚市場である東京卸売市場・築地魚河岸で展開される経済活動を分析した研究書であり、その仕組みについて記した民族誌である。築地市場の成立の歴史と現代にいたる経緯、官・民・買い手など市場を形成する人々の役割・関係・内部構成、世界の情勢や消費者の動向が市場に与える影響、せりなど独特の商習慣とルール、取引される水産物の流れ、築地のライバルや上流・下流を構成する業界との関係など、システムから個人まで多角的な視点で取材・分析し、築地の全貌を明らかにするとともに、西欧文化からみた日本の文化・歴史・社会の特異性を明らかにしてゆく。

本書の第一章から第四章は築地の魚市場の歴史と現状、築地が日本社会で果たしている役割についての説明である。第一章は、著者自身の築地との出会いが語られるとともに、築地が日本の食文化の伝播・変容の鍵であり、日本と世界の海産物を結びつける場所として位置づけられる。第二章では、築地では誰がどのように活動しているのか、現場の光景や雰囲気を示す。第三章は、築地市場の歴史を紹介する。一七世紀にさかのぼる市場の歴史を理解することができる。第四章では、米と並び日本の食文化の中心的存在である水産物とその消費について分析する。築地市場の高級寿司ネタとしての役目を帯びている水産物と日本のアイデンティティや伝統との交差に焦点を当て、文化として消費プロセスを考察し、それがいる水産物と日本の象徴文化を分析する。

徳的価値と貨幣価値の交換プロセスを考察し、それがいかに日本の魚河岸の性格に影響しているのかを分析する。

第五章と第六章は、築地市場の制度的・組織的な基盤についてである。血縁・婚姻・師弟などの個人的な絆に基づく強固な人間関係と、国・東京都が管理する卸業者（七社）→せり人→仲卸業者（約九〇〇社）の免許制度が築地の市場活動のベースになっている。築地での取引活動は、生産者・供給者から卸業者へ（垂直統合が多い）、卸業者から仲卸業者へ（せり）、仲卸業者から買付け人へ（場内の店舗での販売）の三種類に分けることができる。よく知られている「せり」が行われているのは、卸業者と仲卸業者との取引の局面である。

そして本書の眼目は第七章で展開される市場取引の記述だろう。入札はジェスチャー方式（鮮魚）か筆記方式（塩干魚）か、一回かぎりの入札か増額可能な入札（マグロのせり）か。こうした取引形態の違いは、一見するとささいな慣習にみえるが、経済学的にみると大きな意味がある。供給量がかぎられるマグロについては、卸業者の市場力が強いため、買い手である仲卸業者が高い値をつけてしまいがちな増額可能な公開入札（ジェスチャー方式）になっている。ただ、マグロは解体してみるまで中の状態が正確にはわからず、一本あたりの金額も大きいため、買い手は大きなリスクをかかえる。それを緩和するため、大はずれのマグロ（寄生虫や「やけど」など）を買ってしまった場合、買い手に過失がなかったことを示せば価格調整してもらえるという制度も設けられている。せりの方式の違いは、売り手と買い手のどちらが有利かというパワーバランスをじかに反映しているが、そのもとで市場での取引活動を円滑に維持するため、力の弱い側を救済するような細かな慣習・制度が並存しているのが築地市場の特徴である。こうして人間関係の絆や反復的な商取引関係が維持されている。

第八章では結論として、こうした制度的な取引と社会構造が連結した市場を駆動させる文化的意味についてまとめられている。

「築地」を調べつくす

本書は著者が懇意にしていた深川のすし屋の主人に誘われて買出しに同行したことに始まる築地との出会いから一〇年以上のフィールドワークのデータに基づいて書かれている。マグロの売買や解体はできないうえに著者にやらせてみようという無謀な人間もいなかったため、参与観察法のかわりに著者は「聞き込み観察法」を駆使した調査を行った。何度も現場に通い観察して簡単な質問をして市場における知識を獲得したのちに、本格的なインタビューを繰り返していったのである。仕入れに訪れる人・場内市場に店を構える仲卸業者・せりにかける卸業者・仲卸業者の協同組合である東卸・監督的立場にある東京都・大手の購入者であるホテルやスーパーなどに対し、膨大なインタビューを行い、「現場の人」の生々しい声を聞き、伝える。同時に、統計や文献資料も漁り俯瞰的な視点も忘れていない。こうして長年の調査と市場の人々との付き合いののち、著者はアメリカの水産物市場関係者たちに築地を案内するまでになる。

食に関わる特定の場所に注目する人類学的な調査研究は、もっぱら食糧・食品を生み出す生産の場や、それらが食べられる家庭や飲食店という消費の場に注目してきており、その間を結ぶ流通を直接的な対象とするものはまれであった。これは、流通の現場を構成するアクターの膨大さもひとつの理由だろう。それゆえ、生産側と消費側双方からのヒト・モノ・カネが錯綜する関係を網羅する本書はまぎれもなく労作である。そして、著者が詳細に語っている調査方法は、経済原理に還元されない個々の市場という場所の固有の社会的・文化性を明らかにするためには、ヒト・モノ・カネのどの部分に取り組むべきなのかを計画する具体的な調査技法としても参考になるだろう。

なお本書はれっきとした学術書でありながらも必ずしも人類学を学んでいるわけではない読者にも楽しめるものとなっている。著者は「まえがき」で本書の概要を説明し、読者の関心によって「どこから読むべきか」を案内してくれているので、魚好き、築地好きはそれぞれ自身の関心のある章を読むだけでも十分満足できるだろう。場外市場の見学はできてもそこで働いている人々の織り成す世界は、素人には興味はあっても足を踏み入れにくいところだろう。本書では彼らのさまざまな行為と諸関係がきわめて詳細に分析されており、玄人の世界をそうとう深いところまで知ることができる。さらに巻末の

「付録」として、「築地を訪ねる」という築地観光の案内ガイドと、築地を扱ったドキュメンタリー映像作品やウェブサイトまで紹介されており、読者はこれらの資料にアクセスすることで、いまなお変化し続ける現在進行形の築地を追っていける。

＊本書評脱稿後の二〇一八年一〇月、築地市場は営業を停止し、新しく豊洲市場が開場された。

（安井大輔）

◉宮崎清
『藁』

［全二冊、法政大学出版局、一九八五年］

▼キーワード
稲、ワラ、循環

本書は、宮崎清が一九八五年に東京大学に提出した学位論文『日本における生活空間構成と藁の文化に関する基礎的研究』を基底に据えてまとめられたものである（以下「藁」は「ワラ」と表記）。氏は、「ワラの文化」を対象とする長年にわたるフィールドワークにおいて採集された膨大な情報を「エコロジカルな物質文化」という視点から総括している。民俗学者の宮本常一が提唱していた「人間の生態学」という枠組みに位置づけられる研究であり、日本におけるワラ文化研究の集大成でもある。

この本をここで紹介する理由は、ワラそのものを物質として扱う領域にとどまることなく、ワラと主食作物との関連、ひいては稲作と人間社会とのつながりに関する示唆を得られると判断したからである。

コメは、日本における日常ならびに非日常の主食料である。それゆえ、農学、栄養学、植物学、歴史学、人類学などの分野でなされてきた数多くの稲作研究の対象は、稲の食べられる部分、すなわち、コメに視線が集中されてきた。稲作のいわば副産物である稲ワラに関しては、これまで、注視されることが少なかった。本書は、見落とされてきた稲ワラに視点を定めながら、コメづくりの副産物としての稲ワラを多面的に活用する文化の総体を、探究したものである。

本書は、大量の文献を活用する一方、広域にわたる精密な現地調査による採集資料をふまえ、日本における「ワラの文化」の諸相を記述し、最終章では、日本における稲づくりのオリジナルな姿を探し求めるため、韓国における「ワラの文化」に関する現地調査で採取した資料を紹介し、両者の比較分析をも行っている。

二冊に分けられた本書は、Ｂ５判、総七五二ページにも及ぶ大作である。ここでは、本書を章ごとに紹介・解説するのではなく、フードスタディーズに関する重要な記述の概説ならびにそれに対する評者のコメントを述べていきたい。

エコロジカルな視点からみた食の副産物

本書は四部で構成されている。まず「はじめに」の冒頭にある「近代化への反省」には、本書における最も重要な問題意識が述べられている。本書が出版された一九八五年は、日本におけるバブル景気の初期であるとともに、農村地域の犠牲を踏み台とした高度経済成長による生活文化および環境破壊の影響が顕在化する時代である。当時、その問題をどう解決すべきかについて、「農村部における近代化の大いなる拡張」と「近代化の反省」のふたつの見方に分かれた。宮崎清は後者の視点に根ざして、現代社会における「ワラの文化」に関する研究の意味について以下のような切り口から光を当てている。

> 単に懐古趣味的な意味で、「ワラの文化」の消滅を嘆くのではない。私は、ものをみる冷徹な目と人とその生活文化とをみる熱き思いとを持って、日本の伝統的生活文化の消滅とそれにかわって時代を制覇するに至った工業文明の正体を客観的に整理し、現代の文化と文明の抱える諸問題を考察しなければならないと考える。（Ｉ、八頁）

第一部では、七章にわたって、日本の稲作農業の展開と日常生活におけるワラの利用とワラの細工技術について論じられている。第一章では、「エコロジカル・システム」の視点からワラの物質面と精神面が考察され、日本文化の原風景としての「ワラの文化」が輪郭づけられている。第二章と第三章では、日本の稲作農業の由来とワラの文化の生成、ワラの活用に関する諸技術の歴史的展開についての文献調査が行われている。第四章と第五章では、衣、食、住、生産、労働、遊びなど、さまざまな日常生活場面における「ワラの文化」の実態を具体的に観察している。また、北海道と東北、関東、東海と近畿、中国と四国および九州でのフィールド調査によって、ワラ製生活用具と地域と風土との関連性が明らかにされている。第六章では、非日常におけるワラの利用とその地域性との関係を解明したうえで、日本人はどのような精神、観念をこめてハレの日にワラを利活用するかについての考察がなされている。また、前章の資料に基づいて地域別の比較研究を行い、日本海側気候帯のワラの文化のほうが太平洋側気候帯のそれより技術的に高度なものづくりが展開されたとの指摘がなされている。第七章では、「亡びを前提とした美」、「補修を前提とした美」、「一物全体活用というもったいない精神の美」など、ワラ製生活用具の制作と使用の行程に終始貫かれた日本人の美的価値・精神的世界についての論考がなされている。

第二部では、フィールド調査によって採集された資料に基づいて、山地型社会と平地型社会における「ワラの文化」の特色について比較研究を行い、日本における「ワラの文化」は、山地型社会においてより豊かな知恵の結晶として展開されたことが指摘されている。

第三部では、草屋根葺き、小屋組、床材と住生活用具など空間・儀礼におけるワラの造形文化と、それを介して創り出された内と外、自己と他者、此岸と彼岸、清浄と不浄、聖と俗という生活空間演出について詳細な考察がなされている。

第四部では、日本の「ワラの文化」の源流のひとつである韓国の「ワラの文化」との比較研究が行われている日本の「ワラの文化」はたんに大陸文化の複写、模写ではなく、外来文化の受容とその胎内化の過程のなかで、優れた造形性と技術性を形成したことが明らかにされている。また、終章では、「「ワラの文化」の復権をめぐって――近代化と工業化の頂点において」と題して、自然と人間との優れた調和を示す生活環境の設計と、日本人の精神世界の深層にまで刻み込まれた生活文化としての「ワラの文化」を再評価すべきことが強調されている。

食べ物、環境と文化

ワラは、農事、炊飯、生活用具づくりなどの材料として利用され、食物としては飢饉のとき以外には利用されない。そのため、一般的には、ワラを食研究の対象として考えることはない。たいてい、食物と環境との関係に関する研究においては、主に作物の収量の形成過程、収量や品質に関わる生産環境に焦点が当てられるが、その食料を実につける植物の茎なり葉などは、廃棄物・副産物として扱われ、研究対象にはならない。しかし、生態人類学の研究視座からみると、食料作物が人間社会にとって、ただたんに「食料」の価値だけではなく、「食料」を実につける物体全体の「使用」の価値、「生態」の価値にまで視点が及び、その「食料」づくりをしている人間、その「食料」を食している人々がいかにそれらの価値を捉えているかが興味深い課題となる。このような観点に立脚するからこそ、本書では「ワラの文化」が日本における不朽の文化、民族のエトスとも位置づけられるとの論述がなされている。人間と食用作物との関わりはきわめて多様・多面的であり、当該民族にとってただ空腹を満たすためだけのものではなく、それに付加した象徴的意味が人間の心を満たし、その廃棄物・副産物とされかねないものが、いろいろな場面で民族の生活文化を支えているのである。

主食作物とは、当該地域の生態条件に最もふさわしい作物であり、地域住民の主要なエネルギー源の役割を果たすために、集中的に栽培されているものである。他の食用作物に優先して広い面積で耕作されているため、主食作物を収穫したあと、つねに大量の副産物、すなわち、「食料」としては食べられない部分が発生している。日本における主食作物づくりにおいては、主食作物の食べられる部分・コメと食べられない部分・ワラとが同様に大切にされている。食べられる部分・コメには調理が施され、日常食から非日常食まで、腹から心まで、日本の生活文化の表象として扱われている。食べられない部分・ワラにも当該食物を実につけてくれた想い・感謝を抱きつつ、もの・生活用具づくりとその日常・非日常における使用が展開される。日本における主食作物づくりにおいては、「ワラはおコメの親だもの」「ワラを燃したら笑われる」などの言葉がほとんどの地域で伝承され、コメの質はワラが左右するとさえ考えられてきた。まさに、コメとワラとは一体であったのである。

さらに、本書は、主に「エコロジカルな物質文化」という視点に立脚し、日本社会におけるワラの物の性（人類学では「物質性」という言葉が使われているが、ここでは心理学の「物の性を尽くす」という言葉を借りている）をいかに尽くし、食物生産の肥となり、食料貯蔵の草屋根葺き材となり、食物づくりの燃料となり、食物を盛る食器となり、そして衣食住や祭礼などの素材となっていくかという、広範なワラの活用の実態を、「土」と「人間」との関連のなかに位置づけて、ワラの資源循環的な体系を解明している。すなわち、「土」によって育てられたワラを収穫し、「人間」社会のなかでそれをさまざまに活用して生活文化を成り立たせ、それに寿命が到来すると「土」に戻し、「土」を豊かな土壌にしていく不断の輪廻を、日本の常民たちは当たり前のこととして実践・継承してきた。本書は、ただたんに、過去の生活様式を百科事典のように羅列しているのではない。近代化への反省と「自然の一部としての人間」を基調とするこの一九八五年に出版された本の、「日本の稲作によって生成してきたローカル・ノレッジ（local knowledge）を如何に活用して持続可能な社会を作り出すのか」についての提言は、いまからみても決して古くはない。本書でまとめられた地域固有の生態的知識を一言でいえば「ワラがコメをつくる」「コメはコメから生まれる」である。その知恵はまさに近年ブームとなっているリサイクル文化の原点ではなかろうか。

「エコロジカルな物質文化」の視点による調査研究におけるもうひとつの特徴は、宮本常一が提出した「人間の生態学」との共通点である。宮本常一は『民具学の提唱』のなかで、「民具研究の根本問題は民具の形体学的な研究にとどまらず、民具の機能を通じて生産、生活に関する技術ひいてはその生態学的研究にまで進むことに意味がある」と指摘した（未來社、一九七九年、六一頁）。

宮本常一のこの視点は、本書の第一部第五章、第六章および第二部第三章において詳述されているワラの生活における活用技術と活用形態、その地域風土との関連についての比較研究に相当する。本書を通して読者に示したいことは、食用作物と人間社会との関係についての研究は、その作物の「食べられる部分」にとどまらず、さらに「用いられる部分」にまで進んで、その作物の「一物全体活用」という全体論的な（holistic）視野をもって調査研究を進めることが肝要であるということである。そうすることによって、食用作物と技術文明と環境との複雑な関係を明らかにすることができるということである。

大貫恵美子は、『コメの人類学――日本人の自己認識』（岩波書店、一九九五年）のなかで、コメには魂が宿っているとみなされ、コメは神そのものだという象徴的意味が含まれていると説く（九六―一〇四頁）。また、コメの魂は和魂（平和的、創造する力、正の力を持つ神）であり、定期的に「ハレ」の儀礼あるいは食物の摂取によって、再生、再活性化させないと衰弱してしまう性質があるともいう（九九頁）。一方、宮崎氏によると、「コメの親」「コメを実につけてくれるもの」であるワラは、神々の宿をつくるのにも、神々への供物を包むのにも用いられ、人々と神々との交わりの媒体として使用され、「廃棄物」として扱われるような習俗はないという。また、ワラでつくられる注連縄や集落の辻に設けられる大きなワラ人形や蛇などの造形物は、毎年新旧の掛け替え儀礼が行われると指摘する。大貫氏は稲のコメを対象とし、宮崎は稲のワラを対象として分析を行っている。このように、両書に目を通すと、分析対象を異にしていても、「物質文化」そのものを畏敬する精神性・価値観があることに逢着する。生活におけるワラの活用を支えてきたのは、まさに、「コメのなる木」「コメの親」としてワラを育てる常民たちの情熱であり、神への信仰ではなかろうか。

しかしながら、現代では、コメづくりの機械化・合理化が進行するなかで、物質文化の実用性のみに価値がおかれ、ワラとコメとの関係性、両者に含まれてきた精神性・価値観が分離され失われてしまっている。「ワラを燃したら笑われる」「ワラはお米の親だもの」とされてきたワラが、コンバインで細かく裁断され、収穫を終えたあちこちの田の上で、野焼きされている。そんななかで育つ子どもたちは、直にワラに触れる機会がほとんどなくなっている。

宮崎は、本書の姉妹作として、『図説藁の文化』（法政大学出版局、一九九五年）を著している。それは、B5判、総五四三ページの大著で、生活におけるワラの活用をおよそ一〇〇〇点の自筆のスケッチによって明示した、書籍による「ワラの文化博物館」ともいえるものである。その終章では、「地域社会の生と死」と題し、ワラの文化の蘇生、地域社会における生活文化の価値の再発見と創生に努める「旅のはじまり」の重要性を説いている。この『図説藁の文化』は、読みやすく、ワラの文化の総体の「美しさ」「価値」にも触れられる見逃せない一冊である。

（張瑋琦）

第Ⅱ章　食の歴史

「食の歴史」と聞いて、あなたは何をイメージするだろうか。ある地域の食文化の変遷だろうか。それともある食品の歴史だろうか。もしかするとレストランや食品店のような、食べ物を扱う店の歴史を想像する人もいるかもしれない。

「食の歴史」と聞いて想像できるものがたくさんあるのと同じように、食の歴史をめぐっては、これまで多種多様な研究がなされている。ここでは、この多種多様で膨大な研究を食べるモノ（食材・食品）の歴史、食べるコト（食材・食品の調理と消費）の歴史、そして食を成り立たせてきた仕組み（食品の生産・流通の制度）の歴史の三つに分類し、それぞれを概観しよう。多種多様な食の歴史を扱った膨大な研究を整理するのにこの区分が適切かどうかの判断は、読者の皆様におまかせしたい。この文章では、私たちなりにこの分類に沿って、本書で取り上げる食の歴史研究をごく簡単にまとめていく。食の歴史とは何の、どのような歴史を書くことなのか、それはどのような調査によって可能になっているのか。

食べるモノの歴史

「食の歴史」と聞いて、特定の食品を扱った歴史をイメージする人も多いかもしれない。実際、大きな書店の一角に行ってみれば、パンやジャガイモからチョコレートやコーヒーまで、特定の食品の歴史を扱った本の一群をみることもできるだろう。本章で書評されているもののなかでも、『甘さと権力』『砂糖のイスラーム生活史』『納豆の起源』『番茶と庶民喫茶史』『ラーメンの語られざる歴史』といった本が該当する。

主食と嗜好品

食べるモノの歴史を描いた本は、主食（常食、staple food）や嗜好品の歴史を描いてきた。一方は誰もが――品質の違いはあれど、身分や貧富の差を問わず——日常的に食べている（食べてきた）食品を対象とし、他方は高価で希少な、「あったらいいけどなくてもなんとかなる」あるいは「なくてもやっていけたはずだけれども、いまやなくてはやっていけない」食品だ。本書で取り上げた本でいうと、主食を扱った本は『食生活雑考』、嗜好品を扱った本は『甘さと権力』『砂糖のイスラーム生活史』『番茶と庶民喫茶史』ということになる。当然ながら、このふたつの区分も大雑把で暫定的だ。しかし、何を対象とするかによって、描き出される歴史の姿も異なってくる。

原田信男の『歴史の中の米と肉』（平凡社、二〇〇五年）は、日本史のなかで米と肉というふたつの食品が食べるモノとして、またシンボルとしてどのように位置づけられてきたのかを追っている。著者は日本中世村落史の学問的訓練を受けつつ、考古学・文学・思想史といった関連分野の成果を取り込みながら、日本史を通じてこのふたつの食品がどのように「日本」なるものをつくってきたのかを問うている。他方で『食生活雑考』は地道なフィールドワークに基づき、本当のところ人々は何を、どのように食べていたのかを探っていく。そこからみえてくるのは麦を育て、芋を蒸かし、稗で飢饉を乗り切る農民や庶民の姿だ。彼らの創意工夫は「日本人はずっと米を食べてきた」という、ある種のイデオロギーに基づいた思い込みを打ち破る。誰もが食べてきた（食べている）モノを通じて、歴史上あまり取り上げられてこなかった人々の姿がわかる。その姿は、私たちがつい抱いてしまう「日本」や「日本人」へのステレオタイプを覆すに十分だ。

世界が結びつくとき

食品の歴史、とくに嗜好品の歴史は、遠く離れた地域を、経済的にも文化的にも結びつける、一種のグローバル化の歴史になっていく。「なっていく」と書いたのは、著者たちにそのような意図があるか否かはわからないが、結果としてそのような歴史を描かざるをえない側面があるのではないか、という意味だ。高い値段で取引され、摂取する者をしだいに依存させる嗜好品は、大きな市場を持つポテンシャルがある。その生産と流通からは莫大な富が生み出されるだろう。生産費用を低く抑えられればなおさらだ。「グローバル化（globalization）」という言葉は、昨今とみにいわれすぎているきらいがある。しかし、食品の生産・流通・消費を通じて地球上の遠く離れた地域が結びつき一体化していく様は、グローバル化というにふさわしい。生きるために不可欠な営為は、あるときは栄養補給のために欠かせない手段として、またあるときは階級や地位を表現するために欠かせない手段として、遠い海の向こうと目の前の食卓とを結びつけてきた。

この歴史は、広大な領域を支配する帝国の歴史にも重なる。例えば『砂糖のイスラーム生活史』は、砂糖という魅力ある商品が、中国から地中海に至る貿易を生み出し、イスラーム世界に共通する食文化を生み出した様子を描き出した。貴族たちは酒宴の席で砂糖細工を楽しみ、庶民は市場で甘いお菓子を楽しんだ。地中海を行き来する商人たちは砂糖貿易の生み出す利益を享受し、それは寺院や芸術作品を生み出した。奴隷制度や植民地支配とはまた別のかたちの、グローバル化の歴史だといえよう。

帝国による食品のグローバル化の歴史は、『甘さと権力』が描き出すように、のちに、イギリスによる砂糖生産と流通の歴史、つまりイギリスによる植民地支配の歴史と重なっていった。砂糖を生産するために、アフリカ大陸の人々は奴隷として西インド諸島へ運ばれ、プランテーション農園で働かされた。産業革命期のイギリスにおける労働者たちは、低賃金・重労働を砂糖入りの紅茶を飲む休憩時間によって堪え、単調な食事のなかに甘いジャムを塗ったパンという美味しい一皿を加えた。魅力ある食品は多くの人々の生活を豊かにする。それは物質的に豊かになるというだけでなく、おいしいもの、食べたいものが手に入るという喜びを私たちの生活にもたらす。多くの消費者に、多くの食品を流通させることによって、生産と流通に携わる人々は富を生み出す。同時に、食品を安く大量に生産し流通させようという工夫は、生産者の権利や生産地の自然環境を軽視し、国内外に激しい貧富の差を生み出し（または食によってその格差が直ちに政府への反感に結びつかないようにし）た。

食べるモノの歴史は、主食であれ嗜好品であれ、食を通してある地域の、ある国家の、そしてそれぞれの国家と地域の結びつきの歴史を描き出す。一国の歴史のようにみえて世界史であり、世界史でありながらある地域・国家に関する専門的な知識に支えられた記述。そこからみえてくるのは、食品を通じてつながり、またあるときは分断される過去と現在の世界の姿だ。

食べるコトの歴史

食べるモノとコトを分けると、食べるコトとは、「食べる行為」に関する歴史であるといえる。

人々は「食べる行為」を日々繰り返している。その繰り返しを経て、知や経験が積み重ねられた結果、文化が形成されていく（石毛直道は日本でそうした文化的な産物に向き合おうとした第一人者であり、それを「食文化」と称した）。

その結果、生み出された文化的産物とは、知であり、技術的なものであり、道具であり、そこに定着するルーティン化であるといえる。そうすると、歴史学として扱う「文献資料」となりうるものは、限定されることがわかるだろう。

先行する食べるコトの歴史研究者たちは、料理（調理）や食事場面に関わる教育で用いられる文献を資料として扱ってきた。すなわちレシピやテキストなどである。

ここではこうした資料に着目して、先行される食べるコトの歴史をみていくことにしよう。

レシピを扱った研究

食文化史家である江原絢子は、『近代料理書の世界』のなかで次のように述べている。「一冊の料理書は、単に調理法を伝える本というだけでなく、その時代を語るものであり、調理法の伝授という枠組みを超えて、私たちに多くのことを語りかけている」。江原は、料理に関わる資料として、これまでの歴史学が着手してこなかったレシピを、史料として扱うことを始めた。

歴史家の藤原辰史もまた、大戦期のドイツにおけるレシピを扱ったことで知られるが、レシピを分析資料として扱ったという点では、江原が先駆けである。

江原は日常生活のなかでなされる、「料理をする」ことの文化をとらえようとする。近代の日本において、高等女学校家事科では、料理に関する講義、実習などが教育としてなされていた。そこで江原は家事科テキストに記されたレシピ、内容、写真や、当時学生であった女性の日記などを資料に、「料理をする」ことがどのようにして社会のなかで教育され、それがいかに生活にみられる「食べるコト」に結びついていったのかを検討している。日本では近代のはじめに海外から文化の移入があった。そのときに受容した西洋料理は、日本の食文化を大きく変容させた。しかし、その経緯を明確に示す物的資料はない。江原はその歴史を、先述したレシピなどから読み取ろうとしたのである。

だが、こうした食べるコトの歴史については、人々の生活を扱ってきた日本民俗学とのすみわけのせいか、ディシプリンとして自立していないためか、学術的研究として順調に進展しているとはいいがたい。今後は、レシピを資料として扱うにしても、変遷を追う以外の方法論の確立が望まれるだろう。

食事場面を扱った研究

近代の日本において長い間、料理や食事に関わるというのは、女性や使用人の仕事であると蔑視されてきた。結果、食に関する研究は大きく後れをとってきた。だが、こうしたジェンダー的な観点から、食べるコトに着手した研究が興隆した。ここでは表真実の『食卓と家族』という本を取り上げよう。

表は、高等女学校の家事科教育で用いた教科書の変遷をとらえ、いかにして家族の「団らん」というものが、近代国家的なポリティクスから形成されていったのかを描いた。女子教育のなかに組み込まれた性別役割分業の思想や良妻賢母規範は、他の歴史研究でも論じられているが、この書の興味深い点は、家庭内で繰り広げられる「家族団らん」という日常的な情景が、イデオロギー的に食卓の上に布置されていったことを明らかにした点である。結果、意識されることがなかったような、日々の暮らしのなかに埋め込まれたポリティクスが、あらわにされる。一般的な歴史学的研究では気づかなかったことが、こうした日常的に繰り返される「食べる」という行為を検討することで、みえてくるのである。

しかしながら私見ではあるが、個人的なものとして、うちのなかで繰り返されてきた「食べる」という行為について検討を深めるには、資料として限界があるだろう。今後「食べるコト」についての歴史を深めていくとすれば、外食（資料があればであるが）や集団給食などの家庭外での食べる行為がなされてきた場にアプローチしていくのは可能であろう。オランダの研究者であるチフィエルトカは、近代日本の兵食をテーマに、戦後の家庭食への連続性を考察した。こうした研究から、「食べるコト」の歴史の広がりが期待できそうだ。

食べる仕組みの歴史

旅行の楽しみのひとつは食事だ、という方は多いのではないだろうか。地元の新鮮な魚介や野菜、独特の調味料、それらを活かす調理法、さらにはレストランの雰囲気など、普段とは異なる食事を経験できるからだ。現代日本で生活していると一日三回、一か月に九〇回、一年で一〇〇〇回以上食事をするのが一般的である。この毎日の繰り返しのなかでは意識されない食の仕組みを、旅先での食事はあらためて意識の俎上に乗せるのである。ここでいう食の仕組みとは、普段の食事を当たり前のものとして成り立たせていること、例えば、食事のマナーや何を食べ物として選ぶかといったことがら、食料流通システムなどを指す。旅行は空間の移動であるが、時間の移動すなわち歴史研究によっても食べる仕組みを理解することができる。

ブローデル『日常性の構造』（みすず書房、一九八五年）は一五～一八世紀という長い時間を対象に、人々の生活を描いている。プロヴァンス地方で、ヴェネツィアで、アウクスブルグで、さらにはラテンアメリカやアジアで、人々は何を食べていたのか。粥か、パンか、原料は小麦か、それともライ麦や燕麦か。カロリー摂取のどれくらいの割合を穀物に頼っていたのか、肉や魚に頼っていたのか。穀物の流通はどこからどこへ、どれくらいの量でなされていたのか、それらは全消費量のうちのどれくらいの割合だったのか。こうしたこまごまとした事実を積み重ねて、ブローデルは食という日常生活の一面を歴史の領域とする。日々の繰り返しはやがて一般性となり、構造となる、と考える。「三日前の夕食は何でしたか」と問われてすぐに答えられる人は少ないように、和洋中、外食・中食とさまざまなヴァリエーションがある私たちの食生活も、じつはひとつの構造のなかにあるのだ。ブローデルの扱った中世においては、市場交換はごく一部にすぎず、自給自足、物々交換の世界が豊かに広がっている。ブローデルは食を含む日常生活の構造を丹念に描くことで、従来の歴史学が主題として扱ってきた資本主義の形成に新たな視点をもたらしているが、食のこまごまとした事実の雑多な叙述はそれ自体が非常に魅力的である。同時に、雑多で豊富な食の集合が、じつは人口と食料生産力の比較的シンプルな変数として立ち現れてもいる。

また、情感の制御と中央集権的国家の形成という問題を扱っているエリアス『文明化の過程』でも、意外と思われるかもしれないが、食事の作法を通して食べる仕組みが登場する。口にものを入れたまましゃべってはいけない、食卓の上に寝そべってはいけない、自分が口をつけたものを他人に勧めたり大皿に戻したりしてはいけない、手づかみはいけない、云々の食事のマナーがヨーロッパの歴史のなかで徐々に形成されていく様子をさまざまな教育書や礼儀作法書、詩などからかき集めてみせる。ひとつひとつの具体例が積み上げられ浮かび上がるのは、肉体的な力を感じさせるものが隠蔽されていく様子であり、生身の人間としての生理的行為やそうした行為をみせられることと自体が不快感や羞恥心と結びついていったという、大きな感覚の変化である。

食べる仕組みに関する著作からは、食べる仕組みが食事のみに関わるのではなく、経済や社会、政治とも密接に関わっていることが理解できる。食が生命維持の基盤であり人間のすべての活動を支えている以上当然のことかもしれないが、かくも鮮やかにこまごまとした日常の食のありようから、食の仕組み、ひいては経済、社会、政治といった大きな問題系まで見通す点では、食の仕組みが歴史学の重要な研究領域であることを学ぶことができる。

食べるものや食べること、それらを成り立たせる仕組みは、それがあまりにも日常的であるために、事件史や政治史といった枠組みのなかでは、重要視されてこなかった。しかし、近年の歴史学や民俗学では、食という営みを通じて、ある時代・地域の日常生活や政治・社会・経済、さらには人々の身体がいかに変化してきたのかという問題までが描き出されてきている。食の生産・流通・消費という仕組みから、私たちは過去に対する理解を、もっと深めていくことができるはずだ。

（朴沙羅・巽美奈子・野間万里子）

◉シドニー・W・ミンツ

『甘さと権力――砂糖が語る近代史』

〔川北稔・和田光弘訳、平凡社、一九八八年〕

▼キーワード

労働、グローバル化、食と時間、プランテーション

食研究がまださほど注目されていなかった一九八〇年代なかば頃、大西洋を股にかけた砂糖のフードチェーンの歴史を活写することによって学界を席巻したのが本書『甘さと権力』であった。豊富な事例の紹介とともに浮き彫りになるのは、近代イギリスの労働者たちの食卓がカリブ海の植民地で行われる過酷な労働と連環すると同時に、工業化のなかで支配されていく過程である。今日、私たちは流動化する労働生活をあくせくと過ごす合間に、グローバル化した食を享受している。そんな自らの立ち位置をかえりみるうえで、貴重な視点を本書は提供している。

大西洋を股にかけて

砂糖を題材に近代世界の社会史を射程に収める壮大な試みは、著者であるシドニー・ミンツの稀代の名人芸によって成し遂げられたものであった。ミンツはカリブ海の島々をフィールドとし、商品作物生産に従事する人々を研究対象として、一九五〇年代から活躍したアメリカの人類学者である。ラテンアメリカの農民研究に大きな足跡を残し、本書に先んじて刊行された『ヨーロッパと歴史なき人々』(*Europe and the People Without History*)の著者として知られるエリック・ウルフは兄弟子にあたる。ミンツは人類学者にしては珍しく、同時代の状況を調査するだけでなく過去の文献資料を渉猟して、ときに一九世紀以前にまでさかのぼって生産の様相を検討したり、アメリカへ連れて来られたアフリカ人奴隷の子孫た

ちの文化変容を分析したりと、ウルフとともに政治経済的な要素を重視しながら革新的な研究を行った人物として知られる。

還暦を迎えて円熟味を増すミンツはその関心を食の人類学へと向ける。若き日のミンツは、カリブ海の島々のプランテーションにおける生産・労働の形態に関して優れた研究を重ねたものの、その生産物が輸出先のヨーロッパやアメリカでいかに消費されたかについて十分に掘り下げることはなかった。本書に至ってミンツはそんな自らの過去について「いまにして思えば、何とも好奇心に欠けた、センスのないことであった」と反省する。生産の問題だけではなく、「「需要」とは本当のところいったい何なのか……いやそれどころか、「うまい」とはどういうことなのか」（二一頁）という根源的な問題へ取り組む必要に目覚めるのである。こうして、カリブ海植民地におけるサトウキビ栽培から出発して、大西洋の反対側のイギリスの労働者による砂糖の消費を到着点とする本書を構想するに至ったのであった。

議論の俎上にまず載せられるのは、サトウキビと砂糖の生産の局面である（第二章）。ニューギニアを原産地とするサトウキビはまずインドへ、ついでイスラーム教徒の進出とともに地中海へと持ち込まれた。さらに一五世紀になるとポルトガルとスペインによってアフリカ北西沖のカナリア諸島やマディラ諸島でサトウキビ栽培・砂糖生産が行われるようになる。そして、一四九三年にはついにコロンブスによってカリブ海のサント・ドミンゴへと持ち込まれたのであった。カリブ海のサトウキビ生産は一七世紀のイギリス帝国のもとで拡大したが、そこで展開されたのが、アフリカから連行してきた奴隷を利用したプランテーションであった。生産されたサトウキビは現地の工場で圧搾されて粗糖にされたうえで本国へと輸出され、さらにもういちど工場で精製されることにより、真っ白な砂糖としてイギリス本国の国民の食卓へと届く。

世界システム論との対話

ミンツはカリブ海におけるプランテーションの展開をイギリスの産業化やアフリカの奴隷貿易との連環のなかで把握しようとするが、その姿勢はイマニュエル・ウォーラーステインの世界システム論と軌を一にするものである。しかしながら、ウォーラーステインの議論は、諸々の事象を世界システムという超越的な枠組みへとあっさり還元して説明をしてしまうところに問題があった。ミンツはプランテーションを理解するために世界経済とのつながりを意識することが重要であると認めたうえで、さらにプランテーションという制度の性質を掘り下げていく。

植民地のプランテーションは賃金労働者ではなくアフリカ人奴隷を利用していたにもかかわらず、「早咲きの工業化（産業化）」ともいえる側面があった、というのがミンツの見解だ。サトウキビは成熟した時期を見極めて刈り取り、しかも直ちに圧搾する必要があったため（時間が経つにつれ、精製できる砂糖の量が減少してしまう）、サトウキビの加工（製糖）のプロセスはプランテーションで行われねばならなかった。したがってその植物的性質から、工場と農場は一体化している必要があったのである。工場のタイミングにあわせるために、農場における奴隷たちの作業には厳格な時間的規律が採用された。また加工を主に担当する熟練労働者と一般の農作業を担う未熟練労働者は生産に適合的に組み合わされ、それぞれの労働者は相互に交換できるように編成されていた。一八世紀後半以後のヨーロッパでようやく生じるとされる、分業を核心とした工業化の諸特徴がここに早くも萌芽的にみられる。こうしてミンツは、「ヨーロッパが植民地世界を「中核」＝ヨーロッパにならって開発した」（一一九頁）という通説への懐疑を表明する。むしろカリブ海の先進的な生産形態が世界におけるその後の資本主義の発展を支えていったというのである。

近代イギリスと機械のリズム

では、カリブ海の植民地で大量に生産されるようになった砂糖は、イギリス本国でどのように消費されたのだろうか（第三章、第四章）。そもそもイギリスでは当初はまったくといってよいほど知られていなかった砂糖は、高価な稀少品として流通し始め、一七世紀の中頃には支配層の間で権力誇示の道具として重要な意味を持つようになる。ここで次第にカリブ海から大量に輸入されるようになる。そして、一九〇〇年までには労働者階級の間で大量に消費されるに至る。砂糖のこの急速な普及の原因究明こそミンツの次なる課題であった。

本書の眼目は、砂糖を消費する習慣が普及した背景として、イギリスにおける産業化（工業化）の進展を見出したところにこそある。農村を離れることを余儀なくされ、都市の工場であくせく働くようになった労働者たち。

砂糖をふんだんに利用した甘く簡便な食事は、つかぬまの慰安を与えることによって、彼／女たちの食卓へと見事に（巧妙に？）滑り込んだというのだ。

この指摘の鋭さを理解するには、産業化とともに進展した時間の再編成についてふれておかねばならない。産業化以前の時代において、労働と余暇の時間は分離されておらず融合していた。農民たちは歌を口ずさみながら手を動かした。「聖月曜日」として知られるように、労働者たちは日曜日どころか月曜日まで痛飲して、平日も集中して働かないことがしばしばであった。彼／女らの生活には自らのリズムがあった。しかし、産業化時代には機械が労働者を取り囲み、「機械の織りなすリズム」（三〇四頁）に人間は自らのリズムを適合させねばならなくなる。労働者は時間給のもとで労働時間にはせわしなく手を動かし続けねばならない。と同時に、余暇の時間が創り出され、労働者たちは享楽的な消費を通じて商品の世界に深く取り込まれるようになる。この時間の再編成という論点は、本書に先立って一九七〇年代にイギリスの労働史家であるトムソンやアメリカの社会学者であるブレイヴァマンらによって深められていたものであった。

ミンツはそうした成果をふまえて、産業化時代の新たな時間編成へ最も適合的だった食物が砂糖であり、だからこそ労働者階級の間で瞬く間に普及していったとみる。緊張高まる労働時間の合間に創出された休息の時間には、過度の快感をもたらす砂糖たっぷりの食事やティータイムがうまくフィットするのである。また、工場労働に従事することで時間的に追い込まれた女性にとって、例えば買ってきたパンに激甘のジャムを塗るだけの簡便な食事は、手間のかかる調理からの解放を意味した。ここにおいて、労働者たちは自分たちの生活のテンポにあわせて組んでいたはずの食事のスケジュールを、いつのまにか労働のスケジュールにあわせられてしまっている。なるほど、彼／女には自ら食べるものを選択する自由があるかのようにみえる。以前であれば、季節の収穫に左右されたり穀物ばかりの単調な食事が続いたりしたかもしれない。今では休息の時間に甘いパンを食べるかケーキを食べるか楽しく自由に選択できる。しかし、選択が行われる文脈は産業化社会に適合的に再編成されている。その意味で彼／女の自由は幻想にすぎないのだ。砂糖を核としてつくりあげられた小さな幸せに浸らせることによって、資本家たちは従順で安上がりな労働者を再生産することに成功した、というのがミンツの見立てである。

食の自由と現在

こうして本書は最後に食の自由とは何かという問題へと到達する。砂糖が食卓の隅々にまで行きわたっていった延長線上に、外食産業や調理済みの食品にあふれた今日の私たちの生活がある。私たちはいま、好きなときに好きなものを購入して食べられるようになった。消費者として無限の自由を得るに至った。にもかかわらず、「われわれが、われわれの食べるものに対して自決権」を喪失してしまっているのではないか、とミンツは問いかける。

さて、出版されるやいなや大きな評判となった本書に対しては、批判も当然ながら寄せられている。資本家たちが砂糖をエサにして巧妙に労働者の支配を謀ったかのような論が暗に提示されていることについては、多くの論者が懐疑的である。また、商品の世界に労働者が回収されていくことを強調するあまりに、なお多分に残された市場の外の世界がみえづらくなっているという批判も重要である（M・タウシグの議論）。たしかに食卓の商品化は進んだとはいえ、私たちはそれをなお自らアレンジできるし、食卓を囲んで行われる語らいはまだ支配され尽くしてはいないだろう。他方で、奴隷制は一九世紀には終焉を迎え、ラテンアメリカの今日のサトウキビ栽培は賃金労働者によって担われているが、彼らとて商品が織りなす幻想に踊らされているわけではない。市場の外の世界に片足を残し、自らの世界を創り続けているのだ。

出版から三〇年の時を経た今日からみれば、肥満に代表される健康問題や人工甘味料の普及が取り上げられていないことも、いささか物足りなく感じられる点かもしれない。製糖会社が砂糖を人工ではなく天然由来の健康な食べ物であると強調して売ることを余儀なくされる今日の状況は、ただ甘くておいしいことをもって砂糖が普及していった時代とはだいぶ異なるようだ。

原点の問いを突き詰める

ところで、カリブ海をフィールドとしてきたミンツにとってイギリスにおける砂糖消費の普及を主題とすることは容易ならざる挑戦だったはずだが、じつは研究者としての原点に回帰する試みでもあった。冒頭でも少し言及されているように、いまだ駆け出しの人類学者であったミンツは一九四〇年代末にプエルトリコのサトウキビ・プランテーションでフィールドワークを行っていた際に、市場に深く依存した生活を送る労働者たちの姿を目撃する。たしかに、彼らは自給的な農業を営むよりも多くの資金をそこで稼ぐことができたし、稼いだお金を支払えば島外から輸入されてきたさまざまな商品を望むがままに手に入れることができた。だがサトウキビ生産は世界市場の動向（より直接には、アメリカのプエルトリコ産砂糖に対する輸入量割り当て）に強く左右されており、彼らがありつく労働の有無もそれによって定まっていた。他方で、彼らは自らが消費するあらゆるモノを地元の小売店から購入していたが、その店は実質的には製糖会社（アメリカ資本）によって経営されており、労働者たちは購入額を給料から天引きされる仕組みになっていた。彼らの財布は何者かによって完全に握られていたのである。この若き日の原体験に「ヨーロッパ外世界とヨーロッパとが正確にはどんな仕方で結ばれているのか」（一四頁）という初発の問いが結びついた先に、あくせく働きながら甘い食事に包囲されていくイギリスの労働者の姿がみえてくる。現実には出会わなかったであろう大西洋の両端の労働者の経験は、ついに折り重なるのだ。本書は若き日の宿題に対する数十年越しの答えだったといえるかもしれない。

私たちの食卓は世界の反対側とどのようにつながっているのか、そして世界の反対側の食卓は私たちとどのようにつながっているのだろうか。この当たり前だけど根本的な問いに対して、ミンツは最も深刻なかたちで応答しようと試みたのであった。「食」というフィールドには面白い小ネタが溢れており、純粋な好奇心に導かれてそれを調べてみることが研究の生命線であることはたしかである。しかし、何となく面白さや意外性を追求するのでは、議論が散漫になって本質的な問いの追求がおろそかになりがちだ。核心的な問いを突き詰めながら食を探求する、そのモデルを本書は最も見事に提示している。

（都留俊太郎）

◉佐藤次高

『砂糖のイスラーム生活史』

［岩波書店、二〇〇八年］

▼キーワード
砂糖、イスラーム、文化交流

本書は砂糖の歴史研究で空白となっていた、イスラーム世界における砂糖の歴史を扱った本格的な研究書である。

イスラーム世界における砂糖

本書はイスラーム世界における製糖技術および砂糖の導入による生活文化の変容の歴史を扱っている。第一章「砂糖生産のはじまりと拡大」では、砂糖の原産地がどこにあるのかの検討と、製糖業の開始について、先行研究をまとめながら製糖業が始まったのは紀元後一世紀頃、インド北部ではないかと大まかな見通しを立てる。さらに、伝播ルートを検討し、インド－中国－日本という東方ルートと、インド－イラン－エジプトへとつながる西方ルートのふたつを挙げる。なお、詳しく述べられているのは主に西方ルート、特にエジプトと地中海地域への伝播の歴史（一〇世紀以降）である。

第二章「赤砂糖から白砂糖へ――製糖の技術」では、イスラーム世界における製糖技術の発展が論じられる。この章の中心は、サトウキビの栽培と製糖に奴隷が用いられていたのかどうかの検討だろう。著者は、当時の製糖業の文献資料を精読し、シドニー・ミンツや川北稔が唱える、イスラーム世界における砂糖生産と奴隷制度との結びつきに疑問を呈する。すなわち、イスラーム世界における奴隷は戦争奴隷と家内奴隷が中心であって製糖業には用いられていなかったこと、従来「奴隷」と訳されている語（例えば単数形「グラーム」複数形「ギルマーン」）は「人夫」と訳すほうが適当であることを論じている。さらに、白砂糖の生成が一三世紀頃に中国に定着したこと、それがモンゴル帝国時代に中国に伝播したことを述べ、製糖技術はイスラームから中国へ伝わったという、東西の技術交流（イスラーム世界と中国）に新たな視点をもたらしている。

第三章「ラクダと船に乗って――商品としての砂糖」はエジプトにおける製糖業・砂糖貿易の隆盛を扱っている。一〇世紀、イスラーム世界の中心地がアッバース朝カリフのいるバグダードからファーティマ朝の首都であるカイロへと移ったが、それはエジプトの製糖業の本格化、すなわちファーティマ朝の支配の安定と並行していた。著者は一一世紀当時の製糖作業、さらに一二世紀におけるイタリア商人とイスラーム商人との取引を再構成する。そしてイスラーム法学による日常生活マニュアルや不正取り締まりのための行政マニュアルから、砂糖商人の不正と行政当局の対応を再構成する。製糖工程で虫やネズミがたかりやすいこと、製糖工たちが清潔に気を配らないこと、精白糖に粗糖を入れてごまかす者がいること、などなど、砂糖の製造と売買においてどのような不正が行われていたのかという事例から、当時の砂糖生産・流通・販売の過程が透けてみえる。

第四章「砂糖商人の盛衰」では、ユダヤ系砂糖商人の文書から地中海における砂糖貿易の実態と、カーリミー商人による砂糖貿易が論じられる。文書館に保存されていた商取引文書から再構成された、ある砂糖商人一家の活動からは、ユダヤ系砂糖商人が地中海において大きな役割を担っていたことがわかる。他方でイスラーム系砂糖商人はアラビア海・ペルシア湾岸・紅海を行き来し、「胡椒と香料の商人」というよりも「胡椒と砂糖の商人」と呼ばれるべきであることもわかる。ある砂糖商一族の繁栄と没落のプロセスからみる、一二世紀から一五世紀のエジプトにおける政府の砂糖販売政策の変化（政府専売制による砂糖貿易の衰退）である。

第五章「薬としての砂糖」は、砂糖が薬としてどのように利用されたかを論じている。具体的には薬学者イブン・アルバイタールの著作『薬種・薬膳集成』（一三世紀）と、スルタン（バイバルス）の侍医イブン・アンナフィースの著作『医学百科全書』（一三世紀）を検討する。前者は薬草・生物・鉱物などの薬種一四〇〇種をアラビア語アルファベット順に配列したもので、それぞれの項目にはギリシャ・ローマ・イスラームの医学者の引用と自らの調査・研究の成果が述べられている。砂糖はしばしば蜂蜜と対比され、「熱にして湿」の性質を持ち、胃病・利尿剤・眼病に効き、咳や呼吸困難を収め、腎臓や肝臓にやさしいとされていた。後者は全八〇巻に及ぶ医学全書であり、砂糖の植生・製法・種類・性質・効用が述べられている。砂糖の効用としては、脳（とりすぎると頭痛になる）・目（瞼の炎症や目の傷に聞く）・喉・胸などが挙げられている。この二冊の書が著されてから一世紀後、イスラーム世界は疫病（なかでもペスト）の流行に見舞われる。イスラーム世界の生薬商（アッタール）は、ペストの流行を受けて大活躍し、砂糖は薬としてその流通を拡大させた。

第六章「砂糖と権力——賜り品と祭の品」では、砂糖の白さと高価さが政治的パフォーマンスにどのように利用されたのかについて述べている。まず砂糖商人への課税から特定の市場における砂糖の流通量を明らかにし、ついでラマダーン月に体力を素早く回復させるための食べ物として日没後に砂糖を用いた甘味料や甘菓子をとる習慣が徐々に広まっていったことが述べられる。この習慣はファーティマ朝のカリフたちにとって、ラマダーン月には臣下に砂糖を賜与して自らの権威と財力を誇示する慣習となった。さらに砂糖や砂糖を用いた菓子は、モスクや神秘主義の修行場でも慈善の品として与えられた。マムルーク朝のスルタンがメッカを巡礼に訪れた際、自らの権勢を示すために服装を豪華に飾り立てることはもちろん、他の巡礼者に対して砂糖の入った菓子を大量に振る舞った。

第七章「食生活の変容」では、砂糖生産の増大によるイスラーム社会の食生活の変容を扱っている。具体的にはイブン・サイヤールの著した『料理の書』（一〇世紀）とバグダーディーの著した『料理の書』（一三世紀）という二冊の薬膳書・料理本からアッバース朝時代におけるカリフ宮廷の食事を再構成している。三〇〇年の時を経た二冊の料理書だが、どちらも氷砂糖・白砂糖・香辛料（胡椒・クミン・コリアンダー・シナモン・サフラン等々）をふんだんに用いた料理（「パンの肉汁浸し」「魚の詰め物」「カターイフ（ドーナツ）」「イブラーヒーミーヤ（羊肉の香辛料煮込み葡萄ソースかけ）」など）を載せている。香辛料は、当然ながらその原産地たるイスラーム世界の人々によって、まず大量に消費されていたのである。次に『千夜一夜物語』にみられる砂糖菓子を検討し、そのつくり方を検討している。その料理方法は実際に使われた料理書の記述とほぼ一致しており、『千夜一夜物語』が単なる文学ではなくアッバース朝からマムルーク朝にかけての富裕層の食生活の一端を伝えていることがわかる。一五世紀に入ると、砂糖の消費は庶民階層まで広がり、子ども向けの「つり菓子（イラーカ）」のなかに砂糖でつくられたものも現れた。馬やライオン、猫の形をした砂糖菓子は、カイロの菓子市場で販売され、都市の民衆の間でも消費されていた。

本書は日本で手に入る砂糖研究のなかでは最新の作である。そのため著者は砂糖の歴史を扱ったこれまでの研究に言及しながら自説を展開している。したがって、本書を読むことによって、同時に砂糖の歴史研究を知ることが可能となっている。本書を読めば、砂糖研究で何がなされてきて、何がわかっていないのかがわかる。

先行研究と比較したときの本書の特徴は、砂糖の歴史研究のなかでほぼ手つかずの状態だった地域・時代の砂糖生産・流通・消費を、大量かつ多彩な文献資料を駆使して論じたところにある。それによって、従来の砂糖の歴史研究の間違いを指摘している個所も少なくない。例えば、少なくとも一〇世紀から一五世紀のイスラーム世界において、砂糖生産すなわち奴隷労働を意味するわけではないこと、砂糖の消費はごく限られた富裕層だけでなく、一一世紀から一五世紀の間に、徐々に都市に居住する庶民層にも広がっていったことなどである。

さらに、著者の論考によって新たな研究領域が指摘されている個所もある。例えば第四章で言及された「カイロ・ゲニザ文書」は、大半がヘブライ文字のアラビア語で記されたユダヤの砂糖商人の記録であり、その訳出と網羅的な利用が現在まで日本の研究者によって担われていないことが指摘されている。資料があるにもかかわらず研究されていない分野が指摘されているわけで、これからこの研究をしようと思う人にとっては大変ありがたい箇所だ。

はじめの、大きな一歩

本書の特徴を端的にいうと、網羅的な文献渉猟による多方面からの砂糖研究である。それは、一見すると無味乾燥で、細かい話ばかりしているような気がしてくる。歴史の全体像はどこにいった、現代社会につながる問題意識が欠けている……等々、川北稔『砂糖の世界史』（岩波ジュニア新書、一九九六年）のような展開を期待して本書を読んだ人々から不満が噴出するかも知れない。

しかし、本書は実証主義的な歴史学において食品を扱うにはどうすればいいか、その結果どのような研究がなされうるかということを、非常に丁寧に示している。本書はひたすら、くどいほどに、徴税文書や法令、行政官のマニュアル、農業書、医学書、文学書といった資料を引用し、そこから確実にわかることだけを述べる。それは一見すると「小さな」「些細な」事実の集積にみえるかもしれない。しかし、こういった集積なき「大きな」歴史叙述は、本書でしばしば批判されているような、結論ありきの歴史叙述を導いてしまう。本書が示しているのは、大きな歴史像を提示するためにどのような作業が必要なのかということである。それは、食品を通じた歴史研究を志す者にとってきわめて有益であろう。

なお、無味乾燥にみせかけて（著者は食べることにそれほど興味がないのかもしれない）、じっくり読むとおいしそうな描写に満ちた歴史研究書も珍しいのではないか。特にレシピが頻出する第七章では羊・魚・鶏肉の煮物・焼き物、ドーナツにジュースまで登場し、できれば空腹時には読みたくない。といっても、料理の最後に何かにつけてバラ水を振りかけるのはどうかと思うが。

本書の第一の利点は、イスラームの食文化（史）研究の方法がわかることである。すなわち、本書で利用されている中世のレシピ本、医学書、文学といった資料に当たれば、まだ手つかずの領域が広がっていること、先行研究と自らの研究との差異化をどう図ればいいかという技、この二点は、本書のなかでしばしば明示的に述べられている。さらに、本書では「……を利用して研究を進めていこうとする研究者はほとんど皆無である」「……という点においては従来の考えは訂正されなければならない」といった、「ここを研究したら新しいことがいえるよ」というメッセージに満ちている。

砂糖の歴史を扱った研究は数多く、一見すると砂糖の近現代史は「研究されつくした」ようにみえる。しかし、まだ手つかずの領域は広い。イギリス・ヨーロッパ中心の砂糖史研究から、ヨーロッパ－イスラーム－中国の砂糖生産・流通・消費プロセスの研究へと転換すると、まだまだできることは多そうだ。具体的な方法は本書の記述そのものが示している。そういう点で、食品の歴史を研究しようとする者に対して、やる気を起こさせる一冊である。

（朴沙羅）

◉橋本周子
『美食家の誕生——グリモと〈食〉のフランス革命』
［名古屋大学出版会、二〇一四年］

▼キーワード
美食家（グルマン）、食卓、社交性、味覚・嗜好、ガストロノミー

三つの顔を持つ美食家

本書は、フランスの著名な美食家グリモ・ド・ラ・レニエール（一七五八—一八三六）を通して、美食とは何か、人間らしくよく食べるとはどのようなことなのかについて考えることを目的としている。グリモは、徴税請負人を務める裕福な家庭に生まれるが、青年期から突飛な行動で知られていた。弁護士の職業につくも、文人を自負し、演劇そして文人仲間たちとの交流を心より愛するが、その突飛な行動が裁判沙汰を引き起こし、パリから追放される。その追放が功を奏して、彼はフランス革命の難を逃れることになるが、革命後に到来した新しい社会において、人々の関心が美食に向いていることを感じ、グリモは従来までなかった類の書、主著『美食家年鑑』を執筆する。革命前後のふたつの時代を生きたグリモは、革命以後の美食の産業の発展を称賛するとともに、ときに眼前の社会を厳しく批判する——この両義性こそ、筆者が本書の主人公としてグリモを選んだ理由のひとつである。本書はこの観点を活かすべく、文人グリモ、観察者グリモ、そして思想家グリモとしての三つの側面を考察する各部（Ⅰ—Ⅲ部）、および同時代の美食家ブリア・サヴァランの美食観との対比を通して論じるⅣ部の合計四部構成となっている。

第Ⅰ部では、『美食家年鑑』を文人グリモの作品として考察する。著者はこれを次の一文に集約されるとする。

すなわち、グリモの『年鑑』の文学的価値は、「食べることと語ることをめぐる多義性と、『百科全書』とも共通するような技芸観が、年鑑という伝統的ジャンルの延長上で交差して、深遠なる美食観を成立させた」（三二頁）ことにあるのだ。順をおって補足すると、グリモは味覚と快楽の表現に、食欲を喚起するレトリックを採用するとともに、その一環として性的メタファー（例えばモモの果肉を処女の肌でたとえる）も効果的に利用する。そこでは、食べるという行為は、残虐性、肛門性、自己無化――〈黒の様式〉と呼ぶ――を内包するものとして語られ、そうした人間的な黒さがグリモの美食観を特徴づける。またここでいう、グリモと『百科全書』との間で共通する技芸（art）観とは、料理人や職人など、それまで軽蔑視されていた「熟練的技術（arts mécaniques）」の地位を引き上げようとし、その素質と能力が認められる場合には、「自由学芸（arts liberaux）」の域にも達せられるとしたことである。そして、『年鑑』の焦点は、一貫して食べ手側の技芸であった。『年鑑』には、何がよいのかをいまだ自主的に選択できない状態にあるそうした食べ手に対して、「食審委員会」という美食の評価のシステムを導入するという大胆な仕掛けもしかれている。そして、著者いわく、グリモの『年鑑』は、上流階級の人々に役立つ社交や恋愛などさまざまな情報を掲載した一八世紀後半におけるギャラントな年鑑の系譜にあるものの、こうした技芸観や、先の食べることと語ることの多義性ゆえに、グリモ独特の美食観を成立させたのだった。

第Ⅱ部では、観察者グリモの、美食産業の発展で沸く輝かしい一九世紀初頭のパリに対する社会批判を分析し、この時代に生き、ごちそうに群がった食べ手の実態――それは主に誰で、何を求めて食べたのか――を考察する。グリモの社会批判は、とりわけ、革命後に突如財をなした新興富裕層――〈ミダス〉と呼ぶ――に向けられていた。グリモは、大量に食べる姿を他者に晒すこと、そしてその行為の結果として太った身体をみせつけることを、ミダスに共通する性向として捉えている。著者は、そうしたミダスの食欲の正体は、社会的上昇への欲望から生じる止むことのない焦燥感、そしてその源泉である「競争心」であると説明する。そして、グリモは、この競争心が原動力となるフランスの美食産業の発展を称賛するとともに、革命後の近代デモクラシー社会の誕生によって表出しだした卑俗な競争心を批判したのでもあった。

第Ⅲ部では、革命後に失われてしまったものを、美食のなかに取り戻そうとする思想家グリモについて考察する。著者は、それはすなわち「社交性（sociabilité）」であるとする。グリモのテキストからは、彼にとって至上の喜びの源泉であった文人仲間との会食とそこでの社交が、参加者の革命に対する政治的立場の相違によって、再生不可能なまでに破壊されたことに対する憎しみが読み取れる。そうした憎しみや幻滅のあと、グリモが選んだのは、限定的で親密な社交が展開されるべき食卓だった。このユートピア――〈美食の帝国〉と呼ぶ――に必要なのは、紐帯を切り裂くことになるような多様性ではなく、参画者の全一性と均質性であり、それを実現するため参加者である美食家には、グリモはさまざまな「礼儀」――つまり、食事の社交性を最優先すること――を求めた。グリモが革命後の食卓に求めたのは、革命以前の「哲学的な社交の場」ではなく、自らの趣味・卓抜した味覚という才とも一致する美食という思考上のユートピアであった。また、そうした理想の社交は、食卓という空間的・時間的制約を乗り越え、広義の社会（société）にも拡大され、新たに到来したデモクラシー社会が抱える困難（卑劣な競争心など）への解決の糸口になりうるのではと、グリモは願ったのだ。

第Ⅳ部では、一九世紀初頭のいくつかの美食言説とともに、グリモと同時代の美食家であり、その著書『味覚の生理学』で著名なブリア・サヴァランとの比較により、グリモの美食観とは何であったかを考察する。彼らには、かつての心地よい社交を維持するという発想は共通していた。しかし、ブリア・サヴァランは、食欲を満たす際に生じる生理的快楽を正当化することによって「美食」を確立させた議論の構成上、人間としての身体を持つすべてが参画可能である「民主主義的」美食観を持つのに対し、グリモはそれを目指しておらず、あくまでも彼の定義する美食家たちだけからなるユートピア的美食観を持っていた。つまり、グリモの美食観においては、彼自身の幸福だけを目指しているのであって、著者にとっては、こうした自分自身の快楽に対して正直である美食観が、どこか私たちに親近感を持たせるのだと締めくくる。

「食」の両面を読み解く

一般に、フランス食文化史研究においては、グリモとブリア・サヴァランはならんで、一九世紀の「美食学」（ガストロノミー）の成立というポジティブな側面を描写する際に言及される。ブリア・サヴァランの『味覚の生理学』(邦題『美味礼賛』岩波文庫、一九六七年)がその後の美食学の体系化に寄与したと称賛されるなか、本書は、あえてグリモを取り上げ、フランス革命後の美食の発展が持つネガティブな側面——ミダスの卑俗な「競争心」や失われた「社交性」など——を映し出そうと試みた力作である。しかし注意されたいのは、グリモのこうした社会批判的側面への研究は、ブリア・サヴァランのそれと比較して主流ではないものの、本書に限定されるわけではない。例えば、本書でも紹介されているように、レベッカ・スパングは、著書『レストランの誕生』(二〇〇〇年、邦訳、青土社、二〇〇一年)のなかで、グリモの『年鑑』が政治や社会批判にはあたかも無関心であり、ひとえに美食、味覚の問題を独立して扱ったものとして人々にとらえられたことの意義を強調している。スパングいわく、こうしたことが、富や社会的地位などとは無関係に、「美食学が一つの自律した領域」として規定されることにつながったとしている。それでもやはり、スパングを含むのちの美食研究者が、美食学の「自律性(autonomy)」の根拠として、グリモを取り上げるのに対し、本書は、グリモのテキストを貴重な証言として丁寧に読み解くことに主眼をおいていた。

「美食学」のその後

さて、それではその自律性が確保されたあとの「美食学」(ガストロノミー)はどうなったのか。その前に、美食学の成立が、グリモら美食批評家の功績によるものだけではないことを明記しておきたい。食の社会人類学者ジャン＝ピエール・プーランによると、①哲学領域との関連における「食」への独特なステータスの付与、②貴族とブルジョワ階級間での社会的差異化のプロセス、③味覚・嗜好の変化、④キリスト教における「食」の脱実体化(desubstantiation)、という大別して四つの要素が「ガストロノミー」の成立に貢献したという。各要素の説明は割愛するが、こうした大きなダイナミズムのなかに「ガストロノミー」を位置づけることで、本書の丁寧なグリモ研究が活きてくる。

かつてはエリート主義的であるとみられた「ガストロノミー」も、二〇一〇年のＵＮＥＳＣＯ無形文化遺産登録やその後のセーフガード(保護・継承)方策のなかで、近年いっそう〈大衆化(popularisation)〉されてきている。たしかに、一般的には、かつては上流階級のみが享受した「ガストロノミー」が、フランス革命以後、ブルジョワ階級のさらなる隆盛やレストランの発展により、トリクルダウンしてくるかたちでフランス国民に広く共有されるものとなったとされる。しかし、こうしたUNESCO登録前後の動きのなかでは、より意図的かつ明白なかたちで、「ガストロノミー」の価値をフランス庶民へ伝達しようとしている。これは裏を返すと、やはり現代においても「ガストロノミー」とは、庶民にとっていささかエリート主義的な認識が共有されていることを意味している。その点で、食べるという行為が内包する〈黒の様式〉やその人間性を決して見逃さない本書のグリモ論は、現代の庶民に「ガストロノミー」の親近性(familialité)を感じさせる役割を演じ、それを庶民の側に手繰り寄せる現代的潮流にも資するのではないだろうか。

加えて、本書で用いられた概念や理論的枠組みについても言及しておきたい。ノルベルト・エリアスの「文明化の過程」、ソースティン・ヴェブレンの「顕示的消費」、ピエール・ブルデューの「社会的差異化」や「嗜好」といった食文化史、社会学、人類学研究では避けては通れない概念も巧みに織り込まれている。しかし、とりわけ後者の「社会的差異化」や「嗜好」(およびその源泉である「ハビトゥス」)などの概念・理論的枠組みは、フランス社会における社会階級の存在を前提にしている場合が多く、日本の食文化の分析に応用する際は慎重な考察を要することを最後に付記しておきたい。

(上田遥)

◉スティーブン・メネル
『食卓の歴史』
［北村美和子訳、中央公論社、一九八九年］

▼キーワード
階級、エートス、多様性

本書は、中世から第二次世界大戦後までのイングランドとフランスの料理の歴史を比較したものである。じつは、中世末期までこの二地域の料理はあまり変わらない。違いが出てきたのは一八世紀以後であり、その違いをもたらしたものは宗教（プロテスタンティズム）や農業生産物ではなかった。むしろ、食べることと料理することが、それぞれの地域でどのような意味を持っていたかということのほうが、この二地域における食文化の違いをもたらしたのだ。フランスでは絶対王政の成立にともなって貴族が土地や軍隊との結びつきを断たれた結果、貴族が宮廷で顕示的消費を余儀なくされた。他方、イングランドではジェントリ層が生き残り、そこでは貴族の領土で採れたものを食べることや、その際になるべく浪費をしないことが美徳とされた。さらにイングランドの産業化・都市化がフランスに比べて急速に進んだことで、早く安くカロリーを摂取する食がイングランドに広まることになった。

イギリスは「まずい」？

二〇一六年夏、イギリスが国民投票でＥＵからの離脱を決めた直後、「Brexit, Still life」という写真がインターネット上に流れた。チーズやワイン、果物、ソーセージ、パンやケーキがテーブルの一方に並べられ、そこから離れたところにベイクドビーンズの缶詰がぽつんと置かれている。

その写真をみればわかるように、イギリスといえば「まずい」。「七つの海を支配した帝国」であるにもかかわらず、その過程で世界中の食文化に触れ、おいしいものに出会う機会も多かったにもかかわらず、なぜイギリスの食事はまずいのか。宗教だ、いや農業だと理由はいくつか挙げられるが、本書はそのいずれも違うと主張する。本書は、レヴィ＝ストロースやロラン・バルトに代表されるような、構造主義的アプローチを採らない。メネルによれば、構造主義は「歴史に触れずに「文法」を引き出せると考えて」おり、「食の好みの起源や、そのパターン内の変化について、それほどわずかしか説明できない」。コードと深層構造という、不変で静的な概念のかわりに、著者は「社会構造」と「文化的パターン」が、その社会自身に内在するダイナミクスによって変化していく過程に注目する。

本書は「まずい」イギリスと「うまい」フランスを比較し、この二国の違いがいつ、どのようにして生まれたのかを詳しく描いたものである。中世もだいぶ後半になるまで、この二地域で人々が食べているものにはそれほど違いがなかった。正確にいえば、地域の違いよりも階級の違いのほうが大きかった。中世の間、宗教的な、あるいは飢えによって強制された断食の期間と、祝祭の時期のごく短くまた限られた人々の間での飽食という極端な幅の間を動いていた。農村部の人々はパン、アルコール飲料、穀物か豆か野菜のポタージュを食べ、肉やチーズは決まった時期にのみ食べた。食品は弱火でゆっくりと茹でられ、上流階級の料理では（おそらく中東世界への憧れを反映して）スパイスが多用された。

中世の食文化は、印刷術の発展にともなってゆっくりと変化していった。印刷術の発明は、人々の読み書き能力を徐々に高め、レシピやマナーを保存し伝えることを可能にした。一六世紀中頃には、ほとんどの西ヨーロッパの主要言語で料理本が出版されるようになる。貴族の、あるいは王族の誰が、いつどこで、何人を招いて行ったいかなる宴席で、誰が何を供したかもより多く記録され保存されるようになる。料理人という職業に必要な知識が、非常にゆっくりではあるが、口述での知識伝達と徒弟制以外の方法で伝えられるようになる。このようなレシピを分析することで、著者は、フランスとイングランドの間で徐々に明確になっていった、いくつかの違いを指摘する。例えば、イングランドの料理書は「最新流行の食事の注文の仕方の手引きを求めるオート・ブルジョワジーや貴族ではなく、実際にあらゆる家事に従事していた主婦のために書かれているのだ」（一四八頁）。そこに描かれている料理の方法は「最先端の技術や最新流行のサーヴィス方法を伝えることよりも、伝統的で、むしろ変わることのない技能の最高のものを後世に伝えようとしている」（一五五頁）。

二地域の違いがより明確になっていくのは、フランスに絶対王政が成立した頃、すなわち一六世紀から一八世紀の中頃にかけてである。「イングランドのエリートは、彼らを著しい消費、そして、絶えず「洗練されていった」思考へと追い立てるような社会的な力の対象となることが、旧体制終焉以前のフランスの宮廷人よりも、ずっと少なかった。さらに、フランスの宮廷社会は、はっきりそれとわかる支配階級を形成し、そのメンバーは、自分の階級の境界を守ることを心がけていたので、境界外の富裕者は、その嗜好とファッションを模倣するため激しく戦った」（一八三頁）。フランスでは、王権が急速に権力を自らに集中させた結果、貴族は土地や軍隊といった権力の源泉を失っていった。そのような貴族たちは宮廷に集い、自らが貴族であることの根拠を「贅沢」と「洗練」に求める。瀟洒な服装や華美な邸宅、音楽や芸術の造詣、そして洗練された味付けの料理が、貴族たることの新たな根拠とされた。他方、イングランドでは、フランスほどに王権が強力となったことはなかった。イギリスの絶対王政の芽は一七世紀には摘まれてしまった。貴族たることの根拠は血統ではなく領土にあった。貴族たちは自らの土地を持ち、動員可能な兵士を養い、その領土から収穫された農産物を家で消費することに価値を見出した。華美や浪費は悪、質素倹約こそが家政における美徳とされた。イギリスにおいて、消費と階級とは、フランスほどには緊密に結びついていなかった。

この傾向は、フランス革命後も続いた。フランス革命によってかつて宮廷や貴族の邸宅で料理の腕をふるったシェフたちが、宮廷から都市へ出てレストランを開き、有名な美食家（サヴァランやグリモ）がそのレストランを評価したのはよく知られているだろう。シェフたちは料理書の出版によって、自らの仕える貴族ではなく、自らの技能や「料理人」という職業集団の地位を向上させていった。カレームやエスコフィエといった著名なシェフたちは、いまや伝統的とされているコース料理や、食材に適した多様なソースを生み出し、現在の「フランス料理」の基礎をつくりだした。

同じ頃、イングランドは産業革命の渦中にあった。この頃から、フランス料理の普及と同時に、イングランドの料理術は「首を切り落とされ」（三一六頁）ていく。上流階級はフランス料理を受け入れたが、イングランドの料理術（そもそも家庭料理と専門料理との実質的な違いがなかった）それ自体のなかに理想とするモデルをつくりだすことができなかった。さらに、いわゆる「上流階級」の「ソサエティ」に属する人口が、産業革命前後の時期に急増した。ソサエティに属する紳士淑女に期待される生活水準が上昇し、儀礼的な浪費が求められた。そこで必要とされたのは家計管理や召使いの使い方やテーブルセッティングの知識であって、料理の技術ではなかった。女性が台所で料理をする行為はそれ自体が「ジェントルマンの妻」たるものとして相応しくないとみなされ、料理する場合は無駄や浪費が厳しく戒められた。かつて貴族の食卓を支えた農村からは急速に人口が流出し、その人々は都市で労働者になった。労働者は早く、安く、腹のふくれる食品を求め、砂糖と油脂、そして紅茶が大量に消費されるようになる。タヴァーンやクラブといった外食産業はあるにはあったが、料理よりもむしろ会話を楽しむ場所として機能した。ふたつの世界大戦と、その間に実施された食料配給制度、そして第二次大戦後の急速な経済復興はすべて、「早く、安く、腹のふくれる」料理に対する需要と渇望を生み出し続けた。じつはその流れは、フランスでもやや程度を変えて、しかし同様に生じていた。

著者は、フランスとイングランドの料理を比較して、かつて地域よりも階級によって異なっていた料理が、一八世紀頃から地域的な差異を大きくし、そして二〇世紀後半になって多様性の増大と対称性の減少がみられると総括する。対称性の減少とは、階級や貧富の差による食生活の違いが、過去四〇〇年の間に次第に減少していったことを指す。さらに、季節の違いや日常食（ケの食事）と祝日食（ハレの食事）の対照も薄まりつつある。冷凍技術の発展や交通ネットワークの拡大もまた、都市と農村の食べ物の対称性を縮小させた。インスタント食品やファストフードをあらゆる階級の人々が口にするようになったのは、もしかすると久しぶりに「中世の料理術の統一性に似たものを復元したと考えられる」（五一〇頁）のかもしれない。他方で、食の多様性も増加している。かつて支配的だった「グランド・キュイジーヌ」と家庭料理との階層関係は次第にあいまいになりつつある。移住労働者たちはイタリア、中国、インド、ギリシアやトルコ、そしてアフリカ諸国の料理を、フランスにもイングランドにも持ち込んだ。こうした「エスニック」料理とアメリカ式ファストフードは、イングランドでより強く結びつき、飲食業界に確固とした地位を築いている。著者は、もともと異なる階級から生まれてきた多様な特性が、混ざりあい組み合わさることによって、「対称性の減少と多様性の増大」をもたらした過程を、「西欧社会のひとつの特徴」（五二一頁）とみなす。対称性が減少することは、決して対称性が消滅することを意味しているわけではない。「ヒエラルキーの規範は絶えず変化し、一見より平等に見える世界でも、新しい形をとって生き続ける」（五二二頁）。

本書の最大の魅力は、「食文化」という一見すると静的で不変的に感じられるものが、じつは経済や政治によってダイナミックに変化してきた点を示すところにある。食を研究する際に、変わることとそのものをみるか、それとも変わらないものをみるかは、研究者によってもちろん違いがあるだろう。本書は「変わらないものの変わりやすさ」に目をつけ、詳細に分析した点において、食の歴史研究の名著だといえる。それは、安易に「イギリス料理はまずい」といって何かをいったような気になってしまう私たちに警鐘を鳴らす（もしかするとその背後には「日本の料理がいちばんおいしい、だから日本人でよかった！」という安っぽい食のナショナリズムが隠れているのかもしれない）。

これまで述べてきたような歴史叙述だけでなく、料理におけるジェンダー格差の問題（なぜ「一流の」料理人には男性が多いのか？）やガストロノミーの地位（「専門家」は「一般人」の嗜好を指導することができるのだろうか？）、料理ガイド本の起源といった刺激的な話題にも、本書は触れている。翻訳書が出版されて三〇年近く経ちながら、いまなお食文化の歴史を考えるときに欠かせない一冊だといえよう。

（朴沙羅）

◉南直人
『〈食〉から読み解くドイツ近代史』
［ミネルヴァ書房、二〇一五年］

▼キーワード
ドイツ、近代化、食育、食品安全

本書は一九世紀後半から第一次世界大戦までの近代ドイツにおける食生活の変化やそれにともなう社会制度の構築過程を描くものである。食の生産・消費のみならず、政治や教育にも着目し、多角的な視野を獲得しているのが大きな特徴だ。本書は三部に大別される。第Ⅰ部では近代に新しく定着した食品（一・二章）、第Ⅱ部では工業化・都市化にともなう食生活の変化（三・四章）、第Ⅲ部では食に関わる制度や教育に関して取り扱っている（五・六章）。さらに内容を補足するコラムが三つ付いており、それぞれ外食産業の台頭、工場労働者の食事風景、母乳をめぐる言説を取り上げている。

本書は特に近代ドイツに専門化した食の歴史研究として、ミクロな視点を提供する。社会階級や地域による違いを比較することをつねに意識しており、食行為を通してドイツ諸連邦の特徴を示している。

現代のドイツの食を代表する二つの食品の普及過程

第Ⅰ部ではドイツの食文化を大きく変化させた食品として、ジャガイモ（一章）とコーヒー（二章）に着目する。ヨーロッパの食の歴史的変化は一六世紀の大航海時代に「非ヨーロッパ世界」を侵略・植民地化したことから始まっている。しかし、ドイツは一八七一年にドイツ帝国が成立するまで政治的に分裂しており、それにより他のヨーロッパ諸国の植民地支配に遅れをとっている。著者はそのことが「非ヨーロッパ」から入る新しい食品の普及具合に影響を与え、近代ドイツの食文化形成に影響を与えたと考えている。実際にドイツにおいて全国規模でジャガイモやコーヒーが普及するのは一九世紀後半以降となる。

第Ⅰ部において特徴的なのはどの程度の量が生産・消費されていたかという統計に加え、各食品がいかに受容されていたかについても分析している点だ。例えばコーヒーの場合、消費量が一九世紀後半から急速に拡大したが、格差が大きいため平均のみを示す統計資料では階級ごとの消費の実情を把握できないという統計資料の限界が存在する。本書では消費イメージを把握するために、当時出版された料理書や回想録を用いる方法が紹介されている。それにより、労働者の場合もコーヒーの消費が盛んにされていたが、大半が主にチコリからつくられる代用コーヒーとの混合物であったことがわかった。

都市化・工業化がもたらした食生活の変化

続く第Ⅱ部では一九世紀後半から二〇世紀初頭の近代化を背景に変化する食生活に着目する。この時期のドイツは新しい輪作体系や人造肥料の導入・機械化・牧畜の集約化などによってもたらされた「農業革命」、蒸気船・鉄道による「輸送革命」、冷蔵・冷凍技術の革新に代表される「保存革命」の三つの技術革命を迎えた。他のヨーロッパ諸国に遅れて生じた工業化の波は食料生産分野にも影響を与え、缶詰やマーガリンのような加工食品が普及した。

三章で著者は都市部に食変化をもたらした加工食品として「ミルク」を取り上げる。というのも、技術革新と酪農業の合理化により一九世紀後半にはミルクの生産・加工および流通・消費において大きな変化が生じ、大衆食品として消費されるようになったためだ。まず、上記の技術革命は集約的な近代的酪農業を可能にし、一八九〇年代から協同組合方式での経営が増加した。対して消費面において、従来衛生的な理由から加工して消費していたミルクを生のまま飲用することが可能になった。特に都市に飲用ミルクを大量供給するのに重要な役割を果たしたのが、大都市近郊に立地する都市型酪農場である。ミルクは「健康によい」飲み物として社会的に大きな関心を寄せられていたが、一方で衛生や価格などの問題点もまた指摘されていたようだ。この議論は六章の食品の安全性監視システムにも関連することとなる。

三章では工業化が生産・流通にいかに影響を与えたの

かを検討したが、四章では消費の面から民衆レベルでの食物摂取量を検討する。ここで用いられているのは家計調査資料である。家計調査資料とは労働者の貧困を問題視し、その生活実態把握のために行われたものである。ドイツにおいてはふたつの手法で家庭調査が行われていたのだが、どのような全国調査がなされていたか、目的や実践方法に関する言及は家庭調査資料を研究で用いるうえで役に立つであろう。本書では、調査対象や方法の相違点に注意しながら比較を行っていくことで、当時の労働者上層の食生活の実態解明を試みている。そして今日の水準と比べるとなお低いが、低栄養状態からは脱していること、加えて食物摂取量に関してはかなり改善された食生活が実現していたことがわかった。

こうした量に関する統計をみていくうえでの注意点のひとつは地域ごとの相違を解明していくことにあると著者は述べている。例えばパン以外の主食において、麦粉消費が南ドイツで多いのに対して、他の地域ではジャガイモ比重が大きくなっている。また、肉類に関しても牛肉消費の多い南ドイツと、豚肉消費の多い北・東部ドイツと地域差がみられる。さらにジャガイモやマーガリンなどの相対的に新しくでてきた食べ物は、南部ではまだ一般的に受容されていないことが統計に反映されていた。世紀転換期ドイツにおける食生活の現実を実証的に研究することは難しいと著者は記述している。食事の献立レベルまで解明するためには史料の限界も存在する。ここでは、そうした学術研究まで昇華できなかった部分がコラムとして紹介されているので紹介したい。コラム2ではアンケートの記述をもとに労働者家庭の食事風景が描出されている。むろん、これらは個別の事例であり、全体を示すものではないが、一日の食事回数や献立から統計ではわからない当時の様子を垣間見ることができ、労働者の生活を想像する余地を提供してくれる。同時に続く五章では労働者を対象とした食教育を扱っているのだが、なぜそれが必要だと当時エリート層の間で考えられたのか、理解する手助けにもなるだろう。

近代ドイツにおける食をめぐる社会システム

第Ⅲ部では一九世紀末から二〇世紀初頭の第二帝政期にみられた、食生活の「規制」の動きをみていく。というのも一九世紀以降に近代科学が発展するにつれ、食物は栄養素や分子のレベルに分解され分析されるようになっていった。と同時に、物質的に豊かになっていく食生活に対して社会的・政治的に規律を与え管理していこうという流れが生じたのである。五章では食物や栄養に関する近代科学、つまり栄養学に基づく考えが、いかに教育に組み込まれていたのかを考察している。一九世紀初頭から始まった栄養化学や人体生理学は従来の伝統医学に取って代わり、一八四〇年代から大学の講義としても取り入れられた。一八八六年には専門的学術雑誌が創刊され、一九〇一年に専門家全国団体が設立されるなど、着実に社会的な地位を確立していった。食の科学は効率よく国民の「健康」を維持することを支える学問として重要視されており、家庭レベルにおいても食の知識を普及することが大切であると一八八〇年代頃から主張されるようになっていった。とくに注目を集めたのは労働者家庭の主婦や若い娘を対象にした家政教育であり、その中心的位置を占めていたのが食教育であった。「健康的な」食生活を提供することができれば生活の満足度が上がり、体制への反抗へ進むことはないという論理である。それは「健康的」な食生活を阻害するものは低賃金ではなく、労働者の賃金に見合わない食生活にあるとする雇用者側の倫理であった。つまりは、贅沢品を買わず、当時主流であった三大栄養説に乗っ取りタンパク質・脂質・炭水化物のバランスをとった食生活の導入が推し進められたのだ。ここで興味深いのは当時の栄養学はタンパク質の摂取に重きをおいていたため、一章で紹介されているように労働者を支えたジャガイモが十分な栄養を含んでいないものとして否定されたことである。

このような当時の最新栄養学に基づいた食の知識はどう流布していたのか、本章では女性を対象とした家政教育に注目して紹介している。一九〇八年には約三割の都市の国民学校へ家庭科授業が導入されたが、ここでも地域差がみられる。しかし、一度就業した女子労働者を対象とする家政教育は、公教育の分野でほとんど実現されていなかった。また、民間の教育施設のほとんどが労働者層ではなく、市民層以上を対象としていた。そこで著者が注目したのは、休日や平日の夕方に開かれた定時制の講習会形式の家事訓練である。授業料も無料か少額の授業料で受講可能であり、なかには工場主が率先してコースを設ける事例も存在した。一章で取り上げられた市民層向けの料理書と比較するかたちで、労働者層向けの料理授業用テキストが紹介されている。比較的内容が平易なこと、安価な材料でつくれるレシピが多いことが特徴である。当時ドイツにおいてこのテキストの販売部数が多かったことも教育の普及具合を裏づけるものとなるだろう。

続く六章では近代化のなかで増加した食品偽装問題に対抗し二〇世紀以降導入された社会的な規制システムが紹介されている。第Ⅰ部でみたような新食品の大衆化や、第Ⅱ部でみたような工業的食品・加工食品の普及、都市化にともなう新しい流通システムの導入が進むなか一八五〇年以降食品偽装問題が健康に危険を及ぼしうる社会問題として大きな関心を集めていた。二〇世紀初頭には全国的な法令や食品基準の整備とともに食品検査体制の整備が為されていた。一方で、監視のあり方をめぐり学界と業界間の意見対立が存在し必ずしも食の安全が最優先されていなかったことや、それにより消費者の食の安全性に対する不安が相変わらず大きかったことから、第二帝政期に構築された食のシステムはまだ不完全なものであったことがわかる。しかし、食の「安全」に国家が介入し始めたことに関して、その意義を問い直す必要も出てくるだろう。

これまでドイツ近代史はナチス台頭の要因を探る政治史や経済史あるいはワイマール期の「混乱」に注目する文化史の視点から多く研究がなされてきたが、「食」をひとつの切り口とした研究はなされてこなかった。あるいは、クロスビーやモンタナーリにみられるような食のグローバルヒストリーのなかで、北ヨーロッパ地域の一部としてドイツが取り上げられてきた。本書のような一国史として食を考察する取り組みは新しいといえる（むろん著者は食の歴史研究において、国境で線を引く一国史の限界も自認している）。食行為は活動の基礎であり、食に着目することで当時の社会や経済、国家、国民のありようへの理解を深めることが可能であるということが本書からわかるだろう。ジャガイモやコーヒー、ミルクといった個別の食べ物の歴史が互いに結びつき、ドイツ社会に組み込まれていく過程に光を当てることで帝政期ドイツのひとつの側面を描き出すことに成功している。

（御手洗悠紀）

◉藤原辰史

『[決定版]ナチスのキッチン――「食べること」の環境史』

[共和国、二〇一六年]

▼キーワード
ドイツ、台所、女性、家政学、レシピ、テイラー・システム

食生活という人間の最も基本的な営為に即して、ナチスの思想と人々の関係を描き出した研究書。二〇世紀前半のドイツのキッチンとレシピを舞台にした歴史研究であり、その時期に具現化した効率最優先のテイラー主義が現代にもたらす食の貧困を考察している。

本書は、ドイツの「台所の現代史」を基点に現代世界の食のおかれているありさまを描き出す。私たちが親しんでいる台所という空間がつくられていく歴史を探るとともに、台所という場所が担っている思想を考察する。

台所という空間がどのような考えや社会を背景に出来上がったのかとは、思いもよらない問いかもしれない。料理の起源は加熱することであるが、かつてのヨーロッパでは居住空間において加熱処理を行う竈《かまど》の火は暖房や照明の役割も果たしており、家の中心として機能していた。同じ火元に担われていた調理場と暖炉が分離され限定された機能を持つようになったのが、台所という空間のはじまりである。では、竈からシステムキッチンへの変化はどのように訪れたのだろうか。収納、調理、洗浄、その他作業が同時にできる現代のシステムキッチンの原型は、二〇世紀前半にアメリカで開発され欧米で洗練されていったものであり、ヨーロッパにおける開発は主にナチス時代のドイツで進んだ。そしてナチス期は、栄養や健康のための食事という私たちが慣れ親しんでいる考えの最も盛んになった時代でもある。ナチス政権下、台

所という見知った空間が、そこで生まれる日々の食が、どのような思想的・社会的背景で、そのようなかたちをとるに至ったか。本書は、ドイツの一九世紀中頃からの台所の歴史を追ってその理念的・表象的背景を照らし出しながら、現代の食を問いかける。

台所空間の環境と思想の歴史

台所は、家族の健康のために料理をする労働管理空間であるが、より広くみれば人間による自然の加工・エネルギー摂取の終着駅として人間と自然をつなぐ場所でもあり、人に文明をもたらした「火」をつかさどる信仰・畏怖の対象であった。著者は、台所の持っていた機能をこのように有機的にとらえ、台所を人間の器官の延長としてみる。人間は他の生物を食べて生きているのだが、そのまま生食できるものを除けば、基本的に切り刻んだり、火を通したりして食べる。台所は、この工程を担う人間の体外にある最初の「消化器官」であり、人間の「外部器官」となる。つまり、人間と自然をとりむすぶ物質の生態的リレーのなかで、最も人間社会に近い中継地点が台所なのである。著者は、このような視角から、台所で行為する人間を「労働者」、台所仕事を「労働」という近代的概念によって規定してしまうことで漏れ落ちる、台所の生態性を救い出そうとする。

自然と人間をつなぐ場であると同時に、台所は人間と人間の関係、すなわち社会的な関係が表出する場でもある。本書は、台所の現代史を追うことで、家事労働に縛り付けられていた女性たちの解放を目指して開発されたシステムキッチンが、かえって終わることのない労働強化と国家動員を導き出していく、合理主義の皮肉な帰結をも描き出している。

台所を論じるこうした視点が設定される序章のあと、第一章ではナチス期に至る台所の空間史、第二章では台所で用いられる道具とテクノロジーとの関係が論じられ、第三章ではドイツ家政学の推移が追われ、第四章ではレシピ本の歴史的変遷が実証分析され、第五章ではナチス体制における主婦の動員過程が論じられる。終章では、冒頭の問題設定から全体の内容が振り返ってまとめられる。

合理主義のゆくえ

食べるとはそもそもどういうことだろうか。食材を変形し加工し体内に取り込んで排出すること、またその目的は新陳代謝により変化し続ける身体を死の瞬間まで保つこと、つまり流動性が高い行為である。だが、健康管理の名のもとに食という行為を数値化して管理し、固定化を図ったのがナチス体制時の政策であり、その背景にはテイラー主義がある。

テイラー主義とは、アメリカの機械技師であるフレデリック・ウィンスロー・テイラーが提唱した、科学的見地に基づいた労働改善の理論・運動である。トヨタ自動車のジャスト・イン・システムにみられるような労働効率を最大化する産業界の合理化運動が、私的空間にも及ぼされていき、台所が整えられていった。

ただし、合理化は単線的に進んだわけではない。本書でも、テイラー主義に基づき合理的、機能的な労働環境を追求したコンパクトなフランクフルト・キッチン、それに対抗すべく、むしろキッチンを「家庭を経営管理する」ための頭脳労働の事務所としてとらえたシュトゥットガルト・キッチンなどが紹介される。同時に、家庭にキッチンをなくすというわば究極の合理化にも言及する。女性を家事から解放するために、家庭からキッチンをなくし共同の調理場をつくることを提唱した「共産主義キッチン」など、女性活動家たちの貢献によって、当時構想された台所のあり方にはさまざまな可能性が含まれていた。にもかかわらず、台所は労働管理空間として切り詰められ、女性は閉じこめられていった。本書では、台所というぃっけん最も私的で動員から遠いと思われがちな場ですら、調理家電のジーメンス、ブイヨンのマギー、ベーキングパウダーのエトカーなどの大企業、政党の活動、ときに反対しつつも最終的には迎合していった料理研究家の実践、これらが絡みあっていまあるかたちに方向づけられていく過程を知ることができる。

では、ナチスの台所の哲理とは何か。それは、調理法に科学的管理を導入し、地域差や個人的嗜好といった曖昧性を排除することであり、「栄養価」という概念を普遍的な基準とすることにより、食を、要素還元的なものへと限定すること。さらには、「快楽」としての食を、必須栄養素補給という大義名分で「健康至上主義」に隷属させることであった。そして旬の物を食べよう、肉より野菜・穀物を摂ろう、地産地消を心がけよう、といった国家キャンペーンが健康や栄養を名目として実施された。ただし、家族の健康のための栄養ある食事は、ナチス・ドイツにおいては、あくまでも戦争に必要な成人男性兵士と予備軍たる子ども、彼らを生み育てる母親の再生産が目的であった。「私的」で「個人的」な作業場だった台所は、最新の技術や学問（家政学、栄養学、建築学）が駆使されることで、機能的かつ衛生的な「私だけの城」へと統合されていく。食材を効率的に調理・保存することを可能ならしめる「戦場」で、家庭の主婦たちは機械のように無駄なく家族の食事をつくることを強要された。主婦は台所のなかに埋め込まれたのだった。

効率化や栄養を重視すること自体は、貧しい労働者の生活改善につながった一種の解放であった。しかしながら、こうした分解還元主義のもと、そもそも総体的体験であるはずの食は非人間的なものになってしまった。合理化のもとで無駄とされる会話や思考こそが食の楽しみを構成するのであり、こうした無駄を楽しむことこそが人間らしさなのだと主張する著者は、ナチス時代のドイツの食が「五感で味わう快楽の対象」から単に「健康構築の道具」に化して目的ではなく手段としてしまったことを指摘する。多様な可能性が秘められ人を幸福にするはずだった台所は、均質化され健康を崇める道具と成り果ててしまった。この食の機能主義を進めたナチスのキッチンの究極の姿は、絶滅収容所の囚人たちとなる。強制収容所で働かされたユダヤ人たちは、薄いスープとわずかなパンで生きながらえていたが、そのうち自分の脂肪や筋肉を消費することになる。それはまさに台所を人間そのもののなかに埋め込むことだったのである。

そして、「食べること」が「栄養摂取」だけに貶められる時代は終わってはいない。「食べたいからつくる」ものではなく、食品産業や栄養学・家政学によって「選ばされている」不毛なものとなってしまっている現代の食は、人間よりもシステムを優先するナチスの思想と台所を介してつながっているのである。

レシピにみる社会

近代において、普段何気なく接しているものが、じつはある特定の時代、思想の産物であるという本書のメッセージ自体はよくあるものだが、完全に私的な空間、時間だと思われている台所と食生活という対象から、「食の貧困」という事実を引き出し、近代、そしてナチズムの思想を指摘するところまで論を進める、その展開力は圧倒的である。構想力もさることながら、その議論が豊富な事例によって支えられていることも注記しておきたい。思想史研究においては、自らの主張をいかなる史料やデータによって成すのかが重要となる。だが食という対象は、著者の主張するように総合的な経験である以上、文献の体系化が困難なテーマであり、食の思想の重要性を説きそれを観念的に論じた哲学的研究はあっても実証的な研究は少なかった。

対して本書は、食を統制する政治や経済の影響とならんで、ある意味でそれらマクロな社会の圧力を受容し、またはそれらに抗した人々のあり方をとらえるために、レシピや家事マニュアルに注目している。ドイツ各地の博物館で台所の展示を見て回るとともに、古本屋をめぐって当時ベストセラーとなっていたレシピ本やカリスマ主婦の手記などを収集し分析している。料理のつくり方や家事のノウハウ集から質素倹約や勤勉などの通俗道徳を抽出することで、社会史的な史料の残りにくい食と生活に表れる人々の行為様式を叙述しようというのだ。一九世紀から二〇世紀に至る六〇〇〇冊以上の膨大な料理本の分析からは、第一次世界大戦後の女性から男性への執筆者の移行や、ブルジョア階級からあらゆる身分へのレシピの対象の移行が明らかにされ、その背後に性別役割分業規範や、栄養学による料理のユニバーサル化が読み込まれる。

異国の地でこうした非体系的な史料を集めることもそうとう困難だが、重要なのはそれをマクロな社会変動やイデオロギーと結びつけた観点から比較して論じることである。本書においても、料理本のメニューの変遷と実際の食消費統計と比較を行っている。すると、レシピ本では肉料理の比率が減っているものの実際の消費量は増加し続けている。一方、レシピ本では野菜料理は横ばいから上昇しているが実際は減少している。ナチス時代のレシピの変遷は実際の食生活を反映するものではなかったのである。ただしロングセラーのレシピで示された家族の健康を強調する理念こそが未来の食生活の理想を表しているものであるとして、現代に連なる健康イデオロギーの影響を導き出している。著者の近代批判自体には議論の余地が残されているかもしれない（なお新版である本書にはあとがきとして「針のむしろの記」が付けられており、旧版に寄せられたさまざまな批判に応えるかたちで、著者自身の近代を問い直す姿勢が述べられている）が、実証的なデータを用いながらも、それを超えて現代の食を映す鏡としての台所の物語へとつなげる構想力こそが本書の魅力であり、参照すべき点と思われる。

（安井大輔）

◉ダナ・R・ガバッチア『アメリカ食文化——味覚の境界線を越えて』

［伊藤茂訳、青土社、二〇〇三年］

▼キーワード

クレオール、アメリカ合衆国、移民、食品産業

「アメリカ料理」はあるか

アメリカ料理というと何が思いつくだろうか。ハンバーガーとフライドポテト、ピザ、クリームチーズの塗られたベーグル、といったところか。

ここで挙げた料理は、どれも「アメリカ」の料理ではない。ハンバーガーはドイツ、ピザはイタリアからやってきた。ベーグルはユダヤ人がもたらした。

そんなことをいいだしたら、そもそも「アメリカ料理」なんてものがあるのだろうか。あるとしたらどんなものだろうか。本書は、アメリカ合衆国で生まれたさまざまな料理やレストラン、食品産業（農業や食品加工業）の隆盛を描くことで、その問いに答えている。

北アメリカに上陸した移民たちは、先住民族を追い出しつつ、植民地化を進めた。植民地化によって生まれた料理には、クイック・ブレッド（イースト菌を使わないパンのようなもの）、チャウダー、トルティーヤ、米料理がある。ニューオリンズ周辺ではクレオール料理が生まれた。これは現地の食材と調理法が植民者・移民のそれらと混ざりあい生まれたもので、フランス・スペイン・イタリアからやってきた移民と、奴隷として連れてこられた人々の出身地である西アフリカの料理も加わっている。

一八世紀から一九世紀にかけて、合衆国にやってきた移民たちは、それぞれの食文化を持ち込み、新天地でもできるかぎり「故郷の味」を再現しようとした。食べ物

は自分たちの習慣や人間関係を維持する手段であり、自分たちが何者で、どこからやってきたのかを、家庭やコミュニティにおいて確認する手段だった。同じ頃、移民たちは、同じような出身地の人々が、同じような食べ物を求めることに気づいた。そして、出身地の食べ物を売り、食べさせる店が生まれる。しかし同じ地域・エスニック集団を対象にしてきたレストランや食品店の経営者たちは、次第に、あることに気づく。つまり、「ユダヤ料理を食べるのは、ユダヤ人でなくてもいい」ことに。

中華料理・和食・イタリア料理・ギリシャ料理・インド料理はそれぞれ、他の集団に「おいしい」料理を提供するようになっていく。著者はそれを、新たな「食のクレオール化」と呼ぶ。二〇世紀には、ニューヨークやサンフランシスコで、世界中を旅行するのと同じ喜びが味わえると宣伝されていた。移民たちは、自分たちの食べてきたもので、他の集団に属する人々を魅了した。同時に、移民たちは、自分たちの食べてきたものを、もっと多くの人々に食べてもらえるよう、少しずつ変えていった。その工夫から、あるときはクリームチーズを塗ったベーグルが、あるときは巨大なピザが、あるときはカリフォルニア・ロールが生まれた。

拡大する食品市場は、移民が家族と経営していた小さな工場と、大規模生産・流通によって成り立つ、缶詰やシリアル、小麦、米、といった食品産業とを結びつけた。巨大な食品産業（および流通技術と冷凍技術）は、合衆国のどこに住んでいても同じような食材を手に入れることを可能にし、都市の特権だった食の多様性を地域に広げた。その広がりは、一風変わった「エスニック」な料理が、アメリカの味として津々浦々に広がっていくのと軌を一にしていた。かつて「ポイズン（ひどい食べ物）」と呼ばれたエスニック・フードは、冷凍ピザやチーズだらけのタコスというジャンク・フードとして、いまもトラックや飛行機で、スーパーに運ばれ食卓に並ぶ。

「アメリカ料理」とは何なのか。この問いに対する著者の答えはこうだ。四〇〇年にわたって、やってきた人々が、すでにいた人々と共につくりあげてきた文化にして、「私たちは何者なのか」を問い続けてきた人々の、妥協と工夫の産物であると。

本書は、食研究というよりも、食を手段にしたアメリカ研究であり、食品産業・食品工業の成立を描くことによるアメリカ史研究だといえる。アメリカの食とは移民の食であり、工業化と産業化の産物であり、さまざまな人々が織りなす「クレオール」の食だという本書の主張は、移民史、なかでもイタリア移民史研究者である著者の視点と研究手法を存分に活かしたものである。「アメリカはおいしい」ことを伝える本は、だいたい本書と同じような話をする。つまり、アメリカには豊かな食文化があり、それは移民がもたらしたものであり、移民が消費者に求められる味を探求した結果として生まれたものだ。移民が自分たちの文化を持ち込み、それをアメリカでつくりかえた食べ物が、ピザでありミートボールスパゲテイであり、クラムチャウダーでありホットドッグなのだ。アメリカ文化を研究しようと思う人々や、移民・移住者の食文化に興味を持つ人々にとって、本書は最初に手に取る一冊となるだろう。

「メルティング・ポット」の困難

本書は、ジャンク・フード批判への批判としても読むことができる。本書の著者は移民史研究者であり、本書では移民が興した食産業（フードビジネス）こそがアメリカにおける食文化であると主張される。アメリカといえば食の工業化、画一的でからだに悪い食べ物ばかり、という印象を持つ人がいるなら、本書はその印象を批判する。それは、工業化していない食があるとか、冷凍食品はからだに悪くないとかいう批判ではない。工業化し画一化し、国内のどこでもそれなりの水準の食材が手に入ることが、移民にとってどれほどありがたいか、移民たちの持ち込んだ食べ物が歴史的にどれほど「からだに悪い」といわれ蔑まれてきたかを指摘するのだ。

本書の末尾には次のように書かれている。

「メルティング・ポット」という古色蒼然とした比喩が、ある面で、アメリカ人の食のあり方を最もうまく表している。……食のメルティング・ポットの中で混ざり合ったからと言って、ハイフン（系）付ではない、ただ一つのアメリカン・アイデンティティを唱えて多文化主義に反対する人々が懸念するような、分裂も起きなければ、あつれきも生じなかった。食の交流は、その他の異文化間の接触よりも平和的である。（三八〇―三八一頁）

はたして、本当に食は分断されていないといえるだろうか。本書には、新たな移民がやってきて、自分たちの食べ物を売り出そうとするとき、すでにいる人々からその食べ物が排斥されたり攻撃されたりする様が繰り返し登場する。たしかに最終的には、ある種の「食のメルティング・ポット」とでもいうべき料理はいくつか生まれてくる。しかし、本書はそれが生まれるまでの対立と困難を描いているのではなかったか。

さまざまな食べ物がアメリカで変容を遂げ、それなりに受け入れられていくことを、あえて「メルティング・ポット」といわなくてもいいのではないだろうか。移民集団同士の、人種間の、緊張・対立・軋轢もまたアメリカの歴史を彩ってきたのであり、食もまたそこから自由ではないからだ。

変わりゆく文化を考えるために

本書が食研究を志す人々にとって役に立つとするなら、まず食文化を食品だけでなく食の流通と消費という側面から分析している点においてだ。本書はエスニック・フードの成立と発展の過程を追うことで、食研究が移民研究になることを示し、本質主義的でない食文化の描き方を提示している。

本書はアメリカの食文化について書いているが、日本でも同じことは起こっているのではないか。完成された食品から食文化をみると、食文化はあまり変化しない、どちらかといえば「静か」なものにみえる。

しかし、産業から文化をみると、文化はまったく違う姿をみせる。「伝統的」とみえる食品をつくり、運び、売っているのは誰なのか。日本で食べられる野菜は、国産品も輸入品も、いったい誰がつくっているのだろうか。海外からやってきた研修生や、農家の男性と結婚するために海を越えてやってきた女性たちかもしれない。その食品を売っているのは誰なのか。さっきスーパーのレジにいたのは、もしかしたら留学生ではなかったか。

「伝統的」と思える食品はどこからやってきたのか、なぜそれがいま、私たちの食卓に上っているのか。このような視点は、これから食文化を調査したいと思う人々にとって、持っておいて決して損にならないはずだ。本書は文化を本質主義的に語ってしまう前に、分析すべき事柄があることを教えてくれる。それは、歴史や移民といった特定のトピックに関心がなくとも、食文化というものに関心を持つ人々にとって、非常に参考になる視点ではないだろうか。

（朴沙羅）

◉横山智

『納豆の起源』

［NHKブックス、二〇一四年］

▼キーワード

納豆、東南アジア、ヒマラヤ、発酵文化、照葉樹林文化論、納豆発展段階論

フィールドワークと食

本書は東南アジアからヒマラヤに至る「納豆」をめぐるフィールドワークの旅を通して、アジア地域文化圏像を大胆かつ緻密に描き直した一書である。アジア文化圏といえば、佐々木高明らが提唱した「照葉樹林文化論」が、「植生」と「文化」をつなぎあわせる新しい文化論を展開したことで知られる。それに対して本書は、納豆という「食べもの」から、照葉樹林文化論への修正を迫るだけでなく、さらに新しい論理を提唱し、およそ五〇年ぶりにアジア地域文化圏の再考を促している。

何といっても、筋金入りのフィールドワーカーが自らの好奇心に突き動かされて取り組んだ仕事には迫力がある。二〇〇七年から二〇一四年の七年間にわたって続けられた一六地点の市場《いちば》での調査、村々四七地点での納豆製法の記録は、豊富な写真、具体的なエピソード、それらを新しい論理へと導く地図によって肉づけされ、本書を構成している。読み進めると、読者はまるで、著者と一緒に市場の雑踏に分け入って納豆を探し、都市から遠く離れた農村へ向かう路上に置き去りにされても次の一手で前に進み、思いがけない所で新しい納豆に出会ったときの喜びを分かちあったかのような錯覚にとらわれる。

そもそも著者は納豆の研究者というよりも、地理学におけるラオス地域研究の第一人者であり、東南アジア地域研究を牽引する気鋭の研究者であることに、ここでは

まず触れておかなければならない。『ラオス農山村地域研究』（横山智・落合雪野編、めこん、二〇〇八年）に代表されるその研究は一貫して、フィールドのなかに入り込んではじめて可能になる詳細な聞き取り調査と現地観察に基づいている。そこに納豆調査が分かちがたく結びついているからこそ、本書はたんなる食べもの調査にとどまらず、食べものを通してそれを食べる人々の姿や、地域の暮らしが眼に浮かぶような記述になっているのである。

フィールドワークをする人であれば、必ず現地の「食べもの」に出会うことになるが、これまで地理学ではそれを本格的な研究テーマとする人はほとんどいなかった。著者の言葉を借りれば、「食べる」という視点が欠けている（四八頁）。食べものの「モノ」としての側面だけでなく、それを「食べる」という「行為」が内包する文化に目を向けた研究はそれほど多くはない。言い換えれば、生産と流通の研究に比べて、消費に関する研究が少ないのである。こうした状況のなか、近年、地理学では「食」に関心が向けられつつある。例えば、『モンスーンアジアのフードと風土』（横山智ほか編、明石書店、二〇一二年）は、「食」に「単なる食料という意味だけではなく、それを生産する農業とそれを加工、調理する過程と実際にそれを食べる行為までを含む包括的な意味合い」を含めて論じた新しい成果であるといえよう。同書には横山氏による「東南アジア大陸部のナットウ」も含まれ、これが『納豆の起源』への布石となっている。ナイトマーケットで躊躇なく「トゥア（豆）ナオ（腐った）」を買う。そして食べる。「初めて海外で出会った納豆なのだから、試してみたい。お腹を壊すかも知れないが、調査を終えて家に戻るだけだ」といってそれを食べ、そこから納豆の起源を考え、地域を考え、民族を考え、時代の変化に思索をめぐらせる。このような姿勢でフィールドに沈潜する著者だからこそ、納豆から文明論へとたどり着く新たな研究への挑戦が可能になった。こうして「食べる」というごくありふれた経験から、著者は東南アジア・ヒマラヤにおける「納豆」の地域的多様性とともに民族的多様性をも見出すことになるのである。

納豆をめぐる旅——多様性の発見

そもそも納豆は日本独自の食文化のように思われがちであるが、それは大きな間違いである。納豆とは、かくも多様なものだったのか、と気づきさえすれば、私たちが普段食べている納豆は、壮大な文明史の謎を解く鍵にもなりうる。これが本書全体を貫くメッセージである。

本書を通じて読者は「大豆と日本の納豆」の話を出発点として（第一章）、世界の納豆とその起源をめぐる旅に出発することになる（第二章）。その旅は、中国とタイからの納豆伝播の交差点としてのラオス（第三章）、納豆の多様な調理法が展開するタイ（第四章）、納豆の聖地に位置づけられるミャンマー（第五章）、そして最も奥地のヒマラヤの納豆を求めてインド・ネパール（第六章）へと続く。この旅のさまざまな事例地域を織物の径糸にたとえるならば、それらすべてをつなぐ縦糸は、最終章で論じられる新しい「納豆の起源論」である。

第一章では、栽培ダイズの起源を中国や朝鮮半島にたどり、日本へは縄文後期から弥生時代にかけてイネと一緒にもたらされた説が紹介される。さまざまなダイズ加工品の発達とともに発酵食品としての納豆が登場し、とくに日本の場合、稲ワラの存在が糸引き納豆の登場と関係があったともいわれている。これは、私たちが普段「納豆」と呼ぶ「糸引き納豆」の起源説である。つまり、糸引き納豆にかぎると、その議論はひとまず中国と日本との関係にとどまるものとなる。しかし、著者はラオスの古都ルアンパバーンで「トゥアナオ」と呼ばれていた納豆に出会ったことをきっかけに、じつは世界には糸を引かない納豆も存在することに気づいた。そして第二章以降で、中国と日本にとどまらない納豆の多様性を確かめていくことになる。世界には枯草菌で発酵させた①粒状納豆、②ひき割り状納豆、③粒状熟成納豆、④干し納豆、⑤蒸し納豆、⑥乾燥センベイ状納豆、⑦味噌状納豆と、カビで発酵させた⑧テンペ、⑨毛豆腐納豆などがある。私たちになじみのある納豆はせいぜい①と②にすぎない。これら世界の納豆に言及した代表的な研究は、照葉樹林文化論を提唱した中尾佐助が一九七二年に『料理の起源』（ＮＨＫブックス）で論じた「ナットウの大三角形説」である。インドネシア・ジャワ島の「テンペ」、ヒマラヤの「キネマ」、日本の「納豆」を結ぶ三角形のなかに無塩発酵大豆食品が分布しており、その起源は中国雲南省付近であるという主張である。このほかに吉田集而によって栽培大豆との起源地と結びつけた「豉・失敗起源説」などが提唱されるが、いずれも一元的な起源説であったといってよい。それに対して石毛直道は、納豆が各地で独立発生した可能性を示し、多元的な起源説を示唆した。

伝播論の再考――発展段階の発見と多元的文化論

これらの説に対し、著者の主張はもう少し複雑である。例えば第三章のラオスでは、納豆をつくり始めた中国系のホー族や、納豆生産中心地であるムアン・シンのタイ・ヌア族、タイ・ルー族を訪ね、いずれも雲南省から移動してきた民族であることから、納豆の起源をひとまず雲南省に求めている。しかし、この事実に加えて、その納豆がどのように食べられているのか、すなわち、その調理法に注目すると別の現象がみえてくると著者はいう。ラオスでは米麺に豚そぼろソースをかけるカオ・ソーイという料理に欠かせない食材として納豆が消費される。聞き取り調査を重ねると、米麺自体は雲南省から伝わったが、納豆を入れたそぼろソースは独立変化してラオス北部とタイ北部のメコン川岸付近で生まれたことがわかってきた。さらに、もともとタイから移入されていた納豆が、政変によって一九七五年にタイとラオスの国境が閉鎖されたことで、かわりにラオス北部のタイ・ヌア族によって商業的に生産されるようになったことも明らかになった。このように、大豆や納豆の「生産」だけでなく、調理法や食べる行為という「消費」の側面をふまえて考えると、起源説はより複雑な様相を呈するのである。

こうして「納豆の起源を考える際は、まず自分の目で見てきた事実、民族の移動の歴史、そして照葉樹林文化論で論じられた文化複合を総合的に加味しながら論じる必要がある」（二八〇頁）と考えるようになった著者は、ラオスに続いて、タイ、ミャンマー、インド、ネパールに足を運び、納豆には発展段階があることに気づく。それはすなわち、何らかの植物で豆を包むという「第一段階」、発酵に最適な植物を選定するという「第二段階」、植物で「包む」から「敷く」へと変化する「第三段階」、枯草菌で発酵させる「第四段階」、納豆菌を振り掛けて発酵させる「第五段階」である。

発展段階が進むほど納豆生産の合理化が進み、納豆の歴史の長さとともに発展段階が進むと推測できそうである。しかし、実際にはそのように単線的には進行しないというのが本書の主張である。なぜなら、民族の移動が栽培技術と食物の加工技術の伝播を促すことに加えて、それぞれの場所で納豆をどのように食べるかという慣習や嗜好がまた地域によって一様ではないからである。

著者は東南アジアとヒマラヤの納豆の分布について、「発展段階」と「納豆の形状」の分類を重ねた分析から、東南アジア地域は西から東へと少しずつ重なりあいながら、第二、第三段階の粒状納豆地域、第三、第四段階の乾燥センベイ状納豆とひき割り納豆地域が分布し、ヒマラヤ地域はすべて第三、第四段階の干し納豆、味噌状納豆地域となっていることを発見し、「民族の移動と共に、何段階かに分けて納豆が広がった」（二八八頁）と結論づける。

このように考えると、納豆は複数の起源地を持つことになる。著者は「東南アジア・カチン系」、「東南アジア・タイ系」、「ヒマラヤ・チベット系」、「ヒマラヤ・ネパール系」の四つを納豆の独立起源地と提示している。それぞれの地域は、ある場所から移動してきたあとに独自の納豆文化を形成していった（二九七頁）。これは、民族の移動と、移動先での調理も含めた納豆の発展段階のふたつを視野に入れてはじめて提示された仮説なのである。

食べものの地理学とその課題

「微生物の分野では、納豆をつくる菌に関して、多くの研究蓄積がある。しかし、東南アジア大陸部やヒマラヤ地域で日本と同じような糸を引くネバネバした納豆をつくる人びとのこと、納豆のような臭いのきつい発酵食が受け入れられるような文化、人びとの生活と納豆との関係などについては、ほとんど議論されていない」（一八—一九頁）。著者がいうように、これまでの納豆に関する議論では「食べる」という視点が欠けていた（四八頁）。これは納豆にかぎったことではない。食べものに関する研究の多くは、物質としての「食物」、あるいは生産物としての「食料」を分析してはいるが、それをいかにして食べるのか、それを食べる行為はどのような文化によって選び取られているのかといった議論は意外なほど少ない。この点で本書が「食べる」という視点をふまえて新たな議論を展開した意味は大きい。

とはいえ、いくつかの課題も残されている。第一点めは、政治と納豆（食べもの）の問題である。ラオスの事例で触れたように、食べものの移出入は政変からの影響を受ける。民族の移動もまた政治的問題と不可分であることに留意すれば、納豆の発達段階とその伝播は、民族そのものの特徴というだけでなく、きわめて政治的な問題とその影響が絡んでいるのではないだろうか。第二点めは開発と納豆（食べもの）の問題である。本書末尾で著者が吐露する不安は「急速に第四段階の納豆が増えていること」である。日本で稲ワラが使われなくなったように、東南アジアやヒマラヤでも納豆をつくるための伝統的な植物利用にかわって、段ボールやプラスチック・パックの利用が拡大している。多様な納豆の多元的展開の喪失が意味するのは、世界を覆い始めた社会経済状況の一元化にほかならない。著者が納豆を通して感じた不安を、「食べもの」を通して社会を考えようとする際の重要な問題提起として受け止め、私たちは今後さまざまな角度からその不安の本質を議論しなければならないのである。

（湯澤規子）

◉江原絢子・東四柳祥子『近代料理書の世界』

［ドメス出版、二〇〇八年］

▼キーワード

料理書、ガイドブック、書誌情報、戦前、近代、料理学校

料理書のガイドブックとして

読者が「料理」に関する研究を考えているなら、本書は非常に役立つだろう。著者のひとりである江原絢子は、近代の日本における家事科教育や料理本を史料に、家庭料理の変遷を研究する食文化史研究のさきがけとして、多くの成果を残している。

本書は、江原がこれからの食の文化的研究を目指す人に役立つようにと東四柳祥子とともに著したものである。本書は、近代初頭から、日本で刊行された料理書一〇〇冊の概要を、一冊ごとに見開き二ページで紹介したガイドブックである。扱う年代は明治初期から一五年戦争直前の昭和五年（一九〇〇年以前―一九三〇年代）までである。

本書での「料理書」には、割烹教科書、救荒書、雑誌、食卓作法書、料理に関するエッセイなども含まれる。そして近代以降出版が確認された八〇〇点あまりある料理書から、特徴があると思われる一〇〇点を著者が選定し、紹介している。本書の意義については「序」にある、著者の言葉を引用しておこう。「料理書が単に調理法を教えるというだけでなく、その時代を語るものであり、その著者たちの生き方は、調理法の伝授という枠を超えて、私たちに多くのことを語りかけてくれている。当時の人が思いを込めて著した料理書をひとつひとつ読み解くことで、明治期から昭和初期の社会と暮らしの流れを知る

ことができ、著者の思いや活躍について探ることで著者自らが、かたりべとなってくれることを確信し、困難であっても何とかこの本を完成させたいと考えた」(二一三頁)。

各料理書の解説には、著者がその料理書のなかで着目した点について述べられ、他の資料とのすりあわせが試みられ、分析した結果が織り込まれている。こうした点から、本書がいかに研究資料として有用なものであるかが理解できるだろう。料理書のたんなる紹介にとどまるものではないのである。

本書の読み応え

ここでは例として二冊の料理書の紹介ページを取り上げるとしよう。

一冊めは、村井寛(村井弦齊)の『食道楽』(一九〇三、一九〇四年)である。

まずはじめに、次のようなリード文が添えられている。「報知新聞に連載され、『釣道楽』『酒道楽』『女道楽』に続く「道楽」シリーズの第四弾としてまとめられた料理小説。出版数は30版10万部というから、当時としては破格のベストセラーであった。本書は、四季の四巻に分かれ、上流家庭を舞台に登場人物に和・洋・中の料理、食に関する知識を伝授する形に展開されたもので、啓蒙的要素を含む料理書の一種ともいえる」。そして本文では著者である村井の生い立ちについて、そしてその本の刊行された経緯についても言及されている。村井は当時、美食家として有名な人物であり、「食道楽会」というサロンを自らの邸宅で開催していたこと、当時においては一般的な人々の日常の食にはなかった新しい内容であったこと、出版部数や平易な文面から、この本が、多くの人々に影響を及ぼしたことなどがまとめられ、いまや一般化した「食育」という言葉についても本書が初出であるという指摘がなされている。

続いて、もう一冊、田中宏著の『田中式豚肉調理法』(一九一六年)を紹介しよう。日露戦争期には牛肉の軍需が拡大して価格が高騰したことにより、家庭では安価な食材として豚肉の利用法がうたわれるようになる。こうした歴史的な背景と、この料理書の刊行との関係を裏づけるため、著者は、別の文献から牛豚の屠殺数の年次グラフを引用する。そして、他の豚肉の料理書について調査し、当時の豚肉の需要増加と豚肉の料理書の刊行が比例していることを明らかにする。当時は豚肉が臭くて下等な食べ物であるというレッテルが貼られていたこと、この料理書の著者である田中が、支那や琉球料理を参考にして、料理法のアイデアを紹介していたということまでもが記されている。このように本書は、見開き二ページのなかに、料理書の内容やその特徴を示し、史料としての分析を行い、まさに料理書がみせる「世界」を描き出しているのである。

近代の料理書が一冊にまとめられた意義

じつは日本における「料理書」というのは、江戸時代においても多く出版されており、それらはすでにいくつか他の研究者の手によって刊行されていた。しかし、近代以降の料理書についてはぼう大な数と種類のためか、これまで手つかずであった。それを著者たちが多大な労力をかけてまとめたのが本書であるのだ。

本書にはもうひとりの著者である東四柳祥子が中心となって、今回の作業の過程で掘り起こした八〇〇点の料理書を、目録として作成し、刊行年順に整理し、掲載している。これまで当時の史料として、どの料理書を呈示するのが妥当であるかという判断は、なかなか容易なことではなかった。その点において本書は、料理書の事典的な役割を果たしてくれるだろう。

最後に、本書には「近代料理書の流れ」という題目の論文が所収されていることを付け加えておこう。この論文は必読である。本書をまとめる作業のなかで、著者が分析した内容が、凝縮されてこの論文に収められているからである。

江原は結びの言葉を次のように記している。

> 単に作り方や材料だけでなく、その著者や料理書を利用してきた人々が、各時代の事情を語ってくれるような気がしてくる。それに耳を傾けてみると、料理書は、それぞれの時代の人々の暮らしや考え方、社会の様子を伝えてくれると実感できるのである。
> （三〇頁）

著者が八〇〇点もの文献にじっくりと向きあってきたからこそ語ることのできる言葉である。

（巽美奈子）

◉江原絢子

『家庭料理の近代』

［吉川弘文館、二〇一二年］

▼キーワード

明治期、家庭料理、料理学校、調理教育、西洋料理、献立

家庭料理における西洋料理の受容を描く

家庭料理というのは、階層や地域による差異が顕著であるというよりも、それそのものが個人の嗜好に依拠するため、一括りにその歴史的変遷を論じることが非常に難しい。本書もまた、この問題をクリアにすることを目指していない。換言すれば、本書は近代における家庭料理とは何であるかを問うものではない。

いわずもがな家庭料理とは、私たちの日常にある食事である。近代日本において、日々繰り返される食事を大きく変容させたのは何であるか。著者はその要因のひとつが西洋料理の流入であると考え、西洋料理が家庭に入りこんでいくルートをたどっていった。著者は西洋料理を伝授する料理教室や、女子教育の場に目を向けた。その結果、次の二点が明らかにされた。一点めは、これまで日本になかった西洋料理が、家庭へ入り込もうとする、まさにそのはじまりの場面が家庭の外にあったこと。二点めは、西洋料理という新しい食文化の広がりが、これまでの主食中心であった日本の食事形態を、副食に関心の向く現代の食事形態へと変容させたことである。

西洋料理と女子教育

「料理教室・料理学校の誕生と発展」の章では、宣教師の妻が布教活動として、西洋料理教室を開き、そこで上流階級の主婦らが学ぶようになったことが描かれてい

る。そしてこの活動が家庭への洋食普及の下支えとなっていた。こうして家庭料理の担い手とされる女性たちは料理を他者から学ぶことや、新しい料理のあり方を、家庭料理に取り込んでいったのである。

「女学校の調理教育」の章では、家庭料理がいかにして女性たちに教育されたのかが描かれる。その結果、料理書や雑誌といったメディアから調理の内容や技術を学びとろうとする姿勢は、女学校における調理教育によって形成されたことが明らかにされる。

江原の分析方法

本書では、多彩な史料が用いられているが、分析の中心はつねに献立・料理であり、それに関わる人物が登場してこないことが印象的である。この点が、著者の特徴的な視点であるともいえる。次はこうした分析方法について掘り下げてみていくことにしよう。

西洋料理店である「精養軒」の史料分析では、テーブルに置かれたナイフ・フォークなどの食具、食事マナーについての記述から、人々がどのような様式の西洋料理をそこで食べていたのかが推測される。また料理書『西洋料理指南』の分析では、そこに記されたメニューと、江戸時代の料理書とが比較される。こうしたレシピの比較分析は、歴史研究ではほとんどみられない手法である。

女学校における調理教育用の教科書を史料にした場合では、メニュー名から、和洋折衷の組み合わせ料理であることが指摘される。実習メニューは、和食・洋風・折衷に分類され、実施回数の割合から、積極的に和洋折衷料理の教育が行われていたことが明らかにされる。こうした分析方法は、誰もが即時に実践可能なものではないだろう。なぜなら料理や献立というモノがどのような性質を持つものであるかを知り尽くした者でないとみえてこない考察であるからだ。例えば、ある高等女学校での割烹実習の実施メニューにあるライスカレーを、江原は、簡単につくれる西洋料理であると分析している。つまり、レシピをみたとき、どれくらいの時間で、どのような調理器具が必要で、どの程度の技術を要するかといったような推測をもってメニューが分析されているのである。要するに調理に対する専門的知識を持つ研究者ならではの特権的分析だといえるのだ。

（巽美奈子）

◉宮本常一
『食生活雑考』

［宮本常一著作集24、未來社、一九七七年］

▼キーワード

食生活、食の歴史、食文化

宮本常一という人物

本書は、近代における日本の食事情の変遷と食生活にまつわる様子を史資料やフィールドワークを通じて記録したものである。

著者宮本常一（一九〇七―一九八一）は、一九三〇年代から生涯にわたり日本各地を歩き続け、出会った人々の生活の様子や技術に関する膨大な記録を残した民俗学者である。民俗学者の先達である柳田國男や渋沢敬三の影響を受けながら、宮本は山村や漁村の生活を調査し、そこに住む人々の生活や生き方に興味を持っていた。宮本は、地域の人々の話を聞くことに優れていたとされ、

また自分の研究のためだけでなく、その地域への貢献にも努めていた。土地の人々と交流するため、調査のほとんどは、炉端へ腰をおろし、その家で日常食べているものを食べさせてもらい、記録するというスタイルをとっていた。

本書では、宮本の目線で日本人が食べてきた食物について知ることができる。本書の注目すべき点は、農民や庶民が食べてきた食事にも視点が向けられていることである。また、宮本の生き生きとした言葉がエッセイ風に綴られている。本書を読み進めるにつれ、読者は宮本が目にしてきた当時の食生活やその歴史に惹きこまれていくだろう。

本書の構成

本書は、六章構成になっている。食生活に関して主食物・副食物・その食べ方や食器について具体例や事例を挙げている。第一章は「日本における食事情の変遷」、第二章は「食生活雑考」、第三章は「近代の飲食と生活」、第四章は「すばらしい食べ方」、第五章は「日本における調味料の歴史」、第六章は「食器」である。

幕末期～明治期の食事情――米と稗

第一章と第三章では、幕末から明治時代の幕府、町民、農民の食事情について述べられている。これまで日本人が何を食べていたのか、日常の主食や副食物、ハレの日の食事、開国以後の食生活の変化についてである。今では日本人の主食は米だというイメージがある。しかし、昔は違っていた。宮本によれば、低湿地帯には早くから米の栽培が発達していたが、高原地帯では焼畑農業が発達していたという。享保の頃（一七一六―一七三五）、米は日本の主食糧の四割を占める程度で、残りの主食とされていたものは、稗《ひえ》だった。稗は焼畑で熊本から宮崎、福岡の一部分、大分、愛媛、高知の山中、大和の奥でつくられていた。また、中部の山中から東北の山中でも盛んにつくられていたようである。かつては、そのようにして米と稗が主食として食べられており、次第に米のみを主食として食べるようになったのである。その背景には、平坦地は水田にできたこと、米は早くから租税の対象になり、なおかつ味もよく調製が容易であったことがある。一方稗の場合は調製が難しかった。上手に調製すればおいしいが、収量が少ないうえ、茎が藁のようにいろいろ利用できないという点から稗は主食としてつくられなくなっていった。

宮本は、大和の大塔というところへ行ったとき、この辺りの人々は山を借りて稗をつくっていたが、山の年貢は稗ではなく、米で払っていたという。下市の町へ行き、米を買いその米で地主に年貢を払っていたのである。宮本は、このような環境が原因で人々は稗ではなく米を次第につくるようになったと考察している。また、宮本はかつて九州の日向山中の東米良へ行ったとき、水田がたくさん開けているのをみて驚いたという。明治以前には畑だった土地に、石垣を積んで土地を平にする技術が取り入れられ、山間部でも米ができるようになったという。また、山口から広島の山間部一帯でも同じように石垣を積み、水田をつくるようになったのである。年貢として米の栽培が必要になってきたことや山間部でも石垣を積んで水田をつくる技術が導入されたことから、米が主食として食べられるようになった。

しかし、稲作により当時の生活が豊かになったかどうかは大きな問題だと指摘し、次のように述べている。例えば、徳川時代（享保以後）には、幕府が米を一粒ずつよらせたり、俵のつくり方を厳しくしたりと米を厳選したことが原因で百姓一揆が起きたことがあった。いたるところで米をつくるようになり、東北の南部藩では稗づくりをやめてさえいた。しかしながら、当時の米は冷害に弱く、米中心の農業は飢饉の被害を重くすることとなった。享保、天明、天保時代には、飢饉の被害が秋田や津軽、山形などの米が盛んな平坦地に及んだという。一方で、稗地帯だった山中で暮らす人々は飢饉の被害が少なかった。

宮本が出会った芋

食生活を支えてきた食物のなかに芋もあった。芋は里芋であり、山中地帯や低湿地の人々がよく食べてきた。それは、里芋を食う行事がたくさんあったからである。宮座（宮座とは、氏子の一部によって組織され氏神の神事を行う祭祀集団である）の記録には、お祭りのご馳走のおかずに里芋を使用していたことが残っている。また、芋を食うことを「でこをまわす」という。「でこをまわす」といっても地域によって芋の種類や食べ方が異なる。宮本の体験話では、十津川では、箸に里芋をつきさしてぐるぐるやった（奈良県十津川村では、「里芋を串刺しのまま、廻しながら食べる恰好がデコ（木偶、文楽人形）をつかう姿に似ていたことからイモを食べることがデコマワシと呼ばれるようになった」という（十津川村役場「十津川村の衣・食・住」〈http://www.vill.totsukawa.lg.jp/www/contents/1109300456000/〉2017/3/29アクセス））そうで、里芋を箸にさすのに滑るので苦労したという。宮本は薩摩藷《いも》がよくつくられる地域の出身（山口県）で、ここでも「でこをまわさんか」といわれ、藷ばかり食わされるのが嫌で家を飛び出して土佐へ行った。しかし、泊まった家でも「お前でこをまわすかまわせばとめてやる」といわれたそうだ。土佐の山中は、薩摩藷の地帯ではなく里芋地帯であり、大きな鍋に里芋（土佐芋）を茹で、汁を捨て、竹串に四つか五つ突き刺して囲炉裏で焼く習慣があった。一方で、宮本が訪れた屋久島では、島が薩摩藷地帯になっていたという。薩摩藷を丁寧にすりつぶして練ったものをご飯にしていたようである。また、種子島では祭りなどで里芋を食べるのを例としていることや水田が発達したのは非常に新しいことから里芋を主食にしていたのではないかと考察している。

主食だった麦の存在

麦もまた主食のひとつとして裏作でつくられてきた。しかし、日本での麦の耕作、耕種の技術は遅れていた。宮本は地域によって麦の出来具合が異なるとし、四国から瀬戸内海の百姓は麦の耕作技術を持っていたが、京都と大阪の境あたりの百姓は適切な耕作技術を知らなかったと述べている。麦の耕作技術が浸透していなかった点からも、麦は米のように重要視されていなかったようである。麦がつくられ始めたのは比較的古いことであるが、租税の対象にもあまりならず、麦の調理方法も米と一緒に炊かなければ食べにくかったということが背景にあり、今日（昭和の頃）のように麦を盛んに食べるようになったのは比較的新しいと指摘している。このように日本の主食である米食に行きつくまでには長い歴史があった。主食には米だけでなく、雑穀や芋などそのときにあるものを工夫して食べてきたのである。

副食物に食べたもの

副食物には、植物性のものが多く、葉菜、果菜、豆類が食べられたという。山野では、春には木の芽、若草、秋には木の実、きのこなどが採集された。宮本は副食物の食べ方について次のように述べている。例えば、それらの副食物は醤油や味噌で味付けされ、煮たり、焼いたり、漬物にしたりしたという。また、生のままで食べる場合は、塩や酢味噌が用いられた。漬物は野菜を貯蔵する方法のひとつであったが、のちに味噌漬、糖漬が行われ、その風味が賞美されるようになったそうだ。動物性のものには、魚貝類が多く、海岸地方では新鮮な魚貝の生食も行われた。少し海岸を離れると塩物か乾物だった。塩物か乾物は腐敗を防ぐ保存食品であり、これらの魚は荷駄か人の背によって運ばれ山間に入り込んだという。また、獣肉は、西日本ではイノシシ、東日本ではシカ、クマなどを食用とすることはあったが、家畜の肉は公然とは食べられなかったという。それは、牛馬肉を食うと汚れるとの考えが全国的になったからである。宮本は、松永貞徳の『慰草』（松永貞徳は、江戸時代前期の俳人・歌人・歌学者である。『慰草』（一六五二年）は、松永貞徳の講釈をもとに『徒然草』を注釈した書である）

より、キリシタンの伝来とともに牛肉食が行われるようになり、江戸時代初期には一部の人々が牛肉を食べていたと述べている。

非日常の食事

宮本は、日常食以外にも「ハレの日の食事」についても注目した（「ハレ」とは、結婚や正月、祭り、年中行事などの非日常を指す。一方で、「ケ」は、普段の生活、日常のことを指す）。ハレの日の食事は日常の食事とはまったく質を異にした食文化としている。ハレの日の食事は、「婚礼、年祝い、正月、節句、盆、祭りなどにだけ発揮されたものであるが、日本人の生活全体の上では重い地位を占めていた」（一一五頁）。それは、婚礼や年祝いなどの最も晴れがましい家の祝いごとには、多くの客が招かれ家の体面や家格を考えなければならなかった。そのため、「酒は客が酔いつぶれるまで、米だけの飯も料理も腹一杯になるまで食べてもらい、みやげの引物をもたせてかえす」（一一五頁）というのがハレの日の習慣だった。この日の食物の特徴は、平常が穀物の粒食であるのに対し、餅や団子、めん類などの粉食が目立っていたようである。

宮本の視点からみた日本の食生活

これまで、宮本の思考を通して日本の食生活を述べてきたが、食べてみたい食事、食材への興味など、食に関して何か芽生えただろうか。本書は、日本人はずっと米を食べてきたという固定観念とは異なり、米を主食として食べるようになった歴史を示してくれた。日本人は、その土地で栽培できる作物を育て、それを工夫し食べてきた。また、開国以降は、外来の食文化も受け入れ、食の選択肢を増やしてきた。

宮本は、日本における食事情の変遷を文献史資料と自ら集めたフィールドワークの資料から考察している。特に、先に挙げたフィールドワークでの食事の記録（第四章「すばらしい食べ方」）は、ただ食べ物の食べ方を記録するのではなく、どのような人が、どこで、どのようにつくったかという点も記している。文字・写真資料からはみえない、現地の人々と話して気づいた情報が本書には散りばめられている。一品の食事をひとつとしてみるのではなく、素材や食べ方、村の習慣などさまざまな角度から訪れた家々の食生活が綴られている。宮本は食物の乏しかった時期に関心を持っていたわけであるが、それは学問としての関心だけでなく、過去の食生活の問題を食生活を豊かにするための工夫を考える要素としてもとらえている。最後に宮本はあとがきで次のように述べている。「もう私のようなものの文だとか百姓や漁師の生活というようなものは繁栄の文化の中へ埋没してしまうのではなかろうかと思っている。ただ貧しくても力いっぱい生きてきた人たちがおり、その人たちがどのように生きてきたかという事実だけは少しでも多く書きとめておきたい」（三一四頁）。本書は、食生活という題材を通して、日本人は生きるために何を食べてきたのかという食の根本的な部分を考えるきっかけを与えてくれるのではないだろうか。

（廣部綾乃）

◉中村羊一郎

『番茶と庶民喫茶史』

［吉川弘文館、二〇一五年］

▼キーワード

庶民、喫茶、日本茶、茶文化、茶の利用

庶民が飲んできた茶への注目

もしかするとあなたが何気なく飲んできた普段の茶は番茶かもしれない。一般的に番茶は、二番茶以降の硬化した茶葉を素材につくられた茶といわれる。しかし、本書では、番茶は日本各地においてさまざまな製法でつくられる自家用茶とし、地域によって番茶の名称はさまざまであることを提示している。つまり、各地域において番茶に対する認識が異なり、番茶を一言で説明することは難しいのである。著者は、「番茶とは何か?」とあらためて問い、庶民が飲んできた茶の深層に迫る。また、日本・東アジアの番茶の実態を明らかにし、日本における茶産業の歴史や動向を考察している。茶にはさまざまな場面において場を和ませる効果がある。食事をするとき、話し合いやおしゃべりをするとき、おもてなしをするときなど各場面で茶が登場する。茶が日本でどのような過程を経て、発展してきたのかを知ることは、日本の食文化を理解するうえで重要である。

日本における茶文化には二通りの流れがみられる。貴族や武士の間で飲まれてきた茶道文化の流れと庶民の間で飲まれてきた番茶文化の流れである。本書は、歴史学と民俗学の視点からフィールドワークや文献史資料をもとに、日本各地の庶民の喫茶文化を比較したものである。著者は、番茶と庶民の喫茶史を明らかにすべく、日本・東アジアにおいてそのルーツを探る調査を行っている。本書には、現地の人々と直接対話し、聞き取りした日常茶の貴重な話が詳細にまとめられている。現代の茶は、玉露やかぶせ茶、煎茶、深蒸し茶、蒸し製玉緑茶、釜炒り茶、粉茶、くき茶（かりがね茶）、玄米茶、ほうじ茶、紅茶、烏龍茶、番茶など、茶といっても栽培や製造の方法の違いからさまざまな種類に分類することができる。このような茶が商品化するなかで、各地域の番茶が多様な製法でどのように庶民の茶として飲まれてきたのか、また今日の茶はどのように私たちの生活に関係しているのかという疑問を考えるきっかけを与えてくれる。

庶民の茶文化に関する研究

これまでの日本茶の喫茶史、茶文化に関する研究は茶道を中心とするものが多かった。茶の湯の成立史、喫茶法、茶人、茶室、精神に関する研究が各分野の研究者によって行われてきた。一方で本書のような庶民の間で飲まれてきた茶やそれにまつわる習俗に注目した歴史学や民俗学の分野における研究もある。例えば、大正から昭和初期の全国各地の番茶の製法と伝承されてきた地域の嗜好に関する研究（日本の食生活全集編集委員会）やアジアの民族の茶についての研究が挙げられる。また、近年では日本各地における自家用茶の製茶法や喫茶法、茶粥に関する研究が行われてきた。

本書は、歴史学と民俗学の視点から「茶」そのものだけを研究対象とするのではなく、庶民の暮らしのなかの茶のあり方に目を向け、人々がどんな茶をつくり、どのように飲んできたのか、その歴史を色濃く物語っている。

茶は、宗教・婚礼・葬式などの特別な行事や客をもてなすとき、農作業時など日常のさまざまな場面でみることができる。また、茶の時期になると毎年の行事として茶づくりのために家族が集まったり、近所付き合いでの集まりで茶を飲みあうことをしたりと、人と人の絆をつなぐ役割も果たしている。これらは、人々の生活のなかで当たり前のように行われてきた習慣である。著者は、日本およびアジアの茶の製茶法・喫茶法・その習俗において詳細な事例を挙げ、茶文化圏における暮らしのなかの茶の実態を明らかにしている。これは、人と茶の関わり方を考える点で日本の茶文化研究に新たな見解をもたらすであろう。

本書の構成

本書は、二部の目次構成になっている。序章「茶利用の始まり」は、一、茶文化研究の視点、二、緑茶の薬効と茶利用の契機、三、茶の分類と原産地についてである。第I部は、空白の庶民喫茶史についてである。第一章「史料に見る日本茶の歴史」、第二章「番茶とは何か」、第三章「番茶製法の発展」、第四章「山茶と番茶」である。第II部は、番茶の民俗とアジアの茶利用についてである。第一章「番茶と食事」、第二章「抹茶法と番茶」、第三章「煎茶の普及と番茶の終焉」、第四章「東アジアの食茶習慣と番茶」、終章「結論（番茶研究の意義、番茶製法の編年、女性と茶、後発酵茶の分布と東南アジアとの関連、東南アジアへの視野拡大）」となっている。

ここでは、番茶がいかに多様なものであり、暮らしのなかでどのように利用されていたのか、製法や習慣、儀礼について書かれた章をもとに紹介する。

多様な番茶の存在

第二章では、番茶の由来とその多様性についてフィールドワークで確認された事例を挙げる。本書のキーワードとなる番茶について、著者はこのように定義している。番茶とは、「自家用を目的に各地各様の伝統的製法によって作られる非商品としての茶」（六六頁）である。現在、茶業統計上における番茶とは、「硬くなった新芽や茎などを原料とした茶で、製法は煎茶と同じ」（四六頁）と定義されている。番茶という語は一五世紀になってはじめて確認され、最初は晩茶と書かれていたという。晩は遅いという意味で、上等の茶が新芽を摘んで丁寧に製茶されるのに対して、夏過ぎの硬化した茶葉すなわち「晩」の茶葉を素材にしたからであり、番を用いる場合も、一番茶ではない何番目かに摘採した茶、あるいは番外の茶という意味であるから、結果的には同じ内容であると述べている。

先に述べたように番茶は自家用を目的とし商品ではない茶と定義されている。それをふまえ、著者はいかに多様な番茶が日本の狭い範囲の地域で庶民に伝承されているのかを示すため、一例として兵庫県から岡山県に渡る地域に密着した調査（二〇〇二年実施）を挙げている（五〇―五七頁）。その調査方法は、車を走らせ茶の木を発見すると止まり、その周辺で実際に番茶をつくり自家用に消費している住民から聞き取りをするという試みであった。この調査で取り上げられている岡山から兵庫における番茶は、釜炒りの天日干しの番茶（岡山県英田郡大原町宮本〈現・美作市〉）、釜炒りの陰干し番茶（兵庫県朝来郡生野町生野）、フジの新芽でつくる茶（兵庫県朝来郡生野町生野）、蒸し製番茶（兵庫県朝来郡朝来町物部）、縄で吊るす陰干し番茶（鳥取県気高郡鹿野町鬼入道、東伯郡三朝町、岡山県苫田郡奥津町奥津〈現・鏡野町〉）、煮汁をかけて天日干しする番茶（岡山県英田郡美作町周辺）である。

庶民の間で飲まれてきたさまざまな番茶の製法は、今日の煎茶の製法につながる要素を持つ。第三章において番茶製法の発展の様子がわかる。番茶の製法には、①原始的な製法、②蒸す製法、③釜炒り製法と大きく三種類に分類できる。製茶の前段階として①原始的な製法がある。山中に自生している茶の木を使用する場合、生葉を煮出したり、茶を直火で直接炙り、煮出したりする（焼き茶）。また、茶葉を加工せずに保存を可能にさせるために、薬草のように自然乾燥させる方法が用いられる。自然乾燥させる製法は、茶葉を何の手も加えずに陰干しや日干しでそのまま乾燥させて、必要に応じて焙じたり、煎じたりして煮出す。第二段階の発展形態に②蒸す製法がある。「摘採した茶葉を蒸して熱処理することで、茶葉の発酵（酸化）を止め、茶の本来的な味を残すとともに保存にも適した方法が開発された」（七三頁）。その後、「釜炒りして揉む」という製茶法が戦国時代末期に明より伝来し、ヤマチャを素材にした釜炒り茶として普及していったと推定している。やがて、現在の煎茶につながる宇治製法（茶葉を蒸して揉み乾燥させる）が開発されることになる。

番茶をめぐる習慣・儀礼とアジアの茶の利用

第Ⅱ部では、「番茶の民俗とアジアの茶利用」が展開される。食としての茶を取り上げる。茶粥と茶煮座を中心に茶粥の起源や日常食として食べられる茶粥の実態、番茶を茶筅で泡立てて飲む振り茶などについて茶を食べる習慣を述べる。また、婚礼儀礼と茶に関しては、九州の茶入れ、越後十日町の多喜茶、静岡県東部の茶袋、山梨県のオチャツルシ、ヨメゴのお茶、嫁のお茶配りなどについて事例を挙げる。さらに、女性集団と茶の関係では、茶が女性にどのような役割を与えているのか示す。著者は、各地の製法による自家用の番茶が一般的だった頃には、茶は単なる飲み物としてだけではなく、茶粥や振り茶というかたちで日常の食の一部をも構成していたとしている。ときには茶という言葉そのものが簡便な食事をさしていたとし、家庭内において食をつかさどる女性（主婦）の権能の象徴とされ、その贈答が主婦候補者としての嫁のやり取りのなかで象徴的な意味を持ったのではないかとしている。

第三章は、茶貿易により番茶が社会から排除されていく原因についてである。日本の開国以来、茶は生糸につぐ重要な輸出商品であった。一八世紀になると、宇治の永谷宗円によって創始されたといわれる煎茶の製法が完成され、従来の番茶とは異なる味、水色を持った高級茶が市場で高い評価を得た。そして、各地の茶産地もこの技術を導入し、番茶生産は次第に煎茶の生産へと切り替わっていった。

第四章は、中国やミャンマー、タイにおける食べる茶の習慣と番茶の関係についてである。茶はもともと薬効性を求め最初は生葉を噛むことで成分を摂取していたようである。成分を抽出して飲むか、そのまま食べるかという利用方法であった。茶を漢方薬のように煎じて飲んでいたようで、その後、今日のような飲料としての茶になった。一方で飲む茶のほかに食べる茶もあり、茶葉を微生物や乳酸菌などの力で発酵させる「漬物茶」という茶も存在する。日本では四国を中心にこの茶がつくられており、東アジアでもタイの「ミアン」やミャンマーの「ラペソー」という似た製法でつくられる漬物茶が存在する。また、中国では擂り鉢に茶葉や落花生・ゴマ・生姜などを入れて擂りこぎで擂り、湯冷ましを入れたり、もち米をすりつぶし鍋で煮立てたりした「擂り茶」がある。このような東アジア調査で収集した製法や喫茶法を詳細に上げながら、少数民族の間でつくられる食用の茶に使用される茶と番茶の関係性について述べる。茶の利用法には、古くからふたつの流れがあり、茶葉の浸出液を飲むものと茶葉を漬け込んで発酵させて食べるものであるとする。

番茶が教えてくれた庶民の茶

終章では結論として、「番茶は、ブランド茶やとくに中国で無数に生み出されている各種各様の茶とは異なり、価格や味わいなどの評価とは一線を画した、商品化される前の伝統的な茶を一括する概念として使用できる。番茶は、日本の戦国時代末期に、ポルトガル人によってBanchaと表記され、抹茶と対比された庶民の茶であり、長い歴史を持っている」（三三九頁）と述べている。先に挙げた第Ⅱ部・第一章のように、番茶に注目することで庶民が伝承してきた茶文化の流れを知ることができる。また、著者は、「日本各地に伝承されてきた番茶の実態を明らかにすることで、今日の茶産業の基盤となっている煎茶成立の経緯が明らかになるだけでなく、番茶が業界から排除されていく過程から、近代の茶産業全体の動向を知ることができる」（三三〇頁）と述べている。

本書で注目したい点は、各地の茶の特性を詳細に比較・分析するために、フィールドワークを中心に日本、東アジアの茶のありようについて製法や喫茶法に関する事例収集を幅広く行っていることである。事例の数が多いほど、各地域の特性を比較し、相違点や共通点を発見することが可能である。製茶法や喫茶法は各国の茶文化を比較するうえで重要な要素であり、各事例をもとに茶文化の伝播の問題について考えることができる。また、番茶の民俗に関しては、茶粥と茶煮座、婚姻儀礼と茶、女性集団と茶に関しては、茶がどのように地域の習慣と結びついているのか、日常の生活における茶の役割に注目している。著者は、「茶」を飲みもの、食べ物としてとらえるだけでなく、宗教や儀礼、コミュニティを形成する要素としてもとらえている。これは、茶文化以外に日本や東アジアの生活文化を研究する者にとっても興味深い資料となるだろう。

（廣部綾乃）

◉伊地知紀子

『消されたマッコリ。——朝鮮・家醸酒《カヤンジュ》文化を今に受け継ぐ』

［社会評論社、二〇一五年］

▼キーワード

在日朝鮮人、ライフヒストリー、密造酒、抵抗、生活文化、継承

本書は在日朝鮮人のマッコリづくりがどのような営みのなかにあったのかについて、多奈川事件の歴史およびライフヒストリーに基づく生活文化史からたどっている。多奈川事件とは、一九五二年三月大阪南部の旧多奈川・深日・朝日町（現在の大阪府泉南郡岬町）における自家製酒への取り締まりに在日朝鮮人住民が抵抗し、一名が死に至った事件である。本書はその歴史的・社会的な背景と事件経過を、裁判資料、独自の聞き取り、地域の研究成果などから叙述している。一九七〇年代以降に反差別運動と草の根の市民・教育活動が広がるなかで、「岬町地元まとめの会」による在野での研究蓄積が本書の背景にある。

生活文化史からひも解く濁酒

本書第一章では、多奈川の地域史について、古くからの瓦産業が消されていく軍需地域化のプロセスと朝鮮人が移住した背景を叙述している。草の根の活動によって掘り起こされてきた川崎造船／重工による強制連行の歴史と朝鮮人労働者の生活史に依拠しつつ、具体的な証言や労働現場の実相を拾い上げている。川崎重工泉州工場に従事していた日本人の証言によると、朝鮮人は屋内で待機させてもらえないばかりか、下士官から「怠け者だ、たるんどる」と怒鳴られ「精神注入棒」で殴られていたという。

第二章では、一九四五年に日本の敗戦／朝鮮の解放を迎えたのち、多奈川の朝鮮人がどのような状況におかれ、なぜ酒をつくっていたのかをみている。川崎重工に大きく依存していた多奈川の住民たちは一九四九年七月の泉州工場閉鎖とともに職を失い、塩焚きや行商、闇米や酒づくりによってかろうじて食いつないでいたことが独自の聞き取りをもとに記されている。もともと朝鮮には「家醸酒」と呼ばれる自家製造の酒があり、日本の濁酒は米麹が主流だが、朝鮮では小麦麹も使われ「濁白（タッペギ）」と呼ばれていた。なかでも多奈川で仕込まれた「清酒」は「多奈川一級」酒と呼ばれるほど評判が高く、他府県にも出荷されていた。これを販売したのは日本人であったにもかかわらず、「火傷をしたのは、造った朝鮮人だけ」だったことが証言から浮き彫りになっている。

第三章では、一九五二年三月二六日と三〇日に起きた多奈川事件について詳述している。体験者の証言とマッピング、警察史、新聞、裁判資料から、取り締まり現場では何が起こり、その後どのような報道と判決がなされたのか追跡している。検挙隊（国税局、地検、警察の総勢一〇九名）は、酒税法違反容疑で二六日早朝五時四〇分頃に朝鮮人住宅を「暁の急襲」と呼ばれる一斉捜索をした。なかには逮捕状の呈示すらせずに「透明の液体」の入った容器をみたという、一応の嫌疑によって家宅捜査したことなどが地裁で問題とされた。女性と子どもを含む約一三〇名から二〇〇名の朝鮮人が多奈川駅前に集合してトラックの前に座り込んだり、濁酒の容器を割ったり、タイヤの空気を抜いたりして抵抗したため、検挙隊は同日やむなく引き揚げた。

そして三〇日早朝、ふたたび検挙隊が現れ、酒税法違反に加えて二六日捜査時の公務執行妨害および暴力行為等処罰に関する法律違反で未成年一名と日本人一名を含む二七名を検挙した。その際には住人の女性がトウガラシの粉や人糞を検挙員に投げるといった抵抗をし、それに対し警官は計七発の威嚇射撃を行った。のちに命を落とす朴燦福氏（四四歳）が山本巡査部長と揉み合い、腹部に銃弾を受けたときの状況を目撃者の証言から詳述しているのも本書の見どころである。また裁判記録から「本件の社会的背景」および被検挙者ひとりひとりの「経歴ならびに生活状況」、罪状と判決（地裁・高裁）が示されている。工場閉鎖によって生活基盤を失った朝鮮人がやむなく「密造」をしていたことや「暁の急襲」による捜査の恣意性を考慮して、地裁では多くの被告が無罪や減刑となった。しかし高裁で四名は執行猶予が取り消され一名は無罪から一転、実刑をいいわたされ、最高裁で上告棄却され罪が確定した。

第四章では、多奈川事件にいあわせた金順子氏のライフヒストリーを通じて、解放前からの紡績工場での労働や解放後の酒づくりを追っている。一九五八年からは岸和田市の「城南住宅」に住み、朝鮮人住民が材料を出しあって当番で焼酎を焚いて利益を得たり、住宅横の原っぱで飼っていた豚に焼酎の滓を餌づけたりしたエピソードが興味深い。朝鮮人長屋の誰かが声をかければ住人同士で縁台に集まり、ごはんやキムチを持ち寄って共に食べたという共同性に支えられた食文化も注目に値する。その他数名の聞き取りをもとに、生活の糧を失った解放後の在日朝鮮人にとって酒づくりが生きる術であったと論じられている。

第五章では、聞き取りを中心に生活文化としてのマッコリの製造法、材料調達、在日朝鮮人の飲食文化が記述されている。解放後に生まれた在日朝鮮人のなかにも親世代からタッペギのつくり方を習っていたり祭祀や宴会の場に近所の朝鮮人女性がつくった酒が並んだりと家醸酒文化が受け継がれていた。補章では、著者自身の母方祖父母が多奈川の瓦屋を営んでいたこと、当時の町の様子が記されたうえで、朝鮮人が「見えない」存在になっていた時代状況と「朝鮮の酒を日本でつくらざるをえなかった歴史」を想起して本書が締めくくられている。

多奈川事件をひも解くために

以上の内容を持つ本書の意義は、在野の調査成果も取り入れ、自ら証言を収拾して在日朝鮮人の酒づくりと多奈川事件についてはじめて詳述したところにある。この地域の生活世界に接近して聞き取りをし、貧窮する在日朝鮮人が飲食文化を分かちあった生活の工夫を手繰り寄せ、現代にも連なる酒造文化の継承に光を当てたことの意義は大きい。

しかしながら、次の四つの問題点が指摘できる。

第一に、事実関係である。例えば第二章で「戦前の密造酒」の話をしたあと、「密造酒づくりは、解放後の一時期大規模化した。戦後の日本では酒は配給制であった」（五七頁）とある。だが一九四八年以降、官憲が朝鮮人集住地を「特定集団密造地域」として大規模に「密造を発見」していたことが背景にある。また、「戦後の日本では酒は配給制であった」とあるが、戦前の日本でも酒類販売統制機関を通じて一般家庭に酒類が配給されていた（一九四〇年五月大蔵省の「清酒配給等に関する件」および一九四一年八月大蔵省・農林省の「酒類配給機構の整備に就て」）。本書の主要な見解でもある朝鮮半島の家醸酒文化が近代以前から引き継がれてきた連続性をみるならば、酒の製造と取引に対する制限の連続性もみる必要がある。

第二に、裁判資料分析の問題である。一般公開されていない裁判資料を用いた記述が多いのも本書の特長であるが、裁判官・検察・弁護人それぞれの主張がどのように対立し、地裁と高裁でどのような判断をしたのか論点整理を要する。例えば裁判の争点であった検挙する際の逮捕状の呈示、警察による発砲、公務執行妨害の判定について、検察側の主張の中身と高裁判決で具体的にどこまで組み入れられたのか判然としない。地裁判決はG氏宅での取り締まりをめぐる逮捕状不呈示を問題視し「結局不当な実力行使である」（一〇二頁）としている。それに対する検察側の反論が載せられていないが、検察は「逮捕状を示すことが著しく困難であるという時間的切迫及びその他の障害事由があった」ため「違法とならない」と主張した。高裁判決ではこの検察の主張がそのまま組み入れられたわけではなく、「法律上重要な手続の形式を履んでいることを要する」とした。さらに、G氏宅での発砲について地裁は「警察官等職務執行法第7条第2号に相当すると解することはできない」（一〇二頁）とした。その後の高裁に関する本書の記述のなかでは「多数の朝鮮人が来援し、いかなる事態を発生するかわからない」と「「信じて」行った行為〔威嚇射撃〕の理由が推測に過ぎないものであるにもかかわらず適法であると判断する司法が恐ろしい」（一〇九頁）としているが、これは司法（高裁）の判断ではなく検察側の主張内容である。高裁判決はこの拳銃発射について、「職務執行者が主観的に適法と判断しただけでは足りない」としたうえで、傷害と公務執行妨害に問われたM氏の刑を免除し、同じくG氏、I氏を無罪としている。

また、大阪地裁判決において朝鮮人が解放後に「密造酒をつくらざるをえな」かった社会的背景が加味され、「日本としても深い責任を感じなければならない」とされたことについて、本書は佐々木哲蔵裁判長による「人権思想が書き上げた判決」（一〇六頁）と位置づけている。「ところが、大阪高裁では検察側の主張が大幅に認められるかたちとなった」(同)とあるが、具体的にどのように退けられたのか裁判資料からたぐり寄せよう。地裁判決で川崎重工での労働と工場閉鎖後は職にもありつけずその他の生業にも恵まれないため「已むを得ず密造し」たという酌量理由が示された。それについて検察が「同情的観察」であると反論し、それは高裁判決に影響を与えた。高裁判決においては「敗戦によって職を失い極度の生活困難に陥ったことは、国民一般に共通する事情であ」り、「多奈川町の朝鮮人なるが故に寛大な刑を量定しなければならない理由はな」いとされたのだ。日本国の責任を問うた佐々木の判決文はのちに国会で問題となり、裁判官訴追委員会に問われたほど、在日朝鮮人による「密造」の背景にある生活苦とその社会的な責任について司法で言及することは困難を極めた。

第三に、朝鮮人側資料の不在である。まず、白佑勝(『朝鮮評論』特派員)が当時多奈川事件の現場を克明に取材している。なかでも裁判記録にない重要なこととして、威嚇射撃を受けた被告人G氏は手を負傷し、その血痕が畳に残っていたとする。また、「亀崎町長も「生活保障なしに一方的に弾圧することには反対です」と今回の事件を重視してこの談話を公表」したことも検察・警察とは異なる自治体の見解として重要である。また白は、「「ドブ密造」は……名目だけのもので、實は……軍事要塞復活に反對する平和勢力の……政治的弾圧である」と指摘している。祖国防衛全国委員会の機関紙『새조선(新朝鮮)』を見ると、二六日の検挙失敗を受けて「国会では米帝の指示で調査団派遣が決定されたが、柴田は米帝に面子を立てるため、調査団来阪以前に再び大弾圧を強行し、三〇日朝三時海陸から大検挙隊で襲ってきた」(一九五二年四月二五日)とある。国会での決定と多奈川事件との因果関係についてはさらなる研究を要するが、これらの政治状況、東アジア冷戦が背景にあり、朝鮮戦争や日本の再軍備に反対する朝鮮人が弾圧にあっていた。そのなかで「酒税法違反取り締まり」が敢行され、直接関係のない「本や書類や手紙まで取り上げ」(七六頁)られていた。こうした地域史に閉じ込められない大きな政治的文脈が多奈川事件を引き起こしたともいえる。

第四に、ジェンダーの問題である。なぜ、官憲との直接対峙をともなう濁酒闘争に女性や子どもが積極的に関わったのか。朝鮮人の存在形態とジェンダー差からくる動機と行動を本書では説明することができない。多奈川事件で起訴された被告人一九名のうち、女性は七名に及ぶ。証拠不十分で被告人と一致しない場合もあるが、「数人の子女が糞尿をかけ」た、「ピンクのセーターを着た二十才くらいの女の人が……一升びんを投げて破壊」、拳銃発射者に「唐辛子を投げつけた」などの女性や子どもによる「果敢な抵抗」が記録されている。女性同盟委員長の金恩順はのちに、「同胞の婦人たちが中心になって「焼酎防衛同盟」まで組織して奴らの弾圧に対しては、うんこ攻撃で対抗するなど涙ぐましい闘争を展開して、最低生活を防衛している」（『解放新聞』一九五四年七月一五日）と濁酒闘争を賛えている。同記事には濁酒を「解放直後のあるときは「解放酒」ともいった」とある。濁酒闘争とは、自らの生活を脅かそうとする権力に対する反抗であり、生活領域を担わされてきた女性がその被害と抵抗の必要性を真っ先に察知した。貧しさゆえに「朝鮮の酒を日本でつくらざるをえなかった」（一七四頁）という消極的な理由だけでなく、積極的な動機も見出すことができるのではないだろうか。朝鮮人にとって酒税法とは、「保護国」期日本の侵略と同時に制定された法律であり、朝鮮の酒造文化を帝国日本の論理で制限するものであった。戦時に日本内にいた朝鮮人を統制する「協和会」体制下では濁酒製造やにんにくの常食まで禁止されていた。在日朝鮮人の歴史をみると日本の統制からはみ出たところに食文化や生活の尊厳があり、植民地からの解放後は不服従のメンタリティーと共同性が濁酒闘争を可能にしたのだ。

多奈川事件のさい酒税法違反と公務執行妨害で実刑となったC氏の母親は、第四回教育闘争記念大会（一九五二年四月か）で「犬がはだしであるから家にはだしで入るか。お前らは犬だ。クツをはいて人間の家に入ってくる。これからあくまで斗う……もう一度入ってかまわない」と述べた。朝鮮人による経済違反が差別と弾圧の口実とされるため非合法な行為をやめるよう促す中央の男性指導者とは対照的に、濁酒をつくり続け「あくまで斗う」という女性たちの思い、権力や法を超える生活者の視点がそこには表れている。

（李杏理）

◉ジョージ・ソルト

『ラーメンの語られざる歴史』

［野下祥子訳、国書刊行会、二〇一五年］

▼キーワード

食糧政策、冷戦文化、B級グルメ、小麦、ナショナリズム、労働力

近代日本の「支那そば」——産業労働者のエネルギー

本書は、食糧政策・サブカルチャー・日米政治史などを横断的に扱った、ラーメンの近現代史である。ラーメンのルーツ、材料、味、店舗などの系統分類に力点がおかれていた研究から距離をとり、歴史研究の立場から政治的・社会的状況の変化の指標としてラーメンを取り扱うのが本書の立場である。

本書は、ラーメン近代史ともいうべき歴史研究と現代ラーメン文化研究ともいうべきふたつの部分に分けられる。まずは一、二章から明治期から戦後にかけてのラーメンの歴史を概観する。著者は、明治期のラーメンの誕生を可能にした条件として、一八七〇年代のヨーロッパ料理の流入によって起こった小麦の輸入拡大と肉の生産拡大と、一八八〇年代の横浜地域における中国人移民による食習慣の導入など、社会経済的な背景からの解明に力点をおいている。日本国内の条約港内の中華街に持ち込まれた「拉麺」（薄塩の鶏スープに手延べ麺を入れてネギを添えたもの）は、明朝最後の首都にちなんで日本人には「南京そば」と呼ばれていた。一九一〇年に開店した浅草の「来々軒」による「支那そば」（醤油ダレを使った汁そばで「叉焼」「ナルト」「茹でたほうれん草」「海苔」がのっている）は、産業労働者や学生の食べ物として都市部を中心に広がる。こうした「支那そば」は都市部や産業拠点の労働者へのエネルギーの供給源とし

て地位を獲得していく。内務省栄養研究所などの近代的な栄養学とマスメディアの大々的な宣伝によって、中華料理や西洋料理が日本へと持ち込まれ、「動物性タンパク質や穀物製品、塩、砂糖を多く含む食事」（三九頁）へと移行する過程に「支那そば」を位置づけるのが著者の見取り図だ。大正期の都市化とともに広がるラーメン文化について、里村欣三「支那ソバ屋開業記」（一九三三年、『改造』）や小林倉三郎「蕎麦屋の話」（一九三八年、『中央公論』）などのプロレタリア文学の一群や、江戸川乱歩など「支那そば」屋台を引いていた経験を持つ作家にも着目している点は興味深い。

闇市のなかの「中華そば」「ラーメン」

第二次世界大戦後の進駐軍による日本占領期の闇市と「ラーメン」の関係は、日本のラーメンイメージのひとつの定型をなしている。日本占領期のラーメンの意義は、一九八〇年代以降のラーメン本作家やラーメン博物館（横浜市、一九九四年開館）の立案者においても強調されている。対して、本書ではこの時期のラーメンに一九四〇年代後半から五〇年代にかけての「大衆運動」や国際的な「地政学的変化」を読み取る。日本のラーメンの復活は、アジアの同盟国に経済援助を行うというアメリカの戦略的決定の結果であり、一九四八年以降の大量の小麦輸出によるものである。日本政府と進駐軍による食糧配給制度の機能不全と腐敗に対する抗議運動が頂点に達し、共産主義勢力の支持へと結びつこうとするそのときに、アメリカは輸入小麦を宣伝し飢餓の救済者だというイメージをつくりあげようとした。著者によれば「アメリカからの緊急食糧は絶妙のタイミングでラーメン露店を復活させ、これによって、共産党支援のきっかけになっていた飢餓と生活物資入手の不公平さ、困窮による暴動の可能性を期せずして鎮めることになった」（六一―六二頁）のである。著者は、極東占領地域を管轄するマッカーサーにおける日本・韓国・琉球（沖縄）の食料配分や、アメリカ本国でのヨーロッパの占領地域とアジアの占領地域への小麦の輸出配分から、冷戦体制をかたちづくる政治戦略を読み取っている。

著者は「支那そば」から「中華そば」もしくは「ラーメン」への名称変更についても注意を向けている。占領期には、日本の麺類業者は次第に中華汁麺を、戦争を想起させる「支那そば」ではなく、「中華そば」と呼び始めた。また一九二〇年代から北海道で使われていた「ラーメン」も、この料理の名前として広く使われるようになる。こうした言葉の変更について、「帝国主義と戦争の記憶が染みついた言葉を捨てる動きだけでなく、他者を変えることで日本を作りかえようとする試みを反映したものであった」(六〇頁)と指摘し、ラーメンが日本化され象徴的地位を獲得するプロセスに位置づけている。本書において引用される東海林さだお編『ラーメン大好き!!』(新潮文庫、一九八五年)所収のエッセイにある「どこまでが日本で、どこまでが支那だか曖昧な支那そば」という表現からわかるように、近代日本におけるラーメンは日本食に対して栄養価の高いエネルギー源であり、大陸的なエキゾチズムを宿す他者性を有していた。また占領期日本の屋台で「中華そば」を出していた人は、大半が植民地からの引揚げ者や失業した工場労働者(朝鮮人と中国人を数多く含む)、退役兵士といった多様な集団であった。ラーメン博物館やフードライターによるラーメンの歴史物語は、「中華そば」の大衆化における引揚げ者の役割を強調する一方で、ラーメンの導入期における外国人の影響や、戦後の非日本人の大きな役割を十分に評価することはない。著者による「「戦地」(「植民地」の言い換え)からの日本人引き揚げ者の困難と忍耐に注目することは、一九四〇年代後半の「中華そば」復活で同じように中心的存在だった非日本人の重要な役割を意図的に見過ごすことだった」(九〇頁)という指摘は、真摯に受け止める必要があるだろう。

高度経済成長と「ラーメン」——日本文化、抵抗と独立、ネオナショナリズム

三、四、五章からは高度経済成長から現在にかけてのラーメンの位置を概観する。アメリカの小麦の大量輸入で始まった戦後のラーメンの歴史は、急激な再工業化の時代(一九五五—一九七三年)において、日本人労働者の典型的な高カロリー昼食として大衆化する。著者の言を借りれば「闇市から都市の商業地区に移ったラーメンは、労働者に重労働に必要なカロリーを与え、安いアメリカ小麦を労働者へ提供することで、公共インフラと有名プロジェクトが進展する手助け」(一一三頁)となる。ラーメンの原料である小麦は、戦後日本とアメリカの力関係を下支えする体制を考えるうえで興味深い。アメリカ産小麦の日本市場への輸出拡大のため、厚生省のプロデュースによる移動「キッチンカー」料理教室では「MSA小麦」(一九五四年に締結された日米間の相互防衛

援助協定によって輸入された小麦）や缶詰の肉などの輸入食品の材料を使った料理が実演された。また栄養学者や科学者の一部によって、「日本の文化的欠陥は米食に起因し、西洋人と比べて工業生産性の競争率が劣っているのはアジア人の食習慣が根本原因」との主張もなされるようになる。この時期には、日清食品が一九五八年に発売したインスタントラーメンの利用が増加し、家族構成やマスメディアにおける家庭電化製品の理想化、食事の時間短縮などの社会変化のなかで食のライフスタイルに影響を与えていく。一九七〇年代には、インスタントラーメンを食べることは日本の文化的習慣という主張が現れるが、これはジャーナリストや学者による日本型企業の経営モデルや精神文化と経済成長を結びつける日本文化論の登場と軌を一にしている。本書の大きな功績は、現在のラーメンブームやラーメン本の興隆を、食の観点からみた日本文化論として歴史研究の俎上にのせたことにあるだろう。

また著者は一九八〇年代以降のラーメンが国民食として象徴化されるプロセスに注意を向けている。この時期にラーメンは新たに日本人の創意工夫や起業家精神、日本文化の文脈でルーツとして位置づけられる。こうしたラーメンの再解釈とイメージチェンジを、食習慣の変化だけでなく、グローバリゼーション時代の国民意識の変化や、若者の不安定雇用、一九五〇年代後半へのノスタルジアを利用したマーケティングとして積極的に読み解いていくのが本書の立場だ。著者によれば、高度経済成長の時代において、日本型大企業の抑圧的な労働環境で働くサラリーマンにとってラーメンは新たな意味を持つものとして見出される。ラーメン店を経営することは自由な時間に営業し、自身の労働を裁量できる「独立感覚」であり「都市環境に対する抵抗」だと解釈されるようになったというのだ。一九八〇年代においては、ラーメンは、高級フレンチやイタリアンなどの流行への庶民の反感も担う。さらに著者は、「世界中のファーストフード産業におけるアメリカ支配によって、世界的にも消費者がかつてないほど均質化した一九九〇年代には、ラーメンが持つ国の象徴性はより強く、より政治的になり、二〇〇〇年代には愛国心あるいはネオナショナリスト的なラーメン店を生み出すことになる」（二四〇頁）と指摘する。ポスト高度経済成長期のラーメンは、対抗文化的な態度や生き方を担いながら、ネオナショナリストをも生み出す素地ともなるという混沌の只中にある。

サブカルチャーとしてのラーメン

ラーメンとサブカルチャーの関連を指摘する研究、作品は無数に存在する。奥山忠政『文化麵類学・ラーメン篇』(明石書店、二〇〇三年)においては、すでに井上光晴の「ラーメン・パパの話」や「ラーメンおじさん」におけるラーメンへのこだわりや、村松友視、向田邦子などの文学作品におけるラーメンの存在が指摘されている。本書『ラーメンの語られざる歴史』では、ラーメンを社会構造や国際政治的な力関係から説明する一方で、映画作品や漫画、歌などで象徴的意味を示す重要な素材として扱われている。漫画においては松本零士の『男おいどん』や『銀河鉄道999』などの作品とラーメンとの関連性の指摘にとどまっている。大陸文化で育った「引揚げ者」の多い戦後日本のマンガ家集団においてラーメンの持つ意味は著者の予想よりはるかに大きいだろう。

また映画では小津安二郎の一連の作品におけるラーメンの重要性は貴田庄『小津安二郎の食卓』(ちくま文庫、二〇〇三年)をはじめすでに指摘されている。とりわけ労働者階級の再生産のエネルギー源としてラーメンの意義を強調する著者にとって、小津の一連の作品の解釈は興味深い。『一人息子』(一九三六年)、『お茶漬けの味』(一九五二年)、『秋刀魚の味』(一九六二年)などから、「支那そば」が田舎からみた都会生活の象徴性や社会経済的な階層、男女の食習慣の違い、経済的苦労のシンボルなど多様な切り口を見出している。また成瀬巳喜男の『晩菊』(一九五四年)からは、労働者や男子学生など男性的な食べ物であるラーメンに対して、「女性屋台引きのがさつな言葉や振る舞いと小柄な身体と外見上の女らしさが相まって、社会関係の流動性と、「中華そば」屋台が戦後には以前よりはるかに多く行きかっていた、東京の労働者階級分化に見られる屈託のない陽気さが伝わってくる」(九六頁)として、ジェンダー研究への展開可能性も指摘している。アメリカにおけるラーメンの日本文化的な扱われ方が論じられる五章では、伊丹十三『たんぽぽ』(一九八五年)におけるラーメンの「うやうやしい扱い」が日本の国民食としてのラーメンの重要性を表すものとして取り上げられている。

本書の意義を再度まとめるならば、ラーメンを日本の近現代の時空間のなかで労働者との関連で位置づけたことにあるだろう。ラーメン研究は、ともすれば小麦文化圏における麵料理の比較、系統分類、超歴史的な系譜学へと拡散してしまうほどの可能性を秘めているが、そういったラーメン研究の興隆自体を日本文化論（あるいは日本文化論への対抗的な研究）として位置づけ、歴史的な見取り図を提供したことは本書の大きな成果である。

またポスト高度経済成長時代においては、日本文化の象徴的な役割を担うノスタルジックでありながら新しい日本文化の枠組みを提供する食べ物として位置づけていることも興味深い。ポスト高度経済成長期のネオナショナリズム的な日本文化の語りと、主流文化に対する対抗文化的な態度としてのラーメンという矛盾をはらんだ形での規定は、ひとつの食べ物をめぐる意味の抗争、葛藤、横領をミクロレベルで精査していく視座へとつなげることができるだろう。

（番匠健一）

◉西村大志 編著

『夜食の文化誌』

［青弓社、二〇一〇年］

▼キーワード

夜食、屋台、階層、若者、都市、規範

夜食とは

夜食とは何だろうか。ラーメン、うどん、お菓子……。夜食と聞くとそのようなものを思い浮かべる人が多いのではないだろうか。だが、昔から日本の人たちはそれらを夜食として食べてきたのであろうか。夜食に何を食べていたのか、どんな人たちが夜食を食べていたのか、そしてその食べ物は誰がつくったり売ったりしていたのか。そもそも、夜にものを食べることは日常茶飯事だったのか。もし夜にものを食べることがあまりなかったとすれば、それはなぜなのか。また、都市と地方で夜食の違いはあったのか。考え出すと疑問は尽きない。

夜食の変遷と背景

本書は、夜食の社会的・文化的な変遷、そしてそれに関わる社会背景や文化的規範について検討した論文集である。なお本書では、夜食を「①夜遅くに食事すること。またその食事。②多くの場合には、夕食の後に食事をすること。またその食事」（一四頁）と定義している。

第一章「夜食と階層――落語から考える」は、落語の内容を分析するという手法を用いている。ここでは、夜なきうどん屋や蕎麦屋にまつわる描写を通して、都市の下層階層内における細かな階層差や行動形態の違い、および階層移動について検討している。

西村によれば、蕎麦やうどんを夜商いしている者を低くみる言葉がいくつかの落語にみられるように、夜食に関わる商売は社会の下層に位置する職業のひとつであった。そのなかでも階層差があり、屋台を持っているか借りているかで収入は大きく左右される。屋台のなかにはかなりの利益を上げている者もおり、食べものの屋台を引くことすべてが極端に貧しい職業と一括りに論じにくい。また夜食を外で食べる人のなかにも階層差がある。店舗を構えた者は屋台より優位にあり、移動する夜商人から昼の固定店舗への階層移動が夢見られていた。

第二章「路地裏の夜食史――一九二〇―三〇年代における屋台イメージの転換」は、屋台のイメージが昭和初期に変化した様相について検討している。本章での分析資料としては、新聞、雑誌、書籍が用いられている。本章の執筆者である近森高明によれば、明治から昭和初期にかけての屋台は、夜間の路上を労働の場とする車夫や労働者が、手軽な食事の場、便利な栄養摂取の手段として利用しており、そこには外部からの卑しむような視線が注がれていた。「彼らは好むと好まざるとにかかわらず、選択の余地なくそこで食事をとらざるをえなかったのである」（一〇〇頁）。

しかし昭和初期以降にサラリーマン的生活様式が拡大することにより、屋台のイメージも変化する。そこには、①盛り場や街路が非日常的なレクリエーション空間とみなされるようになる、②ジャーナリストに代表される《食通》によって屋台独特の「街頭味覚」が「発見」される大衆化される、というふたつの動きがともなっていた。その結果として一九二〇年代から三〇年代に、《開放性／親密性》を特徴とするモダンな屋台のイメージが前景化し、現代につながる屋台のイメージが《原風景》として定着していった。

第三章「ラーメン史を「夜」から読む――盛り場・出前・チャルメラと戦前の東京人」では、近代以降の日本の夜食文化にラーメンが中核的な存在として普及してきたメカニズムについて検討している。

夜に食べるというスタイルがラーメンの正統な食べ方になってゆく背景には、「いかがわしさ」「非日常性」「悲哀」といったラーメンのイメージや偏見、幻想が深く関わっていた。これらと関連づけて、盛り場、出前、流しの屋台という三つの側面から、ラーメンが「夜中の食」として消費されるようになった様相を検討している。本章の執筆者である右田裕規によれば「ラーメンのいかがわしさは明白に、近代の日本社会に拡大し続けた、中国（人）に対するもろもろの偏見が、そのままラーメンの意味連関のうちに流れ込んだ結果である」（一二七頁）。

いかがわしいから夜の盛り場の食となり、盛り場の食であるからいかがわしい、という相互連鎖によって、ラーメンは夜の繁華街に定着していった。

その一方で出前という要素も、「非日常性」というイメージを媒介にしつつ、夜食のラーメンという慣習の普及に大きな役割を果たした。「日常や家庭から乖離したカルチュアたるラーメンは、夜食のメニューにきわめてふさわしいものである。しかも、「出前」という要素がここに加わったとき、夜食行為のもくろみとするこの規律破壊的充足は、いっそうよく達成されることになるだろう」(一三六頁)。さらに東京の人々は、「支那そば」に抱いた悲哀のイメージを流しの屋台のチャルメラにも浸潤させ、「チャルメラの哀音」という観念・紋切り型を形成してゆく。「幸福」とはほど遠いところに存する「支那そば」のイメージが、朝や昼、家族団らんのなかにではなく、暗闇にラーメンを普及させていった。

第四章「若者の夜食はどう変わってきたか」では、若者を対象として夜食の受容史を検討している。本章の文献調査によれば、戦前期エリート学生は寄宿舎のなかでよりよい食生活を実現するために、与えられた制約条件のなかで最大限の満足を引き出そうと知恵を絞り、労苦をいとわなかった。夜食・間食の内容は、そば、汁粉、焼き芋といった定番に、おでんやみつ豆であった。

このような文献調査に加え、著者は二〇〇八年七月に高齢者大学でアンケート調査を実施した。その集計結果から浮かび上がったのは「夜食を例外的なものにしていた時代状況と、例外的だった夜食が一般の人たちの生活に定着していく――〈夜食を戒める規範〉が解除されていく――プロセス」(一九一頁)であった。つまり、一般の家庭には夜食を行儀が悪いこととして戒める規範があった。しかしその規範は家庭の外部までは及ばないので、進学・就職で親元を離れた男性たちは夜食を謳歌する一方、女性は親元を離れないことが多く、男性ほどは夜食を謳歌していなかった。家庭内部に残っていた〈夜食を戒める規範〉が崩されたのは、受験勉強のための夜食であった。受験勉強に限定し、健康管理にも配慮された夜食は、「例外的であるがゆえに、〈夜食を戒める母親〉を自ら限定解除する母親の振る舞いは、子供に対する愛情表現にさえなっている」(一九二頁)。しかしその次世代では、夜食を戒める規範は伝承されず、夜食は例外的なものではなくなっていった。

第五章「地方からみた「夜食」――都市的まなざしに

抗して」では、農山漁村での夜食について考察している。まず大和盆地の農村地帯では、労働食として間食をとっても夜食をとることは稀であり、ケ（日常）の食として の夜食は確認できない。一方、夜食として明言化されてはいないが、宮祭りや秋祭りのときに村人が集まって夜に共同飲食を行うことはある。

次に奈良県吉野郡の山村地域では、ハレ（非日常）の食としては、①伊勢講（伊勢参りに行くための親睦団体）の講元が参拝から帰ってきた人たちのために振る舞うごちそう、②日待講（村人たちが集まって一年間の行事の話し合いを行う場、かつ農耕儀礼の一種）での夜を更かしながらの共同飲食、③亥ノ子祭（子どもも参加して行われる祭りで、夜に提灯行列をする）での夜遅くの飲食、④祭礼（夏祭りなど）での夜の飲食、が挙げられる。「山村では、「夜食」は祭りの際の「ハレ」の食べ物を指す言葉でもあった」（二一一頁）。またケの食としては、①高野豆腐づくりの最盛期に深夜労働食として出される「夜セク」や、②夜なべ仕事をしながら食べた夜食が挙げられる。外来者を招いての共同飲食や、外来者に提供する夜の食事を「夜食」と呼びもする。

次に三重県尾鷲市近辺の漁村では、都市で食されるような「夜食」の概念はない。ハレの食としては、押しずしが夜食と保存食としての性質を併せ持っている。またケの食としては、①早朝・深夜の労働食としての大敷汁（アミに入った小魚を丸ごとぶつ切りにし大根とネギを加えた味噌汁）、②筏師の携帯食・農家の弁当としてのめはりずし（高菜漬の葉でご飯をくるんだもの）が挙げられる。

つまりこの論文では、農山漁村における夜食が「ハレ」と「ケ」の双方にまたがる概念として考察されるべきであること、そして保存食と夜食の境界線はハレとケの双方を通してあいまいであることが指摘されている。

本書の位置づけ

本書は特定の食材に関する社会史・文化史ではなく、食材にかかわらず夜に食べるものという枠で研究したものとして、ユニークである。ただ、各々の論考は面白いが、本書全体としてのまとまった見解は見出せない。

また、編著者は現代の日本社会において夜食が存在すること、およびその一般的なイメージについて、読者にも共有されるものと前提して話を進めているが、いまの若い世代にとってもその認識は共有できるだろうか？

決められた時間に食事をするのではなく、二四時間好きな時間にコンビニエンスストアで食べものを買い食いできる若者たちに、夜食という概念はあるのだろうか？本書では編著者の世代より古い時代の歴史的変遷を追っているが、もしかすると編著者より新しい世代にも夜食をめぐる変化は起こっているかもしれない。

本書のそれぞれの論考からは、夜食について何かを明らかにするのみならず、多方向的な発展可能性が見て取れる。例えばラーメンを通じて、昭和初期の日本の人たちの中国（人）へのまなざしが明らかになり、ひいては植民地と宗主国の人々の関係構築についての議論にもつなげられる。また他地域における夜食の文化史的変遷ともリンクさせると、グローバル規模の流れが明らかになるかもしれない。これらの点において、今後の発展可能性を秘めた研究であるといえよう。

夜食文化の探求

本書はビジュアル資料も多用しながら読みやすい文章で書かれており、研究書としてだけではなく一般向けの読み物としても楽しめる。加えて本書は、非日常的な食について調べるときの方法や手がかりを示している。どのような点に着目し、どのような資料に当たればいいのか（新聞、雑誌、書籍など）。アンケート調査をするときにはどのような質問を誰にすればいいのか。レポートや卒業論文で非日常的な食について調べたいときは、ぜひ参考にしてみよう。

また本書に収録されているひとつひとつの論考は、卒業論文に発展させることのできるテーマを含んでいる。例えば、江戸時代の屋台を引いていた人たち・屋台で食べていた人たちと比較して、現代の屋台を引いている人たち・屋台で食べている人たちはどのような人たちであろうか。現代において屋台やラーメンにはどのようなイメージがあり、それはどのように形成されてきたであろうか。夜食を戒める規範はいつからどのように変化していったのであろうか。自分の身近なところにも夜に食べる郷土食はあるだろうか、あるとすればどのような場面で食べられ、どのような性格を持っているだろうか。あるいは、アジアの屋台とのつながりや、欧米圏における夜食についても調べてみると面白いかもしれない。本書の論考をもとに、夜食文化について探求してみよう。

（澤野美智子）

第Ⅲ章　食の思想

人間は食べるものである

本章で詳しく論じられることになるルートヴィヒ・アンドレアス・フォイアーバッハ（一八〇四―一八七二）は食を論じるには欠かせない哲学者である（日本では「フォイエルバッハ」と表記されることが多いので、以下それに倣う）。ヘーゲルに強い影響を受けた「青年ヘーゲル派」の代表的存在であるフォイエルバッハは、最近の日本では読まれることは少なくなってきたが、二〇一五年に、本書にも寄稿しているフォイエルバッハの研究者の河上睦子が、『いま、なぜ食の思想か――豊食・飽食・崩食の時代』（社会評論社、二〇一五年）を出版し、フォイエルバッハこそが食の哲学を語るにあたってふさわしいと論じていることからも、彼から食の哲学を始めることは不自然ではないだろう。

哲学者が食を研究することは、これまでほとんどなかった。なぜならば、哲学者というのはもともと、性交することや食べることや排泄することや寝ることといった「形而下」の物事にはそれほど強い関心を示してきたわけではなかったからだ。私たちが日々抱えている生活の問題について具体的に考えることに、それほど情熱を傾けてきたわけではない。それは人間にとって非常に大事な部分でありながらも、哲学というのはむしろ、日々の暮らしを超えたその上の部分、いわゆる「形而上」の物事を探求することであった。しかし、河上は、哲学を食の領域にも貫こうと試み、『宗教批判と身体論』（御茶の水書房、二〇〇八年）で論じ始めた食の問題を、さらに発展させる哲学の入門書を書いた。

この本のなかで河上は、旧約聖書の一文を引用する。旧約聖書のなかでも特に有名な箇所、イエスが悪魔に心を試される場面である。天から吹く風に導かれて荒野に歩いていく。四〇日間、昼夜を問わず断食をして、非常に空腹を抱いていたとき、誘惑者がやってきて、こういう。「あなたは神の子でしょう。奇跡を起こせるのではないですか。あなたはかつて石をパンにしたことがあります。であれば、あなたがいま目の前の石にパンになるようにお命じになれば、それを食べられるのではないでしょうか」。

挑発されたイエスは、こう答える。「人はパンだけで生きるのではない。神の口より出てくる一つ一つの言葉によって生きるのだ」。それゆえ、私は食べなくても大丈夫なのだ、と。ここでイエスは、食べるだけでは生きているということにはならない、神の口から発せられる声を聞き、その神の思し召しを感じることが生きることなのだ、と述べようとしている。

フォイエルバッハは、この有名な旧約聖書の一節に挑戦する。彼は、宗教の本質を理論的に考察した哲学者である。キリスト教に関わる考察の末に、その価値については認めながらも、同時に批判を加えた。先のイエスの言葉に対して、もちろん、間違いではないけれども、「人はパンによって生きている」という局面もけっして無視はできないはずだ、と述べる。

私たちも食べながら、呼吸をして、言葉を交わす。人間は、食べることも話すことも呼吸することも、口や喉という身体器官を使って行う。もちろん、話すことができない人も、食べられない人もいるが、それらの機能が人間を規定するということではない。しかし少なくとも、歴史研究や公的な文書でよく使用される「人口」という言葉は、食べるための口、つまり、口の機能の三分の一しか表していない。

フォイエルバッハは、そのなかで「食べること」と「話すこと」という、口の持つふたつの機能に注目し、言葉が大事なことは確かだけれども、それはパンを大事にしなくていいということではない、という。「人間は食べるところのものである（Der Mensch ist, was er isst.）」という言葉に彼のその思想は凝縮されている。河上は「人間とは、それが食べるところのものである」と翻訳しているが、それにもうひとつ加えることもできよう。「人間とは、それが食べることである」。「食べるものである」と「食べることである」。前者は、人間は食べるものでできている、ということ。私たちは、日々食べているもので体をつくりかえエネルギーを得て日々の生活をしている。後者は、毎日食べているという行為そのものが、人間とは何かを意味しているということ。つまり、食べるという行為はその人間が存在することの根源である、あるいは、食べるということは人間そのものを表している。

いいかえれば、フォイエルバッハは、神が創造した私たち人間がいまこうして生きている、ということではなくて、私たち人間は、食べるという行為をしているがゆえにいまこうしてこの世に存在している、つまり「食べることとは生きることと同じである」と述べた。神様の造物主としての行為に匹敵するような神聖なるものを、食べるという行為は生み出しているということを意味している。

食べること、食べられること

また、フォイエルバッハは、「存在するものは食べるし、また食べられる」とも述べている。これも見過ごされがちだがきわめて重要な食の哲学のテーゼである。生き物として存在している以上、人間もまた、食べられることが必然である、ということを意味している。この洞察を敷衍していけば、人間は基本的には他人やほかの生物に食べられないが、食べられないことが普通ではなくて、人間が食べられないのは、たまたま食べられなかっただけであり、食べられうる存在である事実はみじんも揺るがない、というところまで行き着く。ブラジルのアマゾニア地方のカニバリズムを描いたベス・コンクリンの『嘆きを消費する』はその深奥な世界を活写している。

たとえば、彦坂諦《ひこさかたい》『餓死の研究――ガダルカナルで兵はいかにして死んだか』（立風書房、一九九二年）や、藤原彰『餓死した英霊たち』（青木書店、二〇〇一年）では、人を食べる風習のなかった日本列島の住人も、先の戦争では、東南アジアや太平洋の孤島で、味方の軍隊からも見放され飢えた兵士が仲間の屍体を食べたことが明らかにされている。また、日本の陸軍の死者のうち、半数以上が餓死だった史実は、戦争が飢餓の戦争であったことを明らかにしている（コリンガム『戦争と飢餓』河出書房新社、二〇一二年）。ほかにも、大岡昇平の『野火』（一九五二年）や、武田泰淳の『ひかりごけ』（一九五四年）などの文学表現も、この戦時中の人肉食について、そして、人間もまた食べられる存在になりうることを厳然と示している。なお、武田の『ひかりごけ』は、一九四四年五月に北海道羅臼に難破した陸軍の徴用船の船長が、仲間の船員の遺体を食べて生きながらえた実際の事件をモチーフに描かれている。ドイツ軍とフィンランド軍によって、一九四一年から一九四二年にかけて約三〇〇日間封鎖され、八〇万人ともいわれる餓死者を生んだ「レニングラード封鎖」もまた、文明の発達した二〇世紀に、飢えさせるという軍事手段（「飢餓計画」と呼ぶ）が平然と使われたこと、さらに、レニングラードのなかで人肉食が横行し、人狩りのギャング団まで組織されたことを後世に伝える事件である（ジョーンズ『レニングラード封鎖』白水社、二〇一三年）。そしてこうした体験のなかから、私たちは、人間の活動が消えかかろうとするとき、つまり、生きる人間としての存在の有無がかかっているときにこそ、人間は「食べるし、また食べられる」という真理があらわになることを知るだろう。

河上によれば、フォイエルバッハは、人間が精神的存在であるという考えを捨てなかったという。そのうえで、精神と肉体をつなげるものとして、食を哲学の中心に据え、そこから「存在する」とはどういうことかを考察した。食べるものだけではなく、食べていること、その動作、あるいは、どうやって食べているかということも、人間の存在を規定する。例えば、ノルベルト・エリアスの『文明化の過程』は、テーブルマナーの形成と啓蒙思想の展開を論じた思想書であり、食をめぐる所作と思想の接続点を考えるにあたって、有意義である（上下巻、法政大学出版局、一九七七年）。また、磯野真穂は『なぜふつうに食べられないのか』のなかで、摂食障害の当事者六名の聞きとりから、逆に食の文化、関係性の厚みを描いてみせている。

プロセスとしての食

　さて、食べることが人間の存在そのものである、というフォイエルバッハの定式を受け入れるとするならば、現代社会の食の風景はあまりにもスピードが速すぎて、人間の存在を規定するほどの位置にないといえるかもしれない。「瞬間チャージ」をうたうゼリー食品のように、「食べること」は電池のチャージになぞられるほど、食事は人間にとって煩わしいものにさえなろうとしている。画家・石田徹也の作品には「燃料補給のような食事」というタイトルの絵画があるが、牛丼屋で三人のサラリーマンが口を開けて店員に給油してもらっている光景を描いている（『石田徹也全作品集』求龍堂、二〇〇六年）。これは、現代の人間にとっての食事が車にとってのガソリンに近いあり方に変化しつつあることを示している。料理も、テクノロジーの発展でとても便利になった。たくさんの調味料や調理済みの食事が登場したために、料理の過程の台所は企業のつくった食べものの最終工程に組み込まれている、とさえいえるだろう。食が楽しみではなく、栄養補給になっていることへの抗議としては、「遅さという文化」を提案する辻信一『スロー・イズ・ビューティフル』（平凡社、二〇〇一年）や、イタリアでファストフードに対抗するために生まれたスローフード運動が投げかけた問いが挙げられよう。

　スローフード運動の意義は、食は胃を満たして終わる栄養補給行為ではなく、そのプロセスも重要であることを如実に示したことである。

　それは第一に、共食である。別の人間と共に食べることで、あるいは、食べないことで、宗教的・社会的な一体感をつくりあげる機能がある。この機能についてはフーリエの読解から「美食のコミュニズム」の理論構築を行った廣瀬純の『美味しい料理の哲学』や、居酒屋やカフェの分析から食の場所論を展開するレイ・オルデンバーグの『サードプレイス』、その「サードプレイス」概念を日本の居酒屋に応用して論じたマイク・モラスキーの『日本の居酒屋文化』、日本の大衆食堂の猥雑さを肯定した大衆食の会＋遠藤哲夫の『大衆食堂の研究』、あるいは、第一章でも詳しく論じられているのでここでは省こう。

第二に、食べることは因果論に落とし込むのではなく、あくまでネットワークとしてとらえること。これらを考えることが食の哲学には必要である。まず、考えるべきは、食べる行為とはいったいどこの段階まで来たら終わりなのか、ということ。「腑に落ちる」という言葉があるが、「腑」というのは、お腹の辺りの内蔵、つまり胃のことである。だが、食という行為は胃の腑で終わるわけではない。胃の下にはまだ腸がある。胃の後、十二指腸を経て、小腸から大腸、直腸へと進み、そして肛門を経て外に出る。それぞれの器官には微生物が棲んでいて、それは体内で一〇〇兆だともいわれている。微生物にとって人間は棲み家にすぎない。ミハイール・バフチンの『フランソワ・ラブレーの作品と中世ルネッサンスの民衆文化』では、ラブレーの「グロテスク・リアリズム」が食と排泄を結びつけていることに注目しており、食という問題がはらむ可能性を広げている。

とすれば、食のプロセスは、胃で終わりにせずに、排泄までの過程すべてを食べることと考えるべきであろう。しかし、それでもまだ足りない。排出というのは、下水道あるいは地中の微生物の働きに残りの分解を委ねるということを意味する。その行程、すなわち、口から食道を通じて胃に入り、腸を経て肛門から外に出てまた流れていくということを考えると、胃で区切りをつける必要はない。もっといえば、口に入るまでの食料も、畑では虫や微生物に軽微に食べられたり、人間によって加工されたりしたものである、つまり、一人間にとって食という行為は、終わりと始まりのないネットワークのなかにある一部にすぎないということがわかるだろう。

陶芸家の本原令子は、芸術活動として、自作のキッチンシンクを背負って、都市の下水道の上を歩くというパフォーマンスを行ったが、この芸術に込められているのは、人間はキッチンシンクと同様に浄水と下水のはざまに位置しており、どんな人間の排泄物も一本の下水道のなかで合流するという動かしがたい事実の提示である。

さらに、自分が自然のなかから体内に取り入れて食べたものが、整備された都市であれば最終的には再び下水管と汚水処理場を通じて自然に帰っていく。あるいは、下水道がない地域では、自然に還っていく。自分が食べて出したものは、次の分解者の食べものである。最終的にみな合流して合体して微生物の力を借りて処理が施されはするものの、いずれにしてもそれが川や海に流されていく。つまり私たちの誰もが、森羅万象の世界にただよう一本の頼りない網の一部、長くて緩やかな時間のかかるプロセスの一部にすぎない。

フォイエルバッハの「人間は食べるところのものである」というのは、つまり、人間社会と生態系のなかに二重に所在している人間を意味していることになる。つまり、食べるという行為は、食べものがたどってきたとてつもない長い歴史に比べれば一瞬の行為にほかならないが、そこにさまざまな意味を付与するのはまさに人間独自の行為として認められるのである。

食の倫理

人間というのはしょせん、生き物の死骸、もしくは死骸の混合物しか食べてない。天に召された生き物たちを切り刻んであぶったりしていただいているだけにすぎない。死骸であるにもかかわらず、美しく盛り付けられたり、おいしそうな香りを漂わせたりして人生の喜びに変換されることによって、ようやくたんなる他生物の屍体を食べる行為から一線を画すことができる行為なのである（藤原辰史『食べること考えること』共和国、二〇一五年）。ここに浮かび上がるものこそ、食の文化というべきものだろう。

それゆえ、食の文化は各々の人間および人間集団に固有のものである。となると、人間および人間集団によって、食は「倫理」の問題としてとらえられることも多い。「食の倫理」という概念に含まれる問題のうち、ここでは、典型的な事例を二点ほど示しておきたい。

第一に、肉食である。本章に登場するピーター・シンガーのように「動物倫理」の観点から、肉食を拒絶する論理を組み立てる哲学者がいる（『動物の解放』）。痛みを感じる動物を殺すことの倫理性を問うているわけである。クジラが高等生物であるため、捕鯨を禁止しようとする発想も動物倫理と親近性を持つ。そこまでいかなくても、家畜の飼育は、できるだけ窮屈ではない場所で、薬品も使用せず、自然に育てたのであれば、おいしくいただいてもよい、という倫理が説かれることも多い。内澤旬子の『飼い喰い』（岩波書店、二〇一二年）は、受精から立ち会った子豚たちに名前をつけ、たっぷり愛情をかけて育てたうえで、最後屠殺して涙を流しながら食べる自己を描いたルポルタージュだが、ここにも食べることの残酷さを前提に肉を食べることが、高度消費社会の「おいしさ」をはるかに凌駕する体験に変わること、そして、一方で、大規模畜産の機械化と薬品漬けを批判している。マイケル・ポーランの『雑食動物のジレンマ』で繰り広げられる狩猟やキノコ狩りの体験もまた、大量食品生産社会に対するアンチテーゼとなっている。また、地球環境問題としても、家畜の生産が、本来人間が食べるべき作物を育てる土地を奪い、膨大な飼料と淡水を使用することを批判し、肉食の拒否あるいは軽減が訴えられることも少なくない。

第二に、フードロス、すなわち食料廃棄の問題である。これは、世界人口の八億人が現在低栄養状態であるにもかかわらず、先進工業国では膨大な食料を廃棄しているからである。例えば、二〇一三年度の推計で日本では、家庭から三〇二万トン、事業者から三三〇万トン、合計六三二万トンの食料廃棄物が捨てられているが、これは世界全体の食料援助量の約二倍である。それを最も端的に論じた本がシュテファン・クロイツベルガーとバレンティン・トゥルンの『さらば、食料廃棄――捨てない挑戦』（春秋社、二〇一三年）である。原典のタイトルは『食料廃棄者たち――なぜ、食料の半分はゴミ箱に捨てられるのか、誰がその責任を負うのか』（二〇一一年）であるように、過剰食料生産システムがもたらす食料廃棄量を倫理的に批判するドイツの試みについて紹介している。例えば、スーパーマーケットのゴミ箱をあさる「ゴミダイバー」という活動家が登場するが、ゴミダイバーは、貧しさではなく、買い手の購買意欲を掻き立てるためだけに賞味期限が近づくと廃棄するスーパーマーケットと、食料廃棄を疑問に思わない消費者に対する抗議をしているのである。同じように、オーストリアの映画監督ダーヴィット・グロスは、ゴミコンテナでつくったキッチンを車に積み、レストランの廃油で走らせ、冷蔵庫の賞味期限切れの食品、スーパーマーケットの食料廃棄物、規格外の野菜、都市近郊で採取できる野草や果物などを使って、食事をつくり、みんなで食べる「ウェイストクッキング」というロードムービーを制作し、話題を呼んだ（日本では『ゼロ円キッチン』として公開された）。

ちなみにポール・トンプソンは『農場から食卓へ』のなかで、東洋哲学を参照にしつつ食の倫理の思考方式について整理しており役立つ。

以上のように食の哲学、思想、倫理に関わる論点は多岐にわたる。だが、食の研究のなかで、まだ発展の余地が大きい分野である。とりわけ、本稿でも見られたように、食のリアルな問題から分け入り、なにがしかの論理を獲得する書籍は、ルポルタージュであることが多く、食の思想と哲学の発展はその後塵を拝している状態といわざるをえない。身体の具体的な感覚に根差しつつ、食の人間的意味と生態学的意味を同時に問うていく作業は困難であるが、高度消費社会の実態を知り、その超克の契機をとらえるには不可欠な作業である。今後の食の哲学の活性化が待望される。

（藤原辰史）

◉ルートヴィヒ・フォイエルバッハ

『犠牲の秘密、または人間は彼が食べるところのものである』

［フォイエルバッハ全集第三巻（三一〜七二頁）、船山信一訳、福村出版、一九七四年］

▼キーワード

食の哲学、供犠、食のタブー、共食、食べ物、食べること

この著作は、一九世紀ドイツの哲学者フォイエルバッハ（一八〇四—一八七二）が晩年に書いた食の哲学であり、宗教分析を通して、「食」の人間学的意味を追求したものである。この著の題に含まれている「人間は彼が食べるところのものである」という文は、食の本質をいいあてたものとして今日的に注目される。なおこの著作のタイトルは、内容上「供犠の秘密」が適しているので、以下そのように表記する。

フォイエルバッハは、思想史上、マルクスやニーチェに影響を及ぼした宗教批判の哲学者として知られているが、二〇世紀後半以降の文献検証作業や国際学会の設立のもとで、今日では身体論、環境思想、自他論、宗教心理・倫理、新唯物論などの多様な視角から研究・読解がなされている。彼の食論への注目もそうした新しい読解の試みであるといえる。

哲学は事象の「本質」や「意味」について思考し追求する学である。食という事象についても、人間にとっての「食べモノ」や「食べるコト」などの意味や本質について考究する。しかし近代哲学までは「食」が哲学の主題とされることはほとんどなかった（例外はギリシア・ローマの哲学者たちによるシュンポシオンの食談義）。理由としては、食は人間の生物学的なレベルや身体や生活に関することであり、精神や理性や「意味」などを主題とする（形而上学を出自としている）哲学の対象では

ないと考えられてきたことがある。また食は味覚を中心とする感覚作用や生理作用に依拠するので、哲学の方法基盤である思考の主体性を確保できないと考えられたからだといえる。食についての考えは、プラトン以後の伝統的心身二元論やユダヤ・キリスト教的精神文化の影響のもとで、哲学的主題よりは、多くは医療や（宗教）倫理の領域に属するものとみなされてきた。

例えばアリストテレスは、生命の霊魂のあり方を能力の階層（栄養的、感覚的、運動的、思考・理性的）に分け、食は人間性の低位に位置する栄養的能力（栄養摂取、成長、衰弱など）をつかさどる人間の霊魂であると説明した（『霊魂論』）。そのうえで、人間の行為について習慣と「中庸」を守る道徳の観点から、食のあり方として「肉体的な快楽から遠ざかること」＝「節制」を推奨した（『ニコマコス倫理学』）。

食についての考え方が伝統的な宗教倫理や社会規範から自由になり、味覚・感覚・生理などについての近代科学・医学的アプローチがなされるようになるのは、一九世紀以降からである。この食の近代的アプローチは栄養学や食物学などを生み出したが、それらは自然主義・経験主義・実証主義の哲学と結びついていた。フォイエルバッハの食の哲学もこうした諸学の歴史的動向と密接に関わっていたといえる。

彼の食の哲学は、一方で新たな食に関する自然科学的知識をもとにした食べ物と人間との関係、栄養の意味などについての哲学的考究であるが、同時にそれは、食に関する伝統的な宗教的行為（食事に関する宗教儀礼・神饌・死者への供物など）への人間学的意味の解読を意図したものであった。それゆえキリスト教のみでなく自然宗教や古代ギリシア宗教などの諸宗教のなかでの食の位置づけや意味への分析を通して、「食」が人間の本質であることを明示するだけでなく、人間にとっての食べ物が持つ意味、食べることとは「共食」であるという社会的役割などについて理論化したのである。彼が考究した食論は、近代以降の本格的な食の哲学の開始であると位置づけられよう（彼の食の哲学については、河上睦子『いま、なぜ食の思想か』（社会評論社、二〇一五年）等参照）。

「人間の本質」としての「食」

フォイエルバッハの食の哲学の核心を表している著作が、「供犠の秘密」（Das Geheimnis des Opfers oder Der Mensch ist, was er ißt. 一八六二年）である。「供犠」とは、一般には、神のために生贄や特定の食べ物（供物）を捧げること（神饌）によって、神と人とを結びつける宗教儀礼だといわれているが、この宗教的行為は、じつは、人間にとっての食というものの意義、「食の本質」を指示するものだと、彼は語る。そして「人間は彼が食べるところのものである」という文を題に付して、食が「人間の本質」であることを示した。

これは、彼の晩年の著作であり、一二年前の「自然科学と革命」（*Die Naturwissenschaft und die Revolution.* 一八五〇年）の続編という性格を持っている（この前著は、彼の信奉者であったモーレショットから寄贈された栄養に関する本『栄養手段論　民衆のための』への書評であったが、当代の哲学者たちに黙殺された経緯がある）。しかし彼の食の哲学はすでにそこに基本的考えが示されている（以下、引用は全集頁を示すが、一部、河上訳）。

彼によれば、モーレショットの栄養学は「栄養手段、その構成要素、その性質（状態）の私たちの身体のなかでの作用と変化（消化）についての近代科（化）学の成果を伝えている」ものであり、この学は「ガストロノミーの目的と対象をもっているが、同時に頭脳と心情にとって刺激的であり、哲学的にも倫理的かつ政治的な関連性においても極めて重要で革命的な書である」（一四—一五頁）と哲学の立場から位置づけられる。彼は、脳髄は「合燐性の脂肪がなければ存在することはできない」「食物が血液になるのは、食物を成立させている成素が血液を成立させている成素と同じ成素だからである」などと引用しながら、飲食は「肉体と霊魂を結合する」ものであり、「食物・栄養は、精神と自然との同一性」を明らかにするものとして、「最高の哲学的意義および重要性を持っている」と明言した。飲食は「精神の物質的基礎」であり、「新しい哲学は飲食から始める」のだと宣言している。「存在は食べることと一体である。存在することは食べることを意味する（sein heißt essen）。存在するものは食べかつ食べられる。食べることは存在の主観的な活動的な形態であり、食べられることは客観的受苦的形態であるが、両者は分離できない」（一七頁）。

こうしてフォイエルバッハは、「人間」とは「食べるところのもの」であると語り、人間は「食べる存在」であると表明した。そして栄養とは人間の自然性（身体性）が外的な自然と構成的にも相関していること（内的自然と外的自然の相関性）を示すものであると、彼の「感性哲学」のなかに「食」を位置づけたのである。なお彼の哲学における「感性」は「精神的なもの」を含むものであり、人間の食における感覚も、味覚のみでなく嗅覚・触覚・聴覚・視覚・知性などと結合した総合的な感覚であることを確認している。

ところで「人間は彼が食べるところのものである」というドイツ語は、Der Mensch ist, was er ißt. である。この文の ist と ißt は語呂合わせになっているが、これは読者受けのためではなく、この二語の対応は、「人間の存在・本質＝食べること」を指示するものである。しかも ist と ißt を結びつける was は「コト」だけでなく、「モノ」の意味も持つ。つまりこの言葉は、人間の本質・存在である「食べるコト」には、「食べモノ」が必要であることを指示している。人間の食べるという行為は、「食べ物」なしにはありえず、また食べ物なしには人間は生きられない。彼の唯物論は、食の哲学において本領を発揮したといえるだろう。

さて一二年後に書かれた「供犠の秘密」は、前著で示された食論の内容を、彼の宗教批判哲学のなかで再構成しようとしたものであった。それゆえにここには食について新たな視点も加わっている。この著作の問題意識を示すとすれば、以下のようであろう。

人間が生きるためには食べ物（＝パン）が不可欠であるにもかかわらず、キリスト教では「人はパンのみにて生きるにあらず」といわれてきたが、その真の意味は何なのか。なぜ人間は神様や死者に生贄や供物を捧げるのか。宗教による食べ物のタブーや聖化の根拠はどこにあるのか。人間はなぜ食べ物を通じてつながりあったり、排除したりするのか。こうした食に関する宗教的言説や規範の意味について、人間学の立場から彼は考え直したのである。

『キリスト教の本質』を中心とするフォイエルバッハの宗教批判哲学によれば、人間は自己の本質を（逆説的に）神の本質によって表示するのであり、このことは食という行為についても当てはまる。ある民族や集団は特定の「食べ物」を神に捧げ、そのうえでその食べ物を仲間たちと共に食べ一体感を共有する。こうした行為は、「本質を同じくする者は同じ食べ物を食べ、逆に同じ食べ物を食べるものは本質を同じくする」という考えからなされる。なにしろ神に捧げられるその生贄や供物（食べ物）は、じつはその食べ物を共有する人間たちの同一性を表示するものだからである。その意味で供犠とは神と人間との一体性よりも、むしろ供犠の対象である食べ物を食べる人間たちの同一性・一体性を証示するものである。つまりある民族の特定の「食べ物」が、供犠を通して、その人間集団の特質をあらわにするのである。

もちろん神と人間とは区別されるが――食べ物の供与者は神で、享受者は人間である、あるいは神には飢餓の苦しみはないが、人間には食べることに関する苦しみがあるともいわれる――、それでも人間たちは、自分たちが共有する食べ物を神に捧げ、その後その食べ物を共に食べることで、自分たちの同一性・結合性を確証し強化する。歴史的には宗教の発展に応じて（自然宗教から精神宗教へ）、供犠の食べ物が自然物から抽象物（例えば「聖なるパンとワイン」）になるが、食べ物を介して神との関係による人間同士、人間集団の結束という本質は変化しない、と彼は述べる。

こうしてフォイエルバッハは、供犠という宗教的行為への分析を通して、食（事）の本質とは人間たちにとって（特定の）食べ物を介した「共食」であることを剔抉した。「食べ物の共同は心情の共同、本質の共同を前提としているか、あるいは帰結をしている」ゆえに、つまり食べ物は「感性的」ゆえに、人間同士を強く結びつけるのだという。しかし他方で、共食は自分たちと同じ食べ物を共食しない人間たちを憎悪し排除するともいう。「この憎悪には、私たちが食べるものを食べない人は、私たちであるようなものではないという思想が根底にあるのではないだろうか」（五九頁）。「共食」という構造が、民族間の排除や抗争をもたらすものであると語っている。供犠の宗教への人間学的解釈を通して、彼は共食の持つ「イデオロギー性」を指示したのである。

「食の哲学」の必要性

この著作の表題に付された「短文」はこれまで名言として知られていても、その哲学的意味は解明されてこなかった。しかし近年、彼の食の哲学の新たな解読が始まっている。B・S・ターナーは『身体と文化』（文化書房博文社、一九九九年）で彼の食論を「社会文化的身体」の社会思想的な理論（特に拒食症論など）として注目している。またオンフレイは『哲学者の食卓』（新評論、一九九八年）のなかで養生学と快楽主義・幸福主義という観点から取り上げ、フォイエルバッハの「食あるいは食餌学は、神（如何なる神であれ）なくして生きる技術の唯物論的原理」を提示していると語っている。

ただ研究上留意したいのは、フォイエルバッハの著作はそのまま読んでも理解しにくい。それは、彼の著作が独自の叙述法で語られているからである。彼は自分の見解を直接的に述べず、批判分析する対象の宗教的言説を文献から拾いだし（まるで引用ノートのように）、それを逆説的に利用して語る。彼の本意を理解するには、繰り返し語られる短文に注意する必要があるだろう。

「供犠論」が示唆すること

この著作は、近代以降最初の本格的な食の哲学といえるものであり、一九世紀以降に成立してきた食物学・栄養学などの食の科学的知識をふまえて食べ物や食べることの意味や役割に関する宗教的言説への人間学的解明を追求したものである。それゆえそれは、伝統的食文化を支えてきた宗教的食観念の見直しに役立つ。そしてキリスト教をはじめとした世界の多様な宗教文化における食の規制（食べ物の聖化やタブー、食生活の規律など）の意味内容の理解を助け、現代の多様な食文化交流に役立てることができるだろう。

他方でこの著の宗教批判的食論は、食文化が持つ人間集団・社会組織の役割やイデオロギー的側面についての批判的考察に役立つ。特に、「孤食」化する現代日本の「食育」として推奨されている「共食」が持つ両面的社会的機能への考察に寄与するだろう。

「人間の本質としての食」を主張する彼の「食の人間学」は、食の意味・目的・役割がみえなくなっている現代人の食のあり方を考え直すための示唆を与えてくれるだろう。

（河上睦子）

◉ノルベルト・エリアス

『文明化の過程——ヨーロッパ上流階層の風俗の変遷』

〔全二冊、赤井慧爾ほか訳、法政大学出版局、二〇一〇年〕

▼キーワード

文明化、礼儀、食事マナー、歴史

箸の持ち方に「正しさ」を求めるとはどういうことか

評者は、箸の持ち方が「悪い」とよく注意される。「正しい」持ち方がどういうものかよくわかっていないのだが、評者が箸を持つと、必ず二本の箸がクロスしてしまう。これがまずいらしい。鉛筆を持つように持つのだといわれたこともあるが、そもそも鉛筆の持ち方もあやしい。上の箸だけ動かせともいわれるが、下の箸を固定したまま上の箸だけを動かすといった器用な芸当はどうしてもできない。箸の持ち方にこだわりがあるわけではない。本当にどうやって持ったらいいのかわからないのである。

それで、どうして箸の持ち方が「悪い」とダメなのか、友人に尋ねてみたことがある。「正しい」持ち方のほうが持ちやすいからだ、というのが回答であった。持ちやすいには、食べ物をつかみやすいとか、そういった意味も含まれている。つまり、正しい持ち方をするほうが合理的だということらしい。しかし、それは奇妙な話だ。評者にとっては、箸をクロスして持つほうが食べ物をつかみやすい。小さい豆だって素早くつかめる。合理的ということであれば、評者にとってはクロスさせて持つことのほうが圧倒的に合理的なのである。そうであるならば、「正しい」箸の持ち方は合理性から説明できるものではないということになる。

世の中には「矯正箸」なるものも販売されている。どうして箸の持ち方に「正しさ」を求めるのか。もうひとつの答えとして、「正しい」箸の持ち方をしている者を不快にさせるからだというものがある。実際、先述の友人は、自分はともかく、会社の上司など目上の人に対して失礼にあたるから直したほうがよいといっていた。そういうものかと思い、それ以来、マナーに厳しそうな人の前ではクロスを最小限にするよう心がけている。

日常生活のなかで、こうした経験をしたことはないだろうか。いつからかあって、われわれの身体動作をある一定の方向に収斂させていくような行動基準。その基準を外れることは、「野蛮」な人を意味することとなる。多くの人はどうしてそのような行動基準があるのか、説明することができない。そうした行動基準にほとんど疑いの目を向けることもない。では、いったいその行動基準はなぜあるのか。どう理解すればよいのか。こうした問いに、「文明化」という概念に注目して取り組んだのが、社会学者のノルベルト・エリアスである。

古典としての『文明化の過程』

エリアスの主著である『文明化の過程（上・下）』は、さまざまな分野に影響を与えた古典である。さまざまな分野というとざっくりしすぎているように思われるかもしれないが、そもそも本書は社会学、歴史学、心理学といった学問分野を横断した研究であり、かつ扱っているテーマも食卓の礼儀作法から、物理的暴力を含む攻撃欲まで幅が広いため、ある特定の分野に影響を与えたと名指すことが難しい書物なのである。

エリアスは一九三五年からイギリスで本書の執筆にとりかかり、一九三八年に第一巻（上巻）を、一九三九年に第二巻（下巻）を刊行した。現在でこそ、エリアスは社会学を語るうえで欠くことのできない存在として知られているものの、本書が刊行された当時は、ほとんど見向きもされなかった。エリアスの研究がようやく脚光を浴び始めたのは一九六〇年代になってからのことである。オランダで「エリアス再発見」の動きが現れると、エリアスは第一巻、第二巻に長い序文をつけ、一九六九年に本書を再び世に問うた。エリアスは一八九七年生まれであるため、このときすでに七〇歳を超えていた。大器晩成の社会学者なのである。その後、紆余曲折はあったものの、『文明化の過程』第二版はベストセラーとなり、約五〇年が経過した現在にまで読み継がれている。

その理由のひとつは、エリアスの理論射程が非常に長く、かつ動態的であることにあるだろう。だが、それだけではなく、そうした分析が具体的な史料によって裏づけられていることも大きい。

『文明化の過程』の骨格

本書が日本語訳で上・下巻あわせて九〇〇ページにも及ぶ浩瀚な書となったのには理由がある。本書は人間の情感とその制御の構造を、長期的な社会構造の変形過程のなかでとらえることを目的としている。この目的を達成するにあたり、エリアスは特定の歴史的な変化を手掛かりにしなければ空論となってしまうとし、具体的かつ詳細な歴史にこだわった。そのため、各論を扱う第二部（三〇〇ページほど）、中世から近代に至るまでの西洋社会の「文明化の過程」の歴史を叙述した第三部（三二〇ページほど）は、エリアスの理論の骨格に肉づけするパートとなっている。ドイツとフランスにおける「文明化」概念の違いを分析した第一部（七〇ページほど）と比べると、エリアスがいかに歴史叙述を重視したかがわかる。こうした事情から、大部となったのは必然のことであったといえるだろう。ここでは、第二部の第四章「食事における振る舞いについて」を中心に本書を紹介するが、その前にエリアスの理論の骨格を「まとめ　文明化の理論のための見取り図」から確認しておく。

エリアスの唱える「文明化の過程」とは、「人間の行動や感情のある特定の方向への変化」（下三三三頁）のことである。エリアスは諸個人の感情や心の動きがさまざまな仕方で編み合わさり、そこから、特定の誰かが計画したり、仕組んだりしたのではない秩序が生まれ、その秩序こそが「文明化の過程」の根底に流れているとする（下三三四—三三五頁）。ポイントとなるのは、「文明化の過程」は特定の個人の意図によるものではないということ——エリアスは絶対王政と呼ばれる時代における王もまた関係の編み合わせのなかにあったことを強調している——、そして、その秩序はけっして合理的なものではないし、かといって非合理であるわけでもないということである。「文明化は目的もなく始められ、関係の編み合せの独自の力学、人間がお互に《ママ》生きて行くべく定められているその生き方の特殊な変化によって動かされているのである」（下三三六頁）。「文明化」が進むにつれて、人々は感情などを制御するようになっていくが、それは人々が理性に目覚めたからでも、優しくなったからでもない。それは社会的機能の細分化や身体的暴力の独占機構の形成など、関係の編み合わせのなかで発生したひとつの傾向であるにすぎない。

「文明化の過程」について、おさえておくべきもうひとつのポイントは、それが進歩史観とも異なるものだという点である。過程という単語からは、AからBへと至る道筋のような印象を覚えるが、エリアスが本書のラストで一八世紀の哲学者であるドルバックを引用して「文明化はまだ終わってはいない。まだ進行中である」（下四七六頁）としていることに鑑みれば、到達点が決定しているようなものでないことは明らかである。また、それは直線的なものでもない。「大きな動きのなかには絶えず新たにより大きい波とより小さい波が生まれてくるもので、それに揺られて社会のなかの対照の幅や個々の人間の行動の動揺や情感の発散が、またもや拡大されていくのである」（下三六六頁）。社会のなかの対照の幅とは、例えば上流階層と下流階層の違いの幅や西欧社会と植民地社会の違いの幅のことである。この「文明化の過程」は非常に長いタイムスパンのなかで観察される。数百年にわたる長期スパンでみた場合、さまざまな対照の幅の収縮が起こり、ある一定の傾向をもって平均化していくようにみえる。こうした動態をエリアスはとらえようとしたのである。以上をふまえて、フードスタディーズとの関連から、本書を紹介する。

食事と礼儀

「文明化の過程」をとらえるにあたり、エリアスが最も注目したのが礼儀作法書であった。「礼儀」という概念は「文明化」という概念の前身にあたる概念なのである（上一三六頁）。西欧で「礼儀」という概念が定着するきっかけとなったのは、エラスムスの『少年礼儀作法書』（一五三〇年）による。こうした礼儀作法書は「一般の人々」に向けて書かれたものではなかった。宮廷貴族社会に属する人々が、他の社会と自分たちの社会を区別するために、こうした書は欲されたのである。エリアスはエラスムスをはじめ、さまざまな典型的な事例――「食事における振る舞いについて」では一四の事例が三〇ページにわたって引用されている――を取り上げることで、そこにある傾向を見出すことに成功している。

具体的にみていこう。食事をするにあたり、どうして西欧の人々は手を使わず、フォークを用いるようになったのか。エリアスは、二〇世紀の人々なら「衛生上の理由」という合理的な理由づけを考えるかもしれないという。しかし、資料からはそういった合理的な理由は読み取れない。初期の段階におけるフォークを使う理由づけは、上流階層の人間は「手を使ってものを食べる」ようなことはしないといった言明や、他人が不快に思うから——ただし、不快に思う範囲は時代によって異なる——というものが採用されていた。そのあとの時代では理由づけが変化し、礼儀にかなっていないからとするものや、社会的に地位の高い人々に敬意を払う必要があるためといった理由が採用されるようになった（上二五〇頁）。「衛生」の理由づけが登場するのはもっとあとの話となる。すなわち、フォークを使う理由は他人の不快感の軽減のためであり、「衛生」上の問題のような「「合理的な認識」は、食事その他の人間の振舞いの「文明化」の推進力ではない」（上二五二頁）のである。

もうひとつ、肉の食べ方についてもみてみよう。エリアスによれば、食卓への肉の出し方は中世から近世にかけて劇的に変わる。中世社会の上流階層の人々は死んだ動物をそのまま机の上に出し、目の前で切り分け、分配する。肉の切り分けと分配役を担当することは名誉なことと位置づけられていた。そのため、肉の切り分け方の上手い下手が、育ちの良し悪しと関係しており、上手に肉を切り分けられるほど育ちがよいとされ、エラスムスの礼儀書などでも、肉を切り分ける技術を身につけることが奨励された。しかし、家族の単位が小規模になっていくにしたがい、こうした風習は廃れていき、それらの仕事は専門家にまかされることとなった。このような社会の変化を背景として、肉の切り分けは、不快なことと感じない基準から、できるだけ動物を殺したということを思い起こしたくない基準へと変化した（上二五九頁）。しかし、動物を食べるときには、どうしても肉を切り分けざるをえない。かくして、不快なものとされることとなった肉の切り分けは、社交の「舞台裏」へと退くこととなった。「「不快になったもののこの排除の模様、この「舞台裏へ移すこと」が、われわれが「文明化」と名づけているものの全過程にとっていかに特徴的であるかは、これからも繰り返し示されるであろう」（上二六一頁）。これこそが、エリアスが見出した傾向である。つまり、不快なものを不可視化する、「舞台裏へ移す」といったことは食事のマナーにだけみられる特異なことではなく、さまざまな場面でみられることなのであり、そのことをエリアスは膨大な資料とともに実証したのである。

本書から得られる示唆

エリアスが本書で試みた実証は、人類学者のハンス・ペーター・デュルによる、膨大な資料の裏づけのもとになされた、『文明化の過程の神話』と題する一連の批判にさらされた。『文明化の過程の神話』は全五巻ですべて邦訳されている（法政大学出版局）。本書を読んで疑問を感じられた方は、デュルの本を読むことも薦める。このように、エリアスの書いている歴史を検証する作業は重要である。しかし、本書の継承すべき点を見落としてはならない。

社会学者であるエリアスが歴史に注目したのは、現在を理解するためであった（上一四九頁）。たんに過去の一部を歴史として表象したかったわけではない。われわれがどこから来て、どこに立っているのかを理解するためには、いまここに至るまでの道筋を明らかにする必要がある。その道筋のひとつを、エリアスは数百年の歴史叙述とともに示したのである。食事マナーについていえば、それは一朝一夕に変わるものではない。数十年、数百年かけて、さまざまな関係の編み合わせのなかで、ゆっくりと変化していくものである。また、昔からあると信じられ、現代では当たり前とされているマナーも、じつは歴史をたどると近年になって登場したものにすぎないこともある。すなわち、現代において本書を読む意義は、長期的なタイムスパンのなかで現象を観察することの重要性を認識させてくれる点にある。それは、普段自明視されているわれわれのマナーを相対化し、さらに深く理解するのにも役立つ。

箸について研究した向井由紀子と橋本慶子は、「正しい」箸の持ち方という用語に警鐘を鳴らし、かわりに「伝統型」という箸の持ち方の用語を提案している（向井由紀子・橋本慶子『ものと人間の文化史　102・箸』法政大学出版局、二〇〇一年、一五八頁参照）。「正しい」箸の持ち方という用語は、「間違った」箸の持ち方という用語を生み出し、後者の持ち方を排除する力学を生み出しかねないからだ。箸の持ち方をめぐる関係の編み合わせはいまも変化し続けているのである。

食事マナーについて考えるとき、あるマナーを絶対視するのではなく、かといって「人それぞれ」に陥るのでもなく、どうしてそうしたマナーがあるのかについて長期的なタイムスパンのなかで理解し、考えること。本書はそうした姿勢を学ぶための絶好の教科書である。

（櫻井悟史）

◉ミハイル・バフチン

『フランソワ・ラブレーの作品と中世・ルネッサンスの民衆文化』

［ミハイル・バフチン全著作第七巻、杉里直人訳、二〇〇七年］

▼キーワード

カーニバル、広場、民衆文化、グロテスク、カルチュラル・スタディーズ

教会を頂点とするラテン語の世界に反して、市井の人々の生活圏を占めていた俗語の世界、あるいは異端思想の源泉として禁止されてきたギリシャ語の世界に、ヨーロッパの知識人の関心が集まるようになった一五世紀から一六世紀にかけての時代をルネッサンスと呼ぶが、その時代に、当時はまだ俗語のひとつにすぎなかったフランス語で書いた作家がフランソワ・ラブレーである。

ロシアの文芸批評家ミハイル・バフチンは、ラブレーの代表作『ガルガンチュアとパンタグリュエル』に、広場や市場で飛び交っていた卑語、罵詈、雑言の残響を聞きとり、それを「カーニバル的」と形容した。カーニバルに代表される祝祭の期間には、人々は、伝統や永続性よりも変化や即興性を求め、食通《グルメ》であるよりも健啖家《グルマン》であろうとし、美食《ガストロノミー》よりも大食い《グラトニー》が賞賛された。

ラブレーをヨーロッパ文学における「最も民衆的な作家」として位置づけたうえで、ラブレー前後の民衆文化の変遷をたどった本書は、ユニークなラブレー研究の書であると同時に、古代から現代に至る笑いと食の文化を視野に含んだ壮大な文化史研究の書でもある。

バフチン需要

本書のもととなる論文は一九四〇年に書かれたが、その評価には長い年月を待たねばならなかった。「雪解け」を経た一九六五年に本書がソ連で刊行されると、まずは

ジュリア・クリステヴァら東欧出身の知識人によってパリに輸入された。その後、六八年に世界的に広まった祝祭と暴力のムードのなかで、本書を含むバフチンの仕事は、まさに時代の波に乗るかたちで、地域や領域を越えて読者を獲得していった。例えば六〇年代にイギリスのバーミンガム大学を中心に広まったカルチュラル・スタディーズにおいて、フーコーやアルチュセールなどと並んで、バフチンは知的先達のひとりとして位置づけられた。同じ頃に日本でもバフチンは、英文学者の由良君美と文化人類学者の山口昌男によって、まずは祝祭論の研究者として輸入され、本書の訳者である川端香男里をはじめとするロシア研究者による翻訳紹介がそれに続いた。

本書はロシアの研究者が書いたラブレー論である点でも重要だ。一八九五年生まれのバフチンは学生時代に第一次世界大戦とロシア革命を経験し、スターリニズムの時代にラブレー論を執筆したが、その時代背景に注目するならば、バフチンは、ラブレー論にこと寄せながら、当時のソ連の社会体制を批判していたとも考えられる。『ミハイール・バフチーンの世界』(川端香男里訳、せりか書房、一九九〇年)の著者であるクラークとホルクイストが主張するように、「『ラブレー論』はその時代のコンテクストに置いて見なければならない」。

バフチンは、ラブレーの小説には「カーニバルの笑い」が描かれているという。カーニバルに代表される祝祭の期間には上と下がひっくり返り、王も司祭も民衆から笑いの対象にされたが、笑われている側も笑っている側も、貧者も金持ちも従者も権力者も、等しく笑いの対象にする全方位的な笑いをバフチンは「カーニバルの笑い」と呼んだ。ラブレーの時代の教会や宮廷は、バフチンの時代には党や政府に相当すると考えれば、バフチンは、ラブレーを論じながら、政権批判も辞さない笑いの自由を求めていたとも考えられた。また「民衆の総体」が「未来の勝利」を謳いあげるというユートピア的なバフチンのカーニバル論には、当時の革命思想の反映をみることもできる。このように本書はロシア文化論としても読むことが可能だ。

だが、本書の特異性はラブレー論でありながら民衆文化論でもあるという、作品論と文化論を融合したその書き方にある。学際的な知が盛んに論じられている現在、その初期の試みとして本書を位置づけることも可能である。しかし、このような領域横断的なバフチンの仕事に対して、領域ごとの専門家から、これまでに批判がなかったわけではない。とりわけラブレー研究者、あるいは中世史や民衆文化史を専門とする研究者からは、分析の粗さや事実誤認が指摘されてきた。バフチンはおおむね「ポリフォニー」や「カーニバル」の思想家として世界的に高く評価されてきたといえる。

カーニバルとグロテスク・リアリズム

本書は第一章が「笑いの歴史におけるラブレー」、第二章が「ラブレーの小説における広場の卑語」とあるように、章ごとに著者がまとめたテーマに沿ってラブレーの小説『ガルガンチュアとパンタグリュエル』を読む形式をとっている。物語の筋には拘泥せず、いくつかのエピソードを自由に羅列しながらラブレーの小説の背後にあるとされたルネサンスの民衆文化を浮き彫りにすることが、ここでの狙いとされている。本書の山場にあたるのが第四章の「ラブレーにおける饗宴のイメージ」である。「陰うつな食事は有り得ない」と述べるバフチンにとって笑いや祝祭を論じることは、そのまま食事について考えることでもあった。

食事のない祝祭は想像できないし、カーニバルとは本来、大斎の食事制限に入る前に飲み食いを大いに楽しむための催しである。バフチンにとって食事とは集団的な行為でなければならず、太古の時代から人類が自然と向き合うなかで身につけていった世界観とも関わっていた。文学研究者でも文化史研究者でもない、思想家としてのバフチンの本領が最も発揮されているのが、例えば次のような食事をめぐる議論である。

> 最も古いイメージ体系において、食事は労働と切り離ちがたく結びついていた。食事は戦いのしめくくりをし、それらの栄冠となり、勝利の証しとなった。労働は食事において凱歌を奏した。人間と労働の世界との出会い、世界と労働の戦いは、食事――世界から戦って奪った、世界の部分をのみこむこと――によって終ったのである。（二四七頁）

バフチンは食べる行為を、世界を飲み込むことで変容させ、そうすることで自己もまた変容するという相互作用的な行為としてとらえていた。ラブレーの物語の主人公である巨人族の王たちもまた、動物であれ人間であれ、あらゆる対象を見境なく飲み込む底なしの食欲の持ち主であったが、それと同時に排泄の量も桁外れであり、ひとたび排泄行為に及べば否応なく周囲を巻き込み、大災害を引き起こすこともままあった（例えば、ノートルダム教会の塔の上から放尿をしたガルガンチュアはパリを洪水で沈めてしまう）。ラブレーにあっては食べる行為は排泄と直結していた。そして、この食事と排泄を通じて、身体と世界は互いに浸食しあい、相互変容を起こしていくのである。そのような世界観をバフチンは「グロテスク・リアリズム」と呼んだが、この「グロテスク・リアリズム」が全面展開する時空としてカーニバルがあった。このようにしてバフチンは、ラブレーの小説の読解を通じて、中世からルネサンスにかけて息づく民衆文化の世界観を現在に再構築する試みを行っていたのだった。

バフチンの効用

おそらく、食に関する何らかの実証的な研究に、本書が直接的な形で役立つ点はそれほど多くはない。教会や宮廷を中心とした「公式文化」に対して、民衆を中心とした「非公式文化」を評価するバフチンの価値観にしても、「公式」と「非公式」の線引きをどこで引くのかという問題が残るが、「公式」の文化の正当性を疑い、これまで文化として名指されることのなかった場所に文化（「非公式文化」）を見出すバフチンの批評のスタイルは、カルチュラル・スタディーズやポストコロニアル批評などに引き継がれるなど、現在においても、とりわけ文化批評、文芸批評において、バフチンの仕事は重要性を持っている。また、「カーニバル」や「グロテスク・リアリズム」といった用語で著者が提示している世界観にしても、いわゆる「インフォーマル」な経済世界（例えば香港や中国広州市の商業地区など）で見聞きすることのできる現実から、そうかけ離れたものではなく、こうした都市で当局の許可を得ずに営業されている安食堂や屋台の猥雑な活況をバフチンの概念で分析することも可能だ。バフチンの書は現代社会の「インフォーマル」な領域にアプローチするうえで導きの糸ともなるだろう。さらに、食をめぐって笑いから労働まで、柔軟に思索の対象を広げてゆくバフチンの思考のリズムに触れることから学びうることは少なくないはずだ。

（田中壮泰）

◉ピーター・シンガー
『動物の解放［改訂版］』

［戸田清訳、人文書院、二〇一一年］

▼キーワード

動物倫理、功利主義、菜食主義、種差別、肉食

功利主義からの「動物の解放」

「本書は、ヒト以外の動物に対する人類の専制政治についての書物である」。一九七五年の刊行以来、ほぼ半世紀にわたって動物解放運動における最重要文献であり続けてきた本書に関しては、すでに数えきれないほどの書評や関連論文、そして反論と再反論が、英語のみならずさまざまな言語で発表され続けている。女性解放運動や黒人解放運動と動物解放運動を同列におき、「種差別(speciesism)」という概念を人々に広め（「種差別」という概念はシンガーの発案ではない。一九七〇年に心理学者のリチャード・ライダーが最初に考案・発表したものである。ライダーらが寄稿した、一九七二年刊行の編著『動物・人間・道徳――人間以外のものに対する虐待の研究』を、シンガーの『動物の解放』は出発点としている）、動物の解放の必要性を「情緒や感情よりもむしろ理性に訴えてきた」（三〇八頁、以下、改訂版の頁数を記する）本書は、これからも応用倫理学の古典として読まれ続けるだろう。

本書の理論的枠組みである功利主義については、彼の『実践の倫理』（邦訳〔新版〕、明石書店、一九九一年）により詳しく書かれている。後述するように、シンガーは動物の解放を、義務論や権利論のもとでは主張しない。むしろカントやロールズは批判される対象である（『実践の倫理』二二頁、二八〇頁ほか）。シンガーが立脚するのは功利主義である。つまり、①私自身の利害は、私自

身の利害だからというだけで他者の利害以上の価値を持つわけではないことを認めたうえで、②関係者すべての利害を比較考量し、③関係者の利益を最大なものにしような行為を探ることが、個々人に要求されているとする(『実践の倫理』一六頁)。そして、その「関係者」のうちに、人間と同じく苦痛や快楽を感じる能力を持つ動物も含めようとするのがシンガーの立場であり、そこに「種差別」の立場を擁護する論拠がある。

正しさよりむしろおいしさを――ベジタリアン

ところで、本書は、ふさわしい読者に十分に届けられていないのではないかという懸念が私にはある。例えば、気分を上げたいときには牛肉を焼き、革製のコートや手袋を身に纏うような人物は、どのような動機でこの本を繙けばよいのだろうか。愛煙家は禁煙する気がないかぎり、肺気腫や肺炎の写真、受動喫煙の害について説く本をなかなか手に取りはしないだろう。誰が好んで説教を聞きたがるだろうか。しかし、本書のふさわしい読者は、人口比的に考えても、動物解放運動やベジタリアンに興味がある人々以上に、ひとまず肉食をやめる予定のない、マイケル・ポーラン(彼は老舗のステーキハウスで本書を読んだという。『雑食動物のジレンマ』東洋経済新報社、二〇〇九年、第一七章を参照)や私のような人々である。あなたがそういう人々のひとりであるとして、私が危惧するのは、読者が大規模に飼育されている牛や豚などの食用家畜の惨状や、今日の畜産が非効率に浪費している穀物と森林をつきつけられ、「私たちが自らに問わねばならないことは、「そもそも肉を食べることは正しいか？」ではなくて、「目の前にあるこの肉を食べることは正しいか？」なのである」(二〇三頁)というシンガーの膝詰めによって、本書を読み進める気分が萎えてしまうことだ。それを防ぐために最初に開いてほしいのは、第四章「ベジタリアンになる」の、ベジタリアンになるということは、ステーキ皿から肉を取り去り、サラダと付け合わせの野菜しか食べないことを意味するのではないという箇所である(二一三頁)。

当然ながら、ベジタリアンはサラダしか食べないわけではない。精進料理や台湾素食、多くのインド料理、最近では大豆でつくったハンバーグや唐揚げも広まっている。ビュッフェ形式のレストランなどでもベジタリアン・メニューをみかけるようになった。正しさよりも、むしろおいしさをこそ訴えかけて、シンガーはいう。

「ベジタリアンの料理本を買えば、ベジタリアンになることはまったく犠牲ではないことがわかるだろう」（二一五頁）。「私の目的は、雑食的な食事からベジタリアンの食事への移行を、いっそう容易でいっそう魅力的なもののとし、読者のみなさんが食習慣の変更を不快な義務とみなす代わりに、新しい興味深い料理を期待するようになることである」（二二二頁）。

「種差別」の形態と歴史

もちろん『動物の解放』はたんなる菜食のすすめにとどまるものではない。ここで本書の全体像を確認する。

第一章「すべての動物は平等である」では、先述した理論的枠組みが説明される。シンガーの論拠はとてもシンプルだ。「本書で擁護しようとしているいくつかの結論は、苦しみはできるだけ小さくすべきである、という原則だけから導き出されるものである」（四五頁）、「本書の核心は、その属する種のみを理由として動物を差別することは偏見の一形態であって、これは人種に基づく差別が不道徳で擁護しえないのと同じように、不道徳で擁護しえないという主張である」（三〇八頁）という言葉に集約される。動物の扱いをめぐる論拠やその対象、実践的目標は多様であるが（例えば、シンガーはベンサムに依拠し、平等な配慮という原則を強調し、権利論から距離をおくが（二九頁）、トム・リーガンは一九八三年の著作で「動物の権利」という概念を前面に打ち出している）、動物解放論の倫理学的基礎は、この「種差別」を看過しないという点で共通している。

このような論拠に立ち、本書の以降の章では、動物への配慮の欠如や虐待に関する具体的問題がジャーナリスティックに語られる。批判の対象となるのは、動物実験（第二章）と畜産（第三章）である。第二章「研究の道具」では、アメリカ合衆国における動物実験の実態の多くの事例が紹介され、第三章「工業畜産を打倒せよ」では過密状態で飼育される産卵鶏、豚、仔牛のストレス性の異常行動や粗雑に行われる屠殺が紹介される。動物実験と畜産のふたつが選ばれた理由は、その他の動物解放に関する諸問題――スポーツのための狩猟や、毛皮をとるための飼育、サーカスの曲芸のための訓練、調査捕鯨、そして棲息地を追われる野生動物の利害の無視――よりも、両者がより多くの動物により多くの苦しみを引き起こす営為であり、それをやめるためには、前者においては政府の政策を変えなければならず（動物実験の費用の多くが税金によってまかなわれているため）、後者においては肉を買って食べる食生活を変えるというかたちで自分たちの日常を変えなければならないからだ。「これらの……ほとんど普遍的に支持されている形態のスピシーシズム〔種差別〕を廃止させることができるならば、その他のスピシーシスト的な行為を廃止するのはたやすいことであろう」（四六頁）。

第五章「人間による支配」では、シンガーによる種差別からみた欧米史が語られる。キリスト教以前の思想から始まり、キリスト教思想、ルネッサンス期、啓蒙主義運動、それ以降から現代までと、その射程は長い。第二章、第三章では事例を挙げて首尾一貫した異議申し立てがなされているが、シンガーは第五章では歴史をたどることによって、現在支配的なものとなっている態度（「種差別」）のもっともらしさを掘り崩そうとする（二三二頁）。動物に対して敬意を払うべきだとする一群（ピタゴラス、ルソー）、そうする必要性を認めない一群（アリストテレス、デカルト）、そして多くの留保や条件のもとで動物に必要以上に残忍な扱いをすべきではないとする多くの哲学者や思想家たちの意見が紹介されている。ここでも留保の源泉となっているのは、肉食の正当化であるとシンガーは指摘している（二六二頁）。例えば、ベンジャミン・フランクリンは、数年間、ベジタリアンとして過ごしたが、ある日、友人が釣った魚のはらわたから他の魚が出てきたのをみて、「お前たちが互いに食い合っているなら、私たちもお前たちを食っていけない訳はあるまい」と結論づけ、肉を含む通常の食事に戻った。ただし、フランクリンがその結論に達したのは、魚をフライパンで焼いたときに「すごくいい匂い」が立ち上ったあとであった。彼は、理性のある動物にとって都合のいいことのひとつは、したいと思うことなら何にだって理由をみつけることができることだと付け加える（二六〇頁）。

これから食べる肉や野菜に十分近づくこと

本書が応用倫理学ではなく、フードスタディーズの文献として参照されるならば、この肉を食べることに関する議論と検討こそ、最も役立ち、また示唆に富むだろう。本書の議論は「はたして私たちはやましさを感じずに食べることができるだろうか？」という問いへと拡大できる。シンガーは「私たちが生きるためには殺さなければならない」という見解を、肉食を肯定できる「人間にとって居心地の良い誤り」（二六一頁）と一蹴する。しかし、農場に行ったことがある人ならここで戸惑いを覚えるだろう。野菜や穀物を育て、収穫し、保管し、運送する過程では、殺鼠剤や農機具やトラックで、少なからぬ脊椎動物が殺される。もちろん、肉食をやめたり、小動物に配慮した農法や流通システムにより、殺される動物の年間合計数を減らすことはできるだろう。しかし、「生きるためには殺さなければならない」のだ。

快と不快の総量を倫理的基準とするベンサムやシンガーの功利主義は、地獄絵図のような動物実験施設や工場畜産の廃止を訴える論拠としてはたしかに有効である。だが、「いずれ死ぬ私が生きるためには殺さなければならない」という問題を掘り下げるにはもっと有効な視角がある。食べることに関わる宗教的な規範や儀式、そして禁忌の膨大さは、人間が食事をめぐる厄介な問題に折り合いをつけようと苦心してきたことの証左だ。シンガーをふまえて議論を食べることの罪責感などへと進める場合には、これらの分野への目配りは欠かせないだろう。

私たちは今日、畜産場や屠殺場、あるいは精肉工場の実状を省みることなく日々を送り、この厄介な問題をやり過ごすことに成功している。この看過についてはシンガーも批判的だ。「〔現在の子育てにおいて〕私たちは、自分が食べているものが動物の死体の一部だということを理解できるようになるよりもずっと前に、動物の肉をすでに食べている」（二七四頁）。本書の議論を上滑りさせないためにも、私たちが食べる肉がどのように育てられ、殺され、運ばれ、食卓に並んだかを知ること、そして社会にはその透明性が確保されていることが求められる。食べる動物に十分近づいたあとで、それでもなおステーキを選んだとすれば、それは本書を素通りしたことにはならないはずだ。

（太田和彦）

◉廣瀬純
『美味しい料理の哲学』

［河出書房新社、二〇〇五年］

▼キーワード

料理、美味しさ、美食、協同体、フーリエ

《美味しさ》のコミュニズムに向けて

本書では、人類史、文化史に基づいたものとして考えられている文化、その一部としての食文化、その一部として語られる料理の蘊蓄《うんちく》に異を唱え、いわば文化という料理（キュイジーヌ）を新たに立ち上げる試みがなされている。語り口は多分に衒学的であるが、それはシャルル・フーリエ（一七七二―一八三七）の空想した《美味しさのコミュニズム》に必要な言葉を準備するために、そして分子ガストロノミーに代表される、新しい調理技術および加工技術によって開かれる新しい《美味しさ》について考察するために散りばめられた手がかりといってよいだろう。

著者の廣瀬純は、「美味しい料理」を考察するための理論的枠組みとして、フランス現代思想と図像学を主に用いる。しかし、ひとつの理論枠組みのなかで「美味しい料理」を分析するのではなく、「美味しい料理」の考察を通じて複数の理論枠組みを貫通することを目指す本書に、特定の理論枠組みを見出すことは難しい（これは本書の長所でもあり短所でもある）。本書の思想史的源流を挙げるとすれば、一九世紀初頭のフランスのシャルル・フーリエの社会思想が挙げられる。廣瀬は序文の「フーリエを失望させることなかれ！」で、「情念引力の理論」を基礎としたフーリエの諸著作のひとつ、『えせ産業』（*La FausseIndustrie*）に、自身が「美味しい料理」を論じるルーツがあると語る。フーリエは、フランス革命以降の文明化された社会の「えせ産業」に対して、生産者と消費者の協同組合を通じて貧困者でも美味しい料理が食べられる「魅惑的産業」が勃興すべきことを主張する。廣瀬が着目するのは、フーリエが「料理」においてあくまでもその「美味しさ」がもたらす喜びを重視する点である。「社会主義者としてのフーリエの特異性は、たんなる「食べ物」ではなく、「美味しさ」こそが民衆によって集団的に生産され、また集団的に消費されるような体制、いわば「ガストロノミー（美食）のコミュニズム」とでも呼べるような社会体制を夢想していたというところにあるのです」（九頁）。しかし、廣瀬は、日本をはじめとした〝先進国〟においてせっかく《美味しさ》のコミュニズムが現実化しつつある一方、それにつりあう思考や言葉が発達しきっていないことを指摘する（一一頁）。本書はこの状況に対して、料理の目的を生存や健康の維持といった「生物学的機能」に還元させないために、そして料理を個体に閉じた営みにしないために、《美味しさ》を語る言葉の社会的生産の活発化を目指している。

《骨》と《肉》の組み合わせとしてあらゆる料理をみる

本書は、廣瀬の龍谷大学での講義の草稿をもとに書かれており、以下のように構成されている。第一講「磔刑図と焼き鳥——《骨付き肉》とは何か」では、先述の、美味しい料理は、《肉》が《骨》に吊り下げられた《骨付き肉》の姿で現れるという仮説が提起され、第二講「料理の比較解剖学——《料理＝折り紙》序説」では、「料理の《全体》を《骨付き肉》としていっきに把握してみよう、また、そのことによって、料理の《美味しさ》を《骨》と《肉》との「あいだ」として捉えてみよう」（三四頁）とより大胆に敷衍される。

第三講「《美味しさ》と《自然》——「ヌーヴェル・キュイジーヌ」のモナドロジー」（ヌーヴェル・キュイジーヌとは、一九七〇年代に提唱されたフランス料理の新しい調理法。フランス語で〈新しい料理〉を意味する。素材の鮮度と質を重視する、素材の持ち味を活かして調理時間を短縮する、生クリームやバターを控えた軽めのソースを用いる、一品の量を少なめにするなどの特徴がある）では、「《自然》全体の厨房化」（七〇頁）という観点が導入される。それまでの古典的なフランス料理においては素材はレシピに従属するものであった（あらかじめ決まったレシピを忠実に再現することが重視され、そのための素材調達が行われた)。しかし一九七〇年代のヌーヴェル・キュイジーヌにおいては、レシピは素材に従属するものとなった(入手できた新鮮かつ質のよい素材に対応したレシピを、臨機応変に創出するようになった)。この転換に関して、廣瀬は、厨房が自然全体に拡大したと表現する。料理のプロセスが、狭い意味での「厨房」を空間的にも時間的にも越え出ているという視点は、「厨房」を内包している生態系へと目を向けさせる点で非常に示唆に富む。

第四講「「串」とその変異体——「カニバリズム」から「ピンチョス」へ」、第五講「《肉》、美しい多様態——「フライドチキン」と「焼き鳥」」では、《骨》の機能を持つものが考察される。フライドチキンや活造りやカニ爪フライのように骨や殻そのものが《骨》の役割を果たす場合だけでなく、(つまり実際に食べることができなかったり脊椎状の形態をとったりする必要は必ずしもなく)「衣」やスパイス、「焼き目」なども、多様な《美味しさ》が潜在的に収められていることが期待される《肉》から、ある特定の《美味しさ》を引き出す機能を持つものとして位置づけられる。

それでは、一見、《骨》と《肉》に分けづらいもの、例えばパスタなどはどう考えればよいのだろうか。第六講「《美味しさ》と速度——パスタシュッタのケース・スタディ」で、廣瀬は、ソースを《肉》、パスタを《骨》ととらえることによって、なぜパスタに非常に多くの種類があるのかを説明してみせる。ひとつの同じトマトソース(=《肉》)が、さまざまなパスタ(=《骨》)とからめられることでまったく異なる料理になるのは、なぜか。それは《肉》の潜在的な《美味しさ》を、いくつもの《骨》がそれぞれ違った仕方で引き出すからだと廣瀬は解説する。廣瀬はさらに、ソースという《カオス》にひとつの《秩序》への力を引き出すものとしてパスタを位置づける(一一七頁)。パスタは形だけでなく、茹でる時間で硬さも変わる。それらの違いが、ソースの《美味しさ》の引き出し方を分けるのは、パスタがソースをコントロールする、つまりパスタが「どのような速度と方向性をソースの流れに与えるか」(一三三頁)によって《美味しさ》の引き出され方は変わるのだと説明する。繰り返すが、本書は料理を、人類史、文化史に基づくものとして考えられている食文化の一部として語るのではなく、〝文化という料理〟を新たに立ち上げる試み、料理を通じて世界を解釈する試みなのだ。

私たち脊椎動物において、《骨》は《肉》に包み込まれているが、甲殻動物のように《骨》が《肉》を包み込む料理もある。第七講「甲殻動物タイプの《骨付き肉》――セザンヌと春巻」では、天ぷら、クレームブリュレ、餃子（水餃子、焼き餃子）が、並列に扱われる。これは普通の料理本なら考えにくいことだ。

《骨》と《肉》は別々の素材でできている必要も、またない。第八講「料理発生学――タコヤキとゴンブローヴィッチ」で扱われるたこ焼きは、同じ小麦粉からぱりっとした皮とクリーム状の中身が分化する。ステーキも、焼き加減によって《肉》と《骨》の分化の程度は異なり、異なる《美味しさ》を現す。さらに、《骨付き肉》は入れ子構造になることも可能である。第九講「料理の個体化原理――「トンカツ」から「カツ丼」へ」で出される例はカツ丼だ。「カツ丼」は「カツの玉子とじ」という《肉》とご飯という《骨》を持ち、「カツの玉子とじ」は玉子という《肉》と「トンカツ」という《骨》を持ち、「トンカツ」は豚肉という《肉》と衣という《骨》を持つ。「カツ丼」は、トンカツ＋玉子＋ごはんというたんなる足し算でつくられるのではなく、それぞれ独立した《肉》と《骨》を持つ別の料理個体である「カツの玉子とじ」「トンカツ」が、《骨付き肉》の再編成によってつくられる。

第十講「料理の共生平面――フェラン・アドリアと料理の進化」では、分子ガストロノミーにいち早く注目し、当時はまだ三ツ星レストラン「エル・ブリ」の料理長であったフェラン・アドリアの創作料理にもまた、《骨付き肉》の構造を見出せることを廣瀬は指摘する。アドリアの考案する新しい料理、例えば「カリフラワーのクスクス」も、クスクスの《骨付き肉》の安定した構造をもとに、《骨》の部分を挽き割り小麦からカリフラワーに差し換えることで成立している。どれほど突飛な料理も、その《美味しさ》を《肉》から引き出す《骨》のあり方をみれば、これまで、古今東西の人々が口にしてきた料理のひとつの変奏であることに気づくだろう。フーリエが空想した「美食のコミュニズム」、それを理論的に支える「美味しさの論理」には、いまはまだ存在しない未来で食べている人々をも含まれるのだ。

私たちが《美味しい料理》について考えるべき理由

さて、本書はあらゆる料理を《骨付き肉》として把握し、美味しさの論理あるいは美味しさが引き出される「一般構造」を探るという冒険的な試みだが、難点としては著者の博覧強記によって本筋がみえにくいことが挙げられる。もちろん、歴史と文化の異なる料理のディテールを拡大し、「美味しさの論理」において再編成すること。比較解剖学、個体発生学を《骨付き肉》の説明手段として解釈すること。これらは「「美味しい料理」をそれとして思考し、新たな言葉を産み出す」(一三頁)ためには必要なプロセスだろう。しかし幾分、《肉》としての料理や生物学その他諸々にまつわるエピソードに対して、《骨》としての理論的枠組みが十分に機能していない、「[細いパスタが重いソースとからみすぎて]しつこくなってしまっている」(一三一頁)箇所もある(例えば第七章の天ぷらのエチカなど)。

食研究における本書の参考文献としての役立て方としては、第十章でも述べられているように、新しい《美味しい料理》を考察する「平面」(plan)としての用い方が考えられるだろう。私たちは食事に対してはかなり保守的だ。見慣れない食べ物にはまずそれが本当に食べられるのかを警戒する。はじめての昆虫食に、思わず食指が動いてしまったということはないだろう。勢い、それらを食べる人々に眉を顰めたり、距離をとることも考えられる。しかし、フーリエの衣鉢を継ぐ廣瀬が指摘するように、「美味しい料理」に多くの人が気軽にアクセスでき、その楽しみを分かちあえる時代を迎えている。足りないのは、料理を新しくとらえ直す思考と言葉によって人々の距離を縮める試みである。つまり「すでに「現実のもの」となっていながらも、いまだにその「現実性」に見合った言葉や思考が欠けている「美食のコミュニズム」のために、その高みに応じた思考や言葉を集団的に紡ぎ出していく」(一二頁)ことこそが私たちには求められている。本書で廣瀬が提起する仮説、「料理とは《骨付き肉》を作りだすことなのではないか」「美味しい料理を作ろうというすべての試みは何らかのやり方で《骨付き肉》を発生させるというプロセスに存するものであり、美味しい料理というものには、それがどんな材料を使用しているものであっても、何らかの形で《骨付き肉》の構造が見られるのではないか」(二六―二七頁)は、料理を食べる人々の距離を縮めるアイディアの源となるだろう。

最後に、本書はあくまでも図像学に基づいて「美味しい料理」とその語りを実践したものであることを付言したい。《骨》と《肉》というテーマを一貫させることで、本書は食べるというテーマと結びきやすいステレオタイプや排外主義を取り払うのに成功しているが、味覚そのものや遊戯性など《美味しい》を語る視角はまだ存在する。それらに手をつけるのは読者の役割だろう。また、食欲をかきたてる描写が多いため、夜中に読むことはおすすめできない。

（太田和彦）

◉マイケル・ポーラン
『雑食動物のジレンマ——ある4つの食事の自然史』
〔全二冊、ラッセル秀子訳、東洋経済新報社、二〇〇九年〕

▼キーワード
ファストフード、オーガニックフード、スローフード、調理

雑食動物たる私たちは何を食べるべきか？

本書は第二次大戦後に広く一般的になった食農分野の工業化のなかで、私たちが食べているもの、それを支える物質的なあるいは象徴的な食物連鎖（food chain）についての博物誌的なノンフィクションである。タイトルの「雑食動物のジレンマ」は、人間のような雑食動物は、自然界が差し出してくれるものをほぼ何でも食べられるが、食べ物のせいで病気になったり死んだりしてしまう恐れがあるため、何を食べるべきかを考えなくてはならないこと（一〇頁）を意味する。雑食動物たる私たち人間の食選択の幅は広く、それゆえときには食べられないものも口に入れてしまう（ユーカリの葉しか食べられないコアラは、例えばキノコを口にしようとはしない）。

本書のジャンルは、フード・ジャーナリズムである。つまり、日々の食べ物に関する見過ごされがちな事実の確認と、なぜ眼前の事実がそのような様相であるかという背景が、広く読者に伝わるように情報が整理されている。それは、私たちが普段よく目にする、グルメ雑誌や口コミサイトの地元で評判のレストランやこだわりの逸品の紹介とは大きく異なる。レビューの星の数は「今晩何を食べよう？」という雑食動物のジレンマを忘れさせてくれる。しかし、本書をはじめとするフード・ジャーナリズムの各書は、むしろ私たちがそのジレンマを思い出すきっかけとなるように書かれている。

なぜあえてジレンマを思い出させようとするのか。その社会的背景を、著者ポーランは次のように説明する。人間の場合、どれが食べ物でどれが毒かという経験と知恵は、言語を通して伝承された。さらに火で焼いたり煮込んだりしてさまざまな動植物を消化しやすくする調理や、好ましい動植物を栽培し、さらに好ましい性質を品種改良によって増強させる農業、そして食料保存の諸技術を通して、自らが依存する食物連鎖を大きく変化させることに成功した。一見、解消されたかにみえる「雑食動物のジレンマ」であるが、しかし、実際のところ、私たちはなおもそのジレンマに直面している。つまり、「オーガニックのリンゴを買うべきかふつうのリンゴを買うべきか。オーガニックなら地元産か輸入ものか。魚なら天然か養殖か。トランス脂肪酸かバターかマーガリンか。肉を食べるべきか菜食にすべきか。菜食なら乳菜食（ラクト・ベジタリアン）か絶対菜食（ビーガン）か」（一二―一三頁）といった選択肢に頭を悩ませている。それればかりか、高タンパク・低炭水化物を基本とするダイエット法が紹介されると、それまで肥満予防のために食べられてきたパンやパスタが、食卓や食品棚から一気に姿を消すような「摂食障害を病んでいる」（八頁）社会において、私たちは何を食べたらよいのか？

「何を食べようかというごく単純な問いの答を出すためには、私が食べているものは何か、それはいったいどこから来たのかという、さらにシンプルな二つの疑問を解決しなければならないとわかった」（二六頁）。ポーランは、私たちが連なる代表的な食物連鎖として、「工業」、「オーガニック」、「狩猟採集」の三つを挙げる。食物連鎖という単位が対象である以上、その連鎖の出発点は、地球のどこかの土地で（あるいは海域で）育った植物である。三つの食物連鎖に対応している植物が「トウモロコシ」、「牧草」、「森林」であり、それらは本書を構成する三つの部のタイトルとなっている。

私が食べているものは何か、それはいったいどこから来たのか

本書の概要は以下の通りだ。第一部「トウモロコシ工業の食物連鎖」では、工業的食物連鎖の要であるトウモロコシが高速道路を走る車のなかで食べられるファストフードになるまでが描かれる。もちろん、私たちはトウモロコシを直接、ファストフードとして食べるわけではない。その大半は家畜飼料となり、精肉として私たち

の口に入る。加工食品はトウモロコシの塊ともいえる。例えばチキンナゲットは、トウモロコシで育てられた鶏肉を、トウモロコシをつなぎにして、コーンフラワーの衣をつけて、コーン油で揚げ、トウモロコシ由来の膨張剤や着色料などで見た目を調えられる。一緒に飲む清涼飲料水の甘さはコーンシロップ（日本では果糖ブドウ糖液糖などと記載される）によってもたらされている。乳製品も卵も、スーパーマーケットに並ぶ多様な食品のほとんどがトウモロコシに行き着くこととなる。「雑食動物の目には見事な多様性があるように映った食事は、質量分析計の目を通してみると、もっとも特化した動物の食事なのだ。これが工業食動物が行き付いた姿だ。ユーカリしか食べないコアラのように、トウモロコシしか食べない動物」（一五八頁）。

それでは、なぜトウモロコシなのか。Ｃ４型光合成を行うトウモロコシはカロリーが高く、乾燥すれば簡単に運搬できて壊れることもない、「商品として完璧」（三七頁）な植物である。ただし、それだけでは工業の食物連鎖の基盤を占めることはできない。ほかのどんな植物よりも多くの肥料を必要とする交雑種のトウモロコシを助けたのは、フリッツ・ハーバーが発明した合成肥料であり（六一頁）、トウモロコシの過剰な作付けをアメリカ合衆国において常態化させたのは、アール・バッツが牽引した諸制度であった（六九頁）。食卓には、物質的な食物連鎖だけでなく、歴史的な経緯や地理的な条件もが収斂していることを、本書は折々で確認する。これは本書の魅力のひとつだ。ある食生活の糾弾や擁護ではなく、その食生活がかたちづくられていく過程の分析とフィールドワークを通した分析がバランスよく組み合わされている。

第二部「牧草　田園の食物連鎖」では、オーガニックが扱われる。本書が三部構成であるにもかかわらず、副題が「ある４つの食事の自然史」なのは、オーガニックフードを、工業的オーガニック（第九章）と、スーパーオーガニック（第一〇～一四章）のふたつに分けているためだ。「スーパーオーガニック（オーガニックを超えたもの）」とは、工業的オーガニックとの差別化に用いられる用語である。つまり、大手有機食品小売店のホールフーズで購入した食材を使った食事が工業的オーガニックなのに対し、ポーランが一週間滞在した有畜複合のポリフェイス農場で調達した食材を使った食事こそが、同じ「オーガニック」であってもスーパーオーガニックとして扱われる。

工業的農業、あるいはファストフードが強い力を持つようになるのと併行して、代替的な方法としてのオーガニックあるいは有機農法にも注目が集まった。一九九〇年代には、化石燃料を浪費し、グローバル市場で取引され、土壌の肥沃性を外部からの窒素でまかなって育てられた作物ではなく、地域市場の顔のみえる関係のなかで取引される、有畜複合の循環型農場で育てられた作物を求める人々の割合が一定数を越えた。この頃、大手食品企業はオーガニック部門を立ち上げたり、あるいは既存のオーガニック企業の買収を始めた（二〇六頁）。そしてまた、「オーガニック産業とオーガニック運動との闘い」（二〇八頁）の結果、牧草を食むことのない乳牛から搾られた有機牛乳や、食品添加物や合成化合物を使用する有機加工食品が、「オーガニックという言葉の田園的な世界観とイメージを利用する」（二一一頁）かたちで、スーパーマーケットに陳列されることとなった。これが、工業的オーガニックというわけである。

第三部「森林　私の食物連鎖」では、自分自身が狩猟・採集・栽培した食材だけで食事をつくることが「真剣な遊戯」（七五頁）として目指される。狩猟免許をとって射撃の練習をしてイノシシを調達し（第一五、一八章）、キノコ狩りをしたあとでそれが毒でないか否か識別しかねる「雑食動物のジレンマ」に直面したりしながら（第一九章）、それらを朝から晩までかけて調理し、狩猟採集を手伝ってくれた人とその家族を招待して、共に食べる（第二〇章）。

この並はずれてスローなスローフードを、ポーランは自動車のなかで食べるマクドナルドのファストフードと比較する。そして「同じように非現実的で持続不可能だ」（二五四頁）としたうえで、私たちがいま何を食べていて、それはどこから、どれくらいのコストをかけて、どのように食卓まで運ばれてきたのかという問いの答えを当たり前の事実として知るために、「私はこの一度だけ、はじめからやってみなければと思ったのかもしれない」（二五五頁）と締めくくる。

私たちは何を食べようとしてきたのか？

本書は、植物を出発点とする食物連鎖という斬新な視点から、現在流通している食べ物に関する情報を読みやすくまとめているという点で、フードスタディーズの格好の入門書の一冊といえるだろう。テーマや語り口に興味を持ったなら、さらにポーランの『欲望の植物誌――人をあやつる4つの植物』（八坂書房、二〇一二年）、『人間は料理をする』（NTT出版、二〇一三年）を読むことで、品種改良や調理というかたちで、人間がどのように自らが依存する食物連鎖を変化させ、雑食動物のジレンマと付きあってきたかという、短いながらも壮大な歴史を知ることもできる。本書を含むこれら三冊の本は、経済学や農学、家政学などの分野でばらばらに教えられている事柄をつなぐ縦糸と横糸として役に立つだろう。

本書の表紙のカバー裏には、雑食動物（omnivore）という英単語の持つ「幅広い分野に好奇心を持ち、あるものは何でも読み、勉強し、概して吸収する者」という意味が付記されている。何も知らないまま食べること、あるいは何を食べたいかについて考えることなく食べること（有り体にいえば、安売りやレビューの星の数で食べ物を選ぶこと）、それは雑食動物としての私たちの本懐を遂げることにはならないだろう。

（太田和彦）

◉ Paul B. Thompson

"From Field to Fork: Food Ethics for Everyone"

[Oxford University Press, 2015]

▼キーワード

食の倫理、社会的正義、〈農〉の哲学

「何を食べるべきか」を考えるいくつかの方法

ポール・トンプソンはミシガン州立大学で教鞭を執り、農業生産、農業バイオテクノロジーに関する議題について、数多くの著作を発表している哲学者である。最近発表された著作『農場から食卓へ——みんなの食の倫理』(*From Field to Fork: Food Ethics for Everyone*) では、彼の三〇年間にわたる、食農の分野における研究をまとめている。

西洋では、一九世紀半ば頃、食品工業が急速な発展を遂げ、二〇世紀に入ると市場原理主義に依拠する新しいフードシステムが成立した。これはモダニズムと自由主義の精神が食物における生産、分配、消費に浸透したことを意味している。生産、加工、流通、販売というフードチェーンの連携や一体化によって、安定的な生産が可能になり、世界的な拡大に至ったが、その一方、食料の供給能力の上昇と同時に、人間は環境、文化、民族、生産関係および栄養面や健康面などに生じた新たな課題に直面している。「食物」をめぐるさまざまな課題は二一世紀において大いに注目を集めている。これらの研究は、モダニズムと新自由主義路線に対する批判としてまとめることができる。

一般的に、食と農の倫理を考えるときには、規範倫理学の視点から論じることが多いだろう。つまり、功利主義、義務論と徳倫理学の主に三つの観点から、ある行為をするべきか、あるいはするべきでないかについて検討するのである。それに対して本書は、特定の立場から近年の食と農に関する各種の論題を論じることをできるかぎり避け、食の倫理に関する問いに哲学から答えようとする際の思考の多義性を示す。

食選択を通じてよりよい社会をつくる

序論では、西洋倫理学における功利主義、契約主義、徳倫理とユルゲン・ハーバーマスの討議倫理など本書の重要な理論構成について述べられている。そして、ジョン・デューイの教育理論に基づいて、近代の複雑なフードシステムのなかで食の選択を考えるという本書の立場を読者に示している。

第一章「人はその食べるところのもの〝ではない〟」(You Are NOT What You Eat) では、哲学理論の発展史を振り返りながら、なぜ食という議題が哲学から消えたのかというテーマが考察されている。古代哲学には、いつ食べるのがよいか、どれくらい食べるのがよいかなど食べ方や食生活へのアドバイスが見受けられるが、プラトンやアリストテレス以降の哲学では、人間の理知的な部分への関心が強まった。生理的機能や感覚はもはや高尚な哲学的思考に向いていないとみなされたため、食べることは栄養学の対象として位置づけられるようになった。また、食選択を個人的なものとみなし、他人の利益を侵さないかぎり、道徳的評価を下すべきではないという論議は高まりをみせているが、これはまさにジョン・スチュアート・ミルが『自由論』で展開した主張と合致している。一方で、カール・マルクスの政治経済学も食の倫理の研究に影響を与えた。マルクスは食の生産、流通と国の管理や体制との間の関連に注目し、階級を越える公平な分配を主張している。それに関する研究は主に、食の社会的正義、食の環境倫理、食のリスク管理という三つの課題に集中していると考えられる。食の社会正義とは、貧困、飢餓と分配の問題に注目するだけでなく、生産から消費に至る過程における労働者権益や生物多様性の「搾取」の改善に、正義と責任の観点から尽力することである。食の環境倫理とは、消費者の食選択による他の生物への影響を配慮することである。人類は地球上のあらゆる生物の利益を守る責任があるという概念である。このあらゆる生物の利益は、人類の自己利益を満足させるために犠牲とされるべきではないことが強調されている。食のリスク管理とは、先端技術や工業化された食品が人体の健康に与える悪影響のみならず、農業や飲食の伝統や実践、社会団結の形式への影響にも配慮することである。このように序論と第一章においては、マルクスやミルの理論が食の倫理に関する重要な概念として、詳しく紹介されている。

第二章「食の倫理と社会的不正義」では、倫理学の観点から、近代のフードシステムに存在している搾取的な労働関係の思索について述べられている。まず自由主義論と社会正義論の対立が説明される。自由主義論者や新自由主義論者は、仕事（たとえ低賃金でも）を強く望んでいる農民や移民がたとえ不幸に遭っても、雇用主による不適切な扱われ方や待遇を責めてはいけないと主張する。一方で、社会正義論者は、近代のフードシステムがもたらした不平等と不公正により民族、性別、社会的格差が深まり、社会の進歩を阻害していると主張する。ところで、このような不正義は長らく存在してきたにもかかわらず、なぜ近頃になってメディアや社会運動からの注目を集め始めたのであろうか。トンプソンは、啓蒙時代以来、人間が社会制度の改革を行う原動力は「よりよい社会制度をつくる」という目標であると述べ、今日におけるよりよい社会制度を求める実践が、食料保障と食料主権など、食の正義に関する社会運動なのだと提言する。

肥満と飢餓をめぐって

第三章「食と肥満に関する倫理」では、肥満とは個人の選択の問題なのか、あるいは倫理的な議題なのかについて検討されている。本章では哲学の発展史をたどり、中世哲学における食と健康への関心が二〇世紀の哲学と倫理学から消えた原因について検討するほか、二〇世紀半ば頃から現代の生活様式と公共医療や衛生政策が、どのように肥満問題を個人の責任から公共的な議題として取り上げられるに至ったのかについて考察している。トンプソンは、私たちが飲食と肥満に関する問題を検討し始めれば、これが個人や社会全体（もしくは政府機関や食品業者など特定の団体）の道徳的問題であることに気づくだろうと述べている。肥満や食料保障、食物が環境や生物多様性に与える影響は無関係な問題ではないからだ。

第四章「食の倫理に関する基本的な問題」では、農民の貧困や飢餓、飢饉の解決方法ひいてはそれに関わる道徳の問題について論じられている。世論やいままでの研究は前者を大いに取り上げているが、多くの論点は二種類の解決策のどちらかの提示としてまとめられる。ひとつは、「魚を与える」ことである。すなわち、ピーター・シンガーが主張する、利他主義に基づいた寄付や慈善事業による問題の改善である。もうひとつは、「魚の釣り方を教える」ことである。つまり、小農の技術、生産効率、転職協力などの問題を改善することである。ところが、トンプソンは経済学者アマルティア・センの研究を取り上げ、上記のどちらの方法も解決の道ではないと説明する。なぜかというと、「飢餓は、ほとんど生産ではなく分配から生じた問題」だからだ。また、貧困、飢餓、飢饉は道徳に関する問題であることをトンプソンは明言している。分配の不均衡は制度設計そのものから生じている。この観点から出発すれば、食に関する制度から工業化における食品サプライチェーンの進化まで、より根本的な解決策の検討を行うことができるというのが本章を通した主張である。

誰に対する「食の倫理」が問題なのか？

第五章「家畜の福祉と畜産の倫理」では、肉を食べることは倫理的な行為であるといえるのかという、古くからの哲学的な問いが検討されている。トンプソンは、まず哲学の発展を振り返って、肉食における倫理に対しては少なくとも次の三つの問題を討論すべきであると指摘する。①道徳的観点から、肉製品を食べることや、動物の飼育／屠畜行為は倫理的であるといえるのであろうか、②道徳的観点から、現在の飼育方法は受け入れられることであろうか、③動物福祉の改善には、現在の畜産業における生産方法をどのように修正すればよいのであろうか。ひとつ目の問題は古くから議論があり、あとのふたつは畜産の工業化以降に表れてきた問題である。近代社会の資源分配の問題により、低賃金の労働者は、野菜が少なく高カロリーの食選択を行わざるをえなくなっている。そのため、トンプソンは、食物が公平に分配されるまで、たとえ宗教に基づこうが、動物保護や健康要因などに基づこうが、菜食主義を提唱する立場の人々は、食選択の選択肢が乏しい弱者に対して寛容な姿勢をみせるべきだと考えている。

第六章「地元の魅力――フードシステムと環境に対する影響」では、第五章で述べた工業化されたフードシステムの文脈に続き、環境哲学の視点から、生態系、経済および社会的に持続可能な農業に関して論じられている。トンプソンは、食を扱う環境哲学には数多くの立場があると考える。例えば、フードシステムが文明や生活様式の諸機能の統合であるとする立場の人々は、いまの人間が近代のフードシステムの影響をどのように受け、その食選択により周りの人や動物、環境にどのような影響を与えているのか、また、このような社会環境は、はたして私たちの望んでいる環境であろうかという問い、関心を持っている。一方、環境保護主義や功利主義に基づく立場の人々は、食の倫理に対して次の世代の需要を見込み、持続可能な資源の利用方法を考えることについて、関心を持っている。どのような立場においても、「そのフードシステムは誰にとって満足のいくものなのか？」という問いが重要であることをトンプソンは指摘している。

産業界の哲学と〈農〉の哲学の対話に向けて

第七章と第八章の焦点はともに現在の食農の生産技術であり、特に遺伝子組み換えに関する倫理的な問題である。第七章「緑の革命における食品科学とその不満」では、リスク管理の問題、社会正義、自然原則に反すること、個人の食選択の自主権と道徳の問題が取り上げられ、遺伝子の組換え技術に反対する理由が説明されている。第八章「素直な気持ちで話そう——食物に関する倫理、リスクと未来」では、科学的な理性、専門知識とリスク管理の観点から第七章での遺伝子組み換え技術の議論が続けられる。ここでは、産業界の哲学と自由主義の哲学のもとに、農業技術と生物学が単に生産効率のための手段となり、食物が商品の一種にすぎないものとされていることが指摘される。トンプソンはこの産業主義を相対化するために「〈農〉の哲学」（agrarian philosophy）を提唱する。つまり、農業はさまざまな技術の組み合わせだけではなく、新たな自己実現と社会関係の基礎であり、さらに生態系と文明との媒介でもある。トンプソンは、開発についての哲学次第で、人間社会が異なる方向へと導かれることになると主張する。トンプソンは食物のあるべき姿を考えたうえで、功利主義の立場ではなく、むしろ資源の共有を主張することについて強調する。そして、産業界の哲学と〈農〉の哲学の創造的な対話を通して人間が社会正義、持続可能な発展、食料主権（food sovereignty）に相応しいフードシステムを発展させることに期待を寄せる。

東アジアにおける食の倫理とは？――東洋哲学からの対話の試み

全体的にみれば、本書の特徴は倫理学の視点から西洋社会における食物をめぐる議論とその背後にある哲学をまとめている。また、論理的に近代の食農現象の多様な解釈に対して統一的な視座を与えていることも本書の長所である。しかし、このアプローチでは、新自由主義とマルクス政治経済学という二項対立的な思考に巻き込まれるのが避けられないという短所もある。その結果、本書は異なる立場間の異質な要因、特に文化的要因の重要度に比して十分な紙幅が割かれていないと思われる。

ここで、まず指摘したいのは倫理観における文化的要因の重要性である。文化多元主義と脱植民地主義が大いに提唱されている現代社会において、いかに異なる文化の食の倫理同士の摩擦を取り扱うべきかについて、本書ではあまり取り上げられていない。しかし、食の西洋化により大きな影響を受けている現代の東アジア社会で食の倫理を扱う際には、倫理観における文化的要因を見落とすべきではない。食農システムの工業化は単独に存在するものではなく、植民地主義と資本主義の発展にともない、世界各地の文化に入り込み、アジアの食農に関する問題をさらに複雑化させている。例えば、台湾で長らく続いている先住民の狩猟権をめぐる争いは、本書が提言した宗教、動物保護と肉製品の生産（商品化）の倫理から探れば、狩猟採集民族の飲食観とその倫理観の関係を見落としてしまうだろう。そして、その特定文化集団の食文化と慣習がその民族の人々の食料主権と環境保全の維持に貢献することや、狩猟権の背後にある脱植民地化の意義なども見落とすこととなる。このような問題は、世界各地で主流となっている「栄養バランス」という概念が、非西洋国家の農業と食料生産にもたらした影響としても現れている。それは緑の革命により、アジア、アフリカ、ラテンアメリカ地域の農民が地元の本来の農作物（例えばヒヨコマメ）ではなく、生計のためにやむをえず栄養の乏しい穀物を主食として選ぶことになったとき、彼らの文化における本来の栄養学（例えば季節にあわせた食事、陰陽に調和した料理という理念など）を放棄させ、土地や土着文化から逸脱した食生活を受け入れさせるきっかけとなった。当該地域の文化から逸脱するような倫理観は、はたして倫理というべきなのだろうかと私たちは問わねばならない。

次に、人間の食選択と他の生物種の生存権に関する環境倫理である。近代の生態学の主張に基づいた環境倫理学では、人間を自然界の干渉者とみなし、人間中心主義を非難する。ところが、近年、台湾における環境倫理学の研究では、儒教、道教および仏教の観点から西洋の環境倫理学に長らく存在する人間中心主義と自然中心主義との対立について、過度に生態系中心主義を強調することは新たな問題を引き起こすのではないかという提言もある。先に述べた先住民による狩猟を例にしよう。反対派の主張として、狩猟は人間による自然への干渉であるという論拠が考えられる。しかし、多くの東洋的自然観や先住民の自然観において、人間は自然の一部とみなされている。そのなかでも、最も代表的な主張は近年日本、韓国および台湾の自然農法の従事者と食養運動者に評価される「身土不二」という哲学である。「身土不二」という言葉の起源は、かつての南宋の僧侶智円の《維摩經略疏垂裕記》であり、一九一二年に日本の食養会の理事西端学により提唱され、地元の食品を広め、輸入食品を拒否するためのスローガンとして使われていた。日本の自然農法は、不施肥（肥料を与えない）、無農薬（農薬を使用しない）、不除草（除草しない）、不耕起（耕さない）という特徴を強調する。それは自然を模倣する方法による食物生産であり、人と土地（環境）は密接に関係しており、分割することができないという自然観の実践である。

トンプソンは本書の最終章で、哲学者が食研究に参与することで、より持続可能かつ公正なフードシステムを考えることに貢献できると提唱しようとしたが、彼はその理想像そのものについて明快に描くことができなかった。私たちは、東洋の哲学や自然観に根ざした風土を核とする環境倫理の観点を本書に加えることで、より複雑な弁証関係に入り込み、「適切な食べ物」とは何かについて多様な選択肢や答えを提供できるかもしれない。

多くの食の専門家が読者に我先にと「正しい食の選び方」を伝えようとしている今日、トンプソンは本書を通して読者に「その前にまずは「正しい選び方」を決めるための考え方を検討しましょう」と提言している。これはなかなかよいアドバイスではなかろうか。本書で論じられた環境倫理や社会正義、そして昨今の生活リスクなどの視点、および産業界の哲学と〈農〉の哲学の弁証法は、とても参考になるが、本書を読む際、読者は文化的要因の検討にも取り組んだほうがよいと思われる。

（張瑋琦）

◉磯野真穂

『なぜふつうに食べられないのか――拒食と過食の文化人類学』

［春秋社、二〇一五年］

▼キーワード

摂食障害、やせ願望、身体

「ふつうに食べる」とは、どのような行為だろうか。本書はこの問いに、「ふつうに食べる」ことができなくなった人々、すなわち摂食障害（拒食症・過食症）当事者の体験を通じて答えようと試みる。

本書は、摂食障害の当事者六名による病の描写と、筆者による分析というふたつの部分から成り立っている。本書に登場する女性たちは、皆一様に痩せることを望み、懸命な努力の末に痩せた身体を手に入れる。そしてその代償に、彼女たちは「ふつうに食べること」ができなくなった。彼女たちはなぜ痩せようと思い、痩せることの代償はいかなる体験だったのか。本書がまず記述するのは、このような問いに対する患者個々人のライフヒストリーだ。

医療モデルの陥穽――重要なのは個人か

次に筆者は、摂食障害の治療法の根底をなす、還元主義を批判する。本書でいう還元主義とは、摂食障害という病を、個人の特性に還元する視点を指す。この還元主義から、摂食障害という症状を表出させている個人の心理的要素に注目する本質論と、症状の原因を遺伝子やホルモンといった生理学的要素に求める生体物質論とが派生する。

本質論からは、患者が抱えている対人関係上の問題への対処方法を学べば、症状が寛解すると考えられる。摂食障害の患者は、対人関係のトラブルを抱えているにもかかわらず、それを適切に表現することができないため、拒食・過食・嘔吐といった行動で「コミュニケーションの代わり」を試みる。

生体物質論からは、薬物療法や栄養指導、そして行動療法によって患者を治療しようという方針が立てられる。摂食障害の症状は、身体的な飢餓状態から発生していると想定し、まず強制的に制限の多い環境に患者をおいて体重を増加させ、徐々に制限を緩和していく。

この二者を折衷させたものが認知行動療法である。患者の抱いている自己評価や自己の体型・体重イメージを変容させ、食事を記録することで拒食・過食・嘔吐といった行動が生じる状況に対して、患者の理解を深める。さらに治療が進むと、患者はその行動を生ぜしめている患者の感情や自己認知を理解し、その誤りを正すよう指導される。

これまで多様な医者によって実践され、効果を上げてきた上述の還元主義に基づく治療法に対して、筆者はふたつの問題を指摘する。

ひとつは、還元主義的視点に立つかぎり、患者はいつまでも摂食障害の原因を抱え続けているとみなすことが可能になる点だ。家族から仕事上の知り合いまで、対人関係のトラブルやストレスを抱えていない人はごく少ない。仮に問題がないと感じていたとしても「ストレスを抱えていることに気がついていない」ということは可能だ。摂食障害という症状がある以上、何かの原因があるに違いないという発想に立てば、その「原因」はいつまででも、何に対してでも、探し続けることができる。

もうひとつは、還元主義は患者個々人に注目し治療を試みる反面、摂食障害という行為そのものの分析を行わない点だ。還元主義は症状の誘因を患者の身体あるいは精神に求め、その問題を発見し修正することを志向する。その手法のなかで、「食べる」という体験そのものは完全に見過ごされてしまう。筆者は次のようにいう。「食べるとは多様な体験を伴う行為の総称である。……還元主義を用いると、食べることに関する体験の内実には一切ふれることなく食を語ることが可能になる。つまり拒食や過食は食べることに関する混乱でありながら、食べるという体験に一切ふれずとも、それがいかなるものか語ることが可能になるのである」（一二九―一三〇頁）。

摂食障害における「食べる」ことの苦しみと楽しみ

このような還元主義への批判に続いて、筆者は患者の語りを引きながら、摂食障害における「食べる」行為がいかなるものかを描き出す。つねに食品のカロリーを考え続けること、毎日体重を測り続けること、食べたものを記録し続けること、こういった体験によって、「何も気にせず、食べたいものを食べたい時に、食べたいだけ食べる」という「ふつうに食べる」ことができなくなっていく。食べる行為をコントロールしようと試みたはずが、いつ何を、どのようにどれだけ食べるか、そしてその結果自分の体がどうなるかということが、つねに頭から離れない。精神が肉体をつねに監視し、食べ物はただ身体に吸収される栄養分(あるいは糖分や油分といった「悪いもの」)へと変化する。そして彼女たちは、口に入れた瞬間に感じたはずの、「おいしい」という感覚を、食べ終わるときまで持つことができなくなる。なぜか。食べ終わったら、食品は、身体に吸収されるだけのモノになるからだ。吸収される前に、排出しなければならない。下剤であれ嘔吐であれ、いかなる手段を用いてでも、食べ物を体に吸収させてはならない。

しかしその一方で、摂食障害にはある種の「楽しみ」がある。夢中で何かを、できるかぎり早く、口に入れ咀嚼し飲み込むこと。食べ終わったら速やかに排出させること。こういった一連の行為は、明確なルールとゴール、適度な難しさを備えている。このような自己目的的体験は「フロー」と呼ばれ、日常生活のなかで向きあわなければならない不安や自己監視から解放される、楽しい行為だ。

そして、「キャベツで過食はできない」(二三九頁)ように、過食は菓子パンやアイスクリーム、揚げ物、炭水化物といった「悪い」ものを大量に食べる行為だ。本書に登場する摂食障害の当事者は、みな自分たちにとって「よい食べ物」と「悪い食べ物」とを明確に分別している。「よい食べ物」とは栄養価の高いもの、野菜、手づくりのもの、玄米や全粒粉といった「ヘルシーなもの」、つくり手の顔がみえるものである。「悪い食べ物」とは「コンビニで売っている食べ物」や菓子類、「カロリーだけのもの」や「化学調味料や添加物を使いまくった食べ物(いわゆるジャンクフード)」(二四八—二四九頁)である。そして、彼女たちが過食するのは、必ず「悪い」食べ物である。特段それが好きというわけでもないのに。

筆者はこの原因を、過食がある種の「祝祭」であることに求める。日常的に「よい」ものではないもの、食べることを自らに禁じているはずのものを大量に食べることは、日常的な秩序を反転させる、ある種のカーニバル的空間を生む行為だ。ただし、通常の祝祭と異なり、過食は続ければ続けるほど孤独になる。私たちは誰かと一緒に過食することはできない。「日常の食を反転させる形で行われる過食は、フローを引き起こし、それは彼女たちが不安と心配事が渦巻く日常を乗り切るためのすべとして定着した。しかし、そのフローは誰とも共有することができない。過食は続ければ続けるほど孤立を生む、悲しい祝祭なのである」（二五六頁）。

なぜ「ふつうに食べる」ことができるのか

このような拒食・過食の描写から、筆者は「食べる」行為を再定義していく。筆者によれば、食べるという行為は、栄養やエネルギーを身体に取り入れることではない。食べるという行為は、何が食べられるもので何が食べられないか、何をどうやって食べるのが「正しい」食べ方なのか、食べ物を手あるいは何らかの道具によって口に運び、適当な量を咀嚼して飲み込むというのはどうすればいいのかといった、数えきれない知識を必要とする。それだけでなく、ピクニックなら地面に座るがレストランでは床に座らないように「このような状況ならこのように食べるのがふさわしい」という、状況に応じた知識と判断も必要となる。

こういった複雑な知識を、私たちは何らの苦労もなく駆使し、「食を支える知識を意識の中心に昇らせることなく、背景として意識の彼岸で働かせ続ける」ことができる。それは、食を支える知識が、反復を通して私たちの身体に染み込んでいるからだ。そして、著者によれば、この食を支える知識こそが、「ふつうの食による紐帯」（二六八頁）である。「ふつうに食べる」ことを可能にしている知識や背景は、生まれながらにインプットされたものではなく、ある特定の文化のなかで教えられ、模倣してはじめて身に付くものだからだ。何も意識せず、食べたいものを「ふつうに食べる」ことによって、私たちは食の知識やルールをつくってきた無数の人々から得た知識を駆使している。そして、そのように食べることでまだ食のルールを知らない人々に、「ふつうに食べる」ことを教えている。これが紐帯でなくて何であろうか。食を通じたつながりとは、「食べて応援」することだけではない。何であれ、食べ物を手に入れ、料理し、食べるというただそれだけのことすら、私たちは無数のルールとそれをつくりあげた人々とに頼らなければ成しえない。

そして、食べる行為を食べるものと食べる身体・精神とに分離させ、食べる自分をモニタリングしているとき、私たちもまた、本書に登場する女性たちと同じように、「ふつうに食べる」ことを忘れている。「ふつうに食べる」ことができなくなったとき、食べ物は栄養とカロリーの塊になる。食べる行為は咀嚼し飲み込み吸収する行為になる。忘れていたはずの、無数のルールのなかの一部が極度に強調されて目の前によみがえる。これはよい食べ物。これは悪い食べ物。これは何キロカロリー。これはトランス脂肪酸、あれは白砂糖。そして彼女たちは、フローと祝祭のなかでまったくの孤独に陥る。

「ふつうに食べる」とは、どのような行為だろうか

本書はそれにこう答える。何も気にせずに食べること。すなわち、栄養素ともカロリーとも健康とも関係のない、自分が知らず知らずのうちに身体に蓄積してきた食べ方に従うこと——その、知らず知らずのうちに蓄積された、身体化された食べ方こそが、食べるという行為を人々との紐帯のなかに差し戻す。

たとえジャンクフードであっても、たとえたったひとりで食べようとも、食べ物を選び、つくり、食べ終わったそのときに「ああ、おいしかった」とつぶやくとき、私たちは気づかぬうちに、食べることに関する数えきれない知識と規範のなかで、過去と未来をつなぐ無数の人々とともにいる。

（朴沙羅）

◉Beth A. Conklin
"Consuming Grief: Compassionate Cannibalism in an Amazonian Society"
[The University of Texas Press, 2001]

▼キーワード
カニバリズム、肉食、儀礼食、狩猟

哀れみにみちたカニバリズム

本書は、ブラジルのアマゾニア地方の先住民社会を舞台にした民族誌である。民族誌には人間の多様な生き方のひとつのありようが記される。その作者には、実際にその人々が生活する場所に赴き、話を聞き、時間をともにしながら、考え方や感じ方を理解することが求められる。著者のコンクリンがワリ人の生き方を理解するために注目したのは、カニバリズム（人肉食）であった。

新大陸の先住民によるカニバリズムは、論争含みの主題である。何よりも、カニバリズムは、私たちには受け入れがたい慣習であり、私たちと大きく異なる仕方で生きる他者がそれを行っていると記すことは、その人々を野蛮な存在として描き出すことにつながりかねない。あるいは、カニバリズムを行う人々として異なる人々をイメージすることには、少なからず無理解や偏見が関係している場合もある。実際に、コロンブスによるものをはじめ、新大陸の発見後一六世紀のヨーロッパ人による、新大陸先住民によるカニバリズムの風習の記述にはどれほど妥当性があり、事実を記しているのかということがこれまでにも問われてきた。コンクリンはカニバリズムに注目するにあたって、そのような議論や一六世紀の歴史記述等も検討している。そのうえで、カニバリズムがワリ人の生き方を理解するための主題に選ばれた。

とりわけ注目されたのは、カニバリズムが弔いに際して行われていたためである。ワリの人々は、死因を問わず死者の肉の一部を焼き、それを消費していた。弔いに際して故人の肉を食べていた理由について、ワリの人々は「死んでしまった人のことを気の毒に思う。だから彼を食べたのだ」（p. xix）、と語った。死者を哀れむ感情と食べるという行為が、そのカニバリズムの経験において密接に絡みあっている。死者を葬る際には身体＝遺体も扱うため、身体をめぐる人々の理解も関係している。弔いのカニバリズムは、ワリ人の生き方を理解するのに、決定的な手がかりだったのである。

失われた慣習

さて、異質な慣習を持つ人々の生活が記された著作を読む際に、注意すべきことはいくつかある。そのひとつが、描かれているのはいつの時代の異なった人々であるのかに注意しなければならない、ということである。特異な慣習を取り上げると、あたかもその慣習が歴史のなかで変わらずに維持され、その人々をなおも特徴づけていると考えてしまいがちだからである。

本書を読むにあたって、この点は重要である。本書が出版されたのは二〇〇一年だが、著者が集中的に調査を行ったのは一九八五年から一九八七年にかけてのことだった。さらに重要なのは、著者が調査に赴いたときにはすでにカニバリズムの慣習はみられなくなっていたという点である。一九五〇年代半ばから六〇年代の間に、ワリはブラジル政府が主導する政策によって、外部社会と接触を持つようになっていた。著者によれば、その接触はマラリアやインフルエンザなど、ワリがそれまでに体験したことのない病気をもたらし、人口は約六〇パーセント減少した。未知の病気に対応できる医療にアクセスするために、ワリは外部社会により依存するようになるのだが、その外部社会は、ワリがカニバリズムをやめることを望んでいた。この接触の結果、カニバリズムの慣習は失われることになった。コンクリンも、カニバリズムが実践されるところにいあわせたことはなかった。

ではどのように弔いのカニバリズムを知りえたのか。それは過去の語りを通してである。調査のときでもその慣習についてワリの人々は多くを証言しており、接触以前の死について三三〇以上の事例が収集された。その調査に基づく本書では、弔いのカニバリズムがいかに実践されていたのか、その慣習をかたちづくっていた考え方はいかなるものなのか、そして現在の慣習とその考え方はどの程度連続しているのかが記されている。

悲しみを消費する

弔いのカニバリズムを経験的に知る世代の人々は「埋葬をするようになって死者のことを考えるようになり、悲痛な想いに駆られることが多くなった」、と新しい慣習を評する。カニバリズムを行っていた頃は、「ほかの人々が死者を食べてしまえば、もう死んだ人のことを懐かしむように考えることはない。だからわれわれは、それほど悲しみに暮れていなかったのだ」(p. xix)。弔いのカニバリズムが、悲しみや哀れみという感情と密接に関連しているのも、葬送の一部をなすからである。そして死者を葬る行為そのものは、接触によって失われてはいない。接触以降埋葬が実践されてきたが、遺体を食べるのか埋めるのかという点を除けば、葬送の行われ方には接触前からの連続性がある。

ある人物の死後、近親者は哀歌を口にする。遺体が処理されるまでやむことがないその哀歌は、故人をたたえながら生前の記憶を語る。そのなかには、「一緒に魚を獲りに行った」「蜂蜜を分けてくれた」といったような食べ物にまつわる記憶もある。悲しみは、別のかたちでも表現される。訃報を聞き、集まる人々は故人との血縁関係を強調し呼びかける。例えば、故人の義理の父は「私の孫の父」といったかたちで、血縁のつながりを前面に出しながら、呼びかける。ワリ人の社会生活では、血縁があることは親密性のしるしでもあり、血縁のつながりは一緒に食べることによっても強まると考えられている。つながりの血縁的側面を強調することによって、失われたのは親密な人であることが表明される。

葬送の一部をなすほかの慣習として、遺品を破壊したり焼き払ったりする。遺体の処理を終えたあとにそれらがなされるのも、遺品が死者を想起させ、生者を深い悲しみのなかにおき続けるからであり、その物品が死者の霊魂をひきつけてしまうからである。ワリ人の考えでは、死者を想う悲しみが長く続くことはよいことではない。それは人から活力を奪う。「悲しみゆえに死にゆく」ことさえある。

葬送は悲しみを表明することに始まり、それから脱する状態をつくりだすように展開する。そのプロセスで重要なのが、遺体の処理である。親密性と血縁的つながりが結びつく社会生活では、同じものを食べたり触れあったりすることからも身体的実質は共有され、血縁的つながりが蓄積される。残された血縁者にとって遺体は、その故人との親密な関わりが堆積された物質であり、遺品よりも直接的に悲しみを呼び起こしてしまう。そこで、遺体は適切に処理されなければならない。

接触後、埋葬とカニバリズムというかたちで遺体処理には手法の違いがみられるようになった。だが、誰が遺体を処理する作業を担うのかを決める線引きには連続性がある。埋葬のために遺体を運ぶのは、通常、故人と血縁関係にある者ではなく姻戚関係にある者、義理の兄弟・息子である。そして遺体を食べていたのも、血縁者ではなくもっぱら姻戚関係にある者だった。

血縁／姻戚という線引きは、弔いのカニバリズムの場合は、実際に遺体を食べる場面での儀礼的なやり取りにも表明されている。姻戚者たちは、遺体を焼くための薪や台の準備や一緒に食べるトウモロコシの調理が終わると、血縁者にそれを知らせる。知らせを受けた血縁者はその出来を称えたあと、姻戚者に遺体を切り、焼くように依頼する。遺体が切断され、焼かれている間は、血縁者たちの悲痛な想いが最も強く表現される。なかには故人と同じ立場に立とうと、火のなかに飛び込もうとする血縁者もいる。姻戚者にはそれを防ぐことも求められる。

肉が焼かれるとそれらは一度、血縁者の前に置かれる。血縁者は、姻戚者に血縁者を呼ぶ語彙で呼びかけそれを食べるように依頼するが、姻戚者はそれを断る。そのやり取りを何度も繰り返したのちに、ようやく、姻戚者は故人の肉を口にする。姻戚者が口にする肉は、血縁者が泣きながら故人の骨から取り外したものである。血縁／姻戚にそれぞれ異なる役割を充てる儀礼的なやり取りに明らかなのは、弔いのカニバリズムにおいては誰も人を食べることを自発的には望んでいないということである。ワリの人々によれば「遺体を焼いて食べるのは残された血縁者がそれを望むからである」。コンクリンはここから、このカニバリズムは、食べる者ではなく食べる様子をみる者のために行われているものだと理解した。

ではなぜみる者のために食べることが要請されるのだろうか。この問いへの解答をここで十分に説明するのは難しいが、コンクリンはワリ人の生における身体、感情、記憶の複雑な関連に目を向け、その問いに答えている。身体＝遺体が故人を思い起こさせるように、故人に対する想いは記憶されているそのイメージからも呼び起こされる。遺体を食べる行程では、その生前のイメージとは異なる完全に異なる身体イメージが生み出される。弔いのカニバリズムとは、悲しみを呼び起こす生前の身体イメージを壊し、消費する行為でもある。接触直後、埋葬という方法を始めた頃、ワリの人々は意図的に遺体を埋葬するまでの期間を長引かせていたという。遺体が腐敗する過程においても、生前の姿とは切り離された身体イメージが生まれ、遺族はそれをみていたのである。

食べる、食べられる

このように弔いのカニバリズムにおいて悲しみと記憶、記憶と身体イメージのことが指摘される一方で、ワリ人の生にとって「食べる」という経験の意義はいかなるものなのかを問うように別の事実にも目を向けている。

ひとつは接触前に行われていた服喪を終えるための宴である。故人の血縁者を中心とするグループが狩猟に赴き、そこで得られた肉を食べる宴を開くことで、喪の期間を終えていた。「肉によって悲しみは消える」と、ワリの人々はその宴の意義を端的に語る。この狩猟ではさまざまな動物が獲られたのだが、そのなかでもクチジロペッカリーは重要であった。この群生の獲物は大量の肉を提供できるだけでなく、先祖の霊魂が宿っていると考えられている。

狩猟隊が村に戻る際には儀礼的な所作がみられ、そこでは、獲物の肉は故人と同一視される。狩猟者たちは葬送の際に用いていたのと同じ血縁の用語で獲物の肉に語りかけ、故人の記憶をたたえる。葬送に似たことを、再度行い、通常の生活に戻る。じつはこの宴があるまで、なかでも血縁者は魚を食べるのを控えている。

獲物の肉を食べるようになることと魚を食べるのを控えること。これらの慣習は、死後に死者がつくろうとする生者との関係性に基づいている。死者の霊魂は、生前の身体を離れると水底を通り抜けた地下世界に暮らすことになる。この地下世界には、先祖の霊魂のほかに、地下世界の主とその仲間も住んでいる。前者はクチジロペッカリーとして、後者はクチジロペッカリーや魚の姿をとって地上に現れるのだが、病も含めたさまざまな凶事を引き起こす。さらに死んだばかりの先祖の霊魂は、彼が生前愛していた者を地下世界に連れてくるように、魚となる霊魂に依頼することもある。死者もまた血縁者のことを想っている。だからこそ故人の血縁者は、親しい者の死後しばらく魚を食べるのを控える。下手に食べれば、自らが地下世界に連れていかれることになるからだ。狩猟に赴くのは、死者が肉になるような存在として生者に近づいてくるようになっている、と考えられているからである。これは生者との適度な距離をとるようになったことのしるしである。これを食べることは先祖の霊魂を傷つけることにはならず、殺したあとにその霊魂は、地下の世界に戻っていくことができる。故人との死後の関係は、食べるものを通して想像される。食べることは、血縁のつながりだけでなく、多様な関わりあいを想像する重要なツールなのである。

「食べる」関係を、現実を把握する枠組みとして用いる別の文脈もある。ワリのもとでは、いくつかの病気は動物に宿る霊的な力が人間の身体に侵入し、臓器を食べていることで引き起こされると考えられている。そのような力が身体に入り込むのは、人間が動物を食べる際に適切にその力を処理しえなかったからである。人間はカニバリズムによって別の人間に食べられるだけではない。他の生命との関係のなかで「食べられる」位置を占めることもあるのだ。

カニバリズムの教え

本書で著者が示しているのは、ワリがかつて行っていた弔いのカニバリズムを理解するには、それを説明する原理をワリの社会生活の外に求めるのでは不十分であるということであろう。弔いをその一部に含んでいる社会生活にみられる多様な文脈に目を向けることによってはじめて、異なる慣習を生きる人々にとって、その行為が持つ意義を想像することが可能になる。ワリによる弔いのカニバリズムを他者による異質な慣習としてではなく、人間の生にとっての食べることの多様な意義の一部として受け止めること、つまり、ワリにとっての食べることと私たちにとっての食べることを関係づけてみることによって、食を通して社会や人間について考える試みはさらに深められていくであろう。

（近藤宏）

◉レイ・オルデンバーグ
『サードプレイス――コミュニティの核になる「とびきり居心地よい場所」』
［忠平美幸訳、みすず書房、二〇一三年］

▼キーワード
サードプレイス、コミュニティ、居酒屋、文化、場所

飲食と場所の関係

ＮＨＫのＢＳプレミアムで放送されている「世界入りにくい居酒屋」という番組がある。「地元の人しか知らないディープな名店を紹介する」というコンセプトのもと、観光客はまず入らない各国の居酒屋を取り上げる番組である。「入りにくい」というと、こわい店主がいるとか、雰囲気が暗いとか、料理が奇抜すぎるといったことを思い浮かべるかもしれない。しかし、そうではない。番組ホームページに掲載されている店の写真では、どの写真も客が楽しそうに笑いながら、地元の家庭料理とおぼしき料理を食べている。番組ホームページには、次のような店の人たちの言葉も紹介されている。「ネクタイは金持ちのシンボルさ。外では何様か知らんけど、店に入ったらみんな平等だ」、「この店はオレの生きがいだよ。常連客と過ごす時間は喜びそのものだ」、「客と話すのが本当に楽しくて毎日が同じように見えても新鮮なんだよ」（世界入りにくい居酒屋／ＮＨＫオンライン「トップページ」〔二〇一八年八月一〇日取得、http://www.nhk.or.jp/nikui/〕）。以上からわかるのは、これらの店が「入りにくい」のは、あまりにも地元密着すぎて、その土地の作法や客同士のつながりなどに通じていないと入るのがためらわれるからにほかならない。つまり、「入りにくい」のは、あくまでその土地の外部から来る人間にとっての話であり、地元の人たちにとっては、非常に「入りやすい」居酒屋なのである。こうした店を地元愛の強い店と

表現するのは容易い。しかし、地元愛が強いとはどういうことなのだろうか。それが、いったいなぜ居酒屋の魅力になるのだろうか。

もうひとつ、マンガ『孤独のグルメ』の次のようなエピソードを紹介しておきたい。腹を空かせた主人公がランチを食べるために店に入った。新聞を読んでいる客や、作業着姿の客がいることから、どうやらその店は地元密着型の食堂らしい。注文してしばらくすると、おいしそうな大山ハンバーグランチが出てきた。味についての評価は書かれていないが、黙々とハンバーグを口に運んでいるところをみると、悪くはなさそうだ。店は店長らしき男性と、外国人の留学生らしきアルバイトのふたりで回されていた。留学生アルバイトが細かなミスをすると、客に聞こえるのもお構いなしに、店長らしき男性は国の違いなどをあげつらって叱りつけた。そうした光景が何度か続き、そのたびに主人公の顔は曇っていった。説教の途中ではあったが、客が帰るというので、そちらを優先して対応しようとしたアルバイトの手首に、店長が「人の話を聞け!」と手刀を叩きこむに至り、主人公の食事の手は完全に止まってしまった。ランチは半分以上残っていたが、主人公はカウンターに金を置いて席を立ち、店長に怒りをぶつけた。「今日はものすごくお腹が減っているはずなのに見て下さい!　これしか喉を通らなかった!!」と(久住昌之原作・谷口ジロー作画『孤独のグルメ【新装版】』(電子書籍版)扶桑社、二〇一四年、一一五―一二四頁)。

このエピソードを感覚的に理解できる人は少なくないと思う。ただ、ここで起こったことを言語化しようとすると、戸惑いを覚える人も多いのではないだろうか。ハンバーグランチ自体の味が変化したわけではない。店の雰囲気が食欲を削いだのである。

どんなに味がよかろうと、行きたくない店、通いたくない店がある。逆に、味はそこそこであっても、また来よう、行きつけにしようと思える店もある。地元愛の強い居酒屋は、人によっては高級ホテルのレストランよりもよほど魅力的な場所になりうる。こうした店の雰囲気と飲食の関係を言語化したのが、アメリカの都市社会学者レイ・オルデンバーグである。ここでは、オルデンバーグが提示した「サードプレイス」という概念を紹介しつつ、飲食と場所の関係を分析するための手法を提示したい。

サードプレイスとは何か

『サードプレイス』は一九八九年に初版が、一九九六年に第二版が出版された。第二版のはしがきをみると、初版からかなりの反響があったようである。現在でも、カフェや居酒屋を分析するにあたって、オルデンバーグは広く参照されている。とはいえ、原書のサブタイトルに、カフェ、コーヒーショップ、ブックストア、バー、ヘアーサロンと並べられているように、オルデンバーグの提示した「サードプレイス」概念に当てはまる場所は、飲食店に限定されているわけではない。

それでは、「サードプレイス」とは何か。「サードプレイス」とは、第一の場である家、第二の場である職場に続く、第三の場としてのインフォーマル——組織化されておらず、誰でも、いつでも参加・離脱が可能——で公共の集いの場のことであるとされる。

「サードプレイス」と聞くと、スターバックスを思い浮かべる方がおられるかもしれない。実際、スターバックスの会社案内には、「スターバックスはお客様の「サードプレイス」として親しまれ」と、「サードプレイス」の文言が組み込まれている（スターバックスコーヒージャパン「会社案内」〈二〇一七年三月一四日取得、http://www.starbucks.co.jp/company/〉）。しかし、スターバックスが唱えるサードプレイスと、オルデンバーグの「サードプレイス」は厳密に区別されるべきである。その一番の理由は、地元と密着していないという点にある。スターバックスに備わっている機能はそれとは逆の、あらゆる土地を見慣れた場所にする機能である。例えば、海外旅行に行った際、どんな料理がどこで食べられるか、どう注文すればよいかわからないといった経験をしたことがあるかもしれない。しかし、各国にあるスターバックスに入れば、大体の味や食事の作法の想像がつく。どこの国、地域でもスターバックスはスターバックスであるという「安心」感をもたらす。こうした機能はオルデンバーグの「サードプレイス」にはない。スターバックスのサードプレイスは、地元以外の人に大きく開かれているが、特定の土地の文脈に結びつくものではない。

コミュニティの核としての「サードプレイス」

オルデンバーグの「サードプレイス」の特徴は、地域のコミュニティの核としての役割を強調している点にある。そして、『サードプレイス』はそれを擁護するために書かれた本である。なぜ「サードプレイス」を擁護する必要があるのか。それは、郊外住宅地やテレビや自動車依存によってアメリカの地域社会が惨憺たる状況になっているから、その解決に欠かせない要素を提示するためだと説明する。

『サードプレイス』は全三部で構成されている。第一部は全四章で構成されており、「サードプレイス」概念を分析する理論パートとなっている。

オルデンバーグは、各国に散見される「サードプレイス」的な場所の共通要素を抜き出すことで、「サードプレイス」の特徴を明らかにしている。その特徴としては、「人を平等にする」こと、会話が主な活動であること、知り合いがいることを確信して、時間的（どんな時間帯でも訪れることが可能）にも立地的（車を飛ばさなければならないほど遠くないこと）にも、ひとりで行くことが容易であること、常連がいること、地味であること、遊び心があること、ぬくもりがあることなどが挙げられる。「ぬくもり」とは、「友情や支援や相互の気づかい」（九六頁）のことである。

「サードプレイス」は個人にいかなる効果をもたらすのか。大きく四つあり、「目新しさ（産業化され、都市化され、官僚化された社会に目立って不足しているもの）、人生観（または健全な心の持ちよう）、心の強壮剤（またはサードプレイスを訪れることによる日常的な元気回復）、そして友だち集団（または一人ずつではなく大勢と定期的に友だちづきあいすることの利点）」（九九頁）である。以上をふまえ、五章から十章までの第二部では、「サードプレイス」の具体例を提示することで、第一部を補強している。

十一章から十四章までの第三部では、「サードプレイス」の現在とこれからについて扱われている。ここで重要なのは、「サードプレイス」が育つための環境と、「サードプレイス」を破壊する環境についての箇所である。

オルデンバーグが最も危惧するのは、かつて「場所」であったところが、「非場所」に侵食され、かつそれに抵抗する人がほとんどいないことである。「非場所」とは、「個性など意味がなく、人はたんなる顧客や買い物客、クライアントや患者、席に座る身体、請求書の宛先、駐車する車にすぎない」（三二七頁）ような場所のことだ。例えば、オルデンバーグは、『コミュニティ構築者の手引き』という本の原理に従って建設されたショッピングモールが、コミュニティの創造ではなく破壊をもたらしたと激しく憤っている。こうした「非場所」が、かつてあった地元密着の店に取って代わり、人々の生活をわかりやすく、見慣れたものにしてしまう。そこは、地域外部の人にとっては「入りやすい」かもしれないが、地域のコミュニティを形成するような場所ではない。

「サードプレイス」が育つためには、「街路が家の延長になっている」（三三五頁）ような環境が必要だという。実際にその土地を歩き回ることで、地域への愛着や、場所の感覚がなじんでいくとともに、人と人とのつながりが生まれていく。だから、自動車で移動せずとも、徒歩で自由に動き回れる範囲に面白いものがあるような環境が必要なのである。以上をふまえて、現代アメリカ社会を批判しつつ、「今のままである必要はない」（四六五頁）というメッセージとともに、あらためて「サードプレイス」の重要性について説き、本書は閉じられる。

なお、十二章では、男女差別と「サードプレイス」の問題に焦点を当てている。「サードプレイス」は基本的にホモソーシャルな空間であるとし、男女別の「サードプレイス」は異性愛関係を支える重要な場所になっているという。この章については、マイク・モラスキーの本の項で取り上げているので、割愛する。

「とびきり居心地のよい場所」を言語化する

ここまで、オルデンバーグの提示した「サードプレイス」なる概念がいかなるものであるかを説明してきた。以上をふまえるなら、冒頭の「世界入りにくい居酒屋」は、「サードプレイス」の居酒屋の典型例であることがわかり、コミュニティの核として機能しているからこそ魅力的なのだと言語化することができる。他方で、『孤独のグルメ』のレストランで主人公が席を立った理由も言語化可能となる。その店は地元密着という点では「サードプレイス」的であるが、何も主張せず、黙って料理を食べるような消費者としての顧客を好み、自分の思い通りに動かないような人間を国の違いなどと結びつけて排除するような排他的空間であった。すなわち、その店はサードプレイスの対極にある「非場所」だったのであり、まったく居心地の悪い場所だったのである。

オルデンバーグの「サードプレイス」概念を使えば、「すごくいい店だった」、「料理がおいしかった」という以上の言葉で、自分のお気に入りの食事場所を表現することが可能となる。ほかにも、友達と行ったときの店の雰囲気と、ひとりで行ったときの店の雰囲気の違いを分析することもできる。そういった意味で、オルデンバーグの『サードプレイス』はいまなお読み継がれるべき本である。しかし、『サードプレイス』の内容に違和感を覚えた方もおられるのではないだろうか。

冒頭で提示した『孤独のグルメ』は、タイトル通り、主人公がひとりで「サードプレイス」的な店に入り、ひとりで食事を楽しむ物語である。マンガを読んでもらえればわかるが、主人公はそこまでうまそうな顔をして料理を口に運んでいるわけではない。どちらかといえば、仏頂面だ。屋台でたこ焼きを食べる回などでは、常連客から話しかけられるものの、うまく会話をつなげられず、「なんだか俺が喋ると空気の流れが止まってしまうようでちょっとツライ」(『孤独のグルメ【新装版】』七三頁)と、「サードプレイス」に特有の居心地の悪さを感じている。とはいえ、主人公はこうした店が嫌いなわけではない。常連客の会話を聞いて楽しんでいるし、料理についても「おいしいです、ほんとに……これ」と心の中でつぶやいている。

オルデンバーグの枠組みでは、ひとりで食事している人物は忌避の対象になる。「サードプレイス」における主な活動が「会話」だからである。会話をしていない者にオルデンバーグは厳しい。オルデンバーグが「死ぬほど退屈な(deadly)居酒屋」と呼ぶ場所は、誰も会話せず、他人にもまったく干渉しない、「蝋人形館」のような居酒屋である。しかし、そこは本当に「死ぬほど退屈な」場所なのだろうか。『孤独のグルメ』の主人公は、音声こそ発さないが、心の中では雄弁である。料理の素材と会話をし、聞こえてくる客の声に心の中で応答する。そうした「サードプレイス」における静かな「盛り」をオルデンバーグはとらえきれていない。

『サードプレイス』を手にとって読んだなら、ぜひとも「サードプレイス」的なところに行ってみてほしい。そこで、オルデンバーグのいうことが正しいと感じることもあるだろうし、間違っていると思うこともあるだろう。日本のどこに「サードプレイス」があるかわからない場合は、近所の居酒屋や食事処に行ってみよう。こうした実践を、特に日本の居酒屋で行った社会学者のひとりが、マイク・モラスキーである(『日本の居酒屋文化』の項を参照)。

(櫻井悟史)

◉マイク・モラスキー
『日本の居酒屋文化――赤提灯の魅力を探る』
［光文社新書、二〇一四年］

▼キーワード
居酒屋、サードプレイス、日本の戦後文化、場所

「サードプレイスの居酒屋」にて

評者が東京へ出張したときのことである。夜行バスで東京から京都に戻る前に一杯飲みたかった。新宿駅西口には「しょんべん横丁」（思い出横丁）と呼ばれる有名な場所がある。しかし、有名になりすぎたせいか、ポーズを決めて写真を撮る観光客で溢れかえっていた。各店は繁盛しており、みな楽しそうに飲んでいるから、大勢の友達とくるような場所としてはよい場所なのだろう。だが、このとき探していたのはひとりで気軽に飲んで、帰りたいときに帰れるような「サードプレイスの居酒屋」であった（「サードプレイス」については『サードプレイス』の項を参照）。

「しょんべん横丁」をスルーしてしばらく歩くと、一軒の印象的な立ち呑み屋を発見した。扉や窓がなく、店と街を隔てるものはのれんひとつ。外からなかをのぞくとコンクリートの打ちっぱなしのような殺風景な壁。L字型のカウンターと二、三の丸テーブルが置かれているだけの内装。音楽はかかっていない。常連らしい中年以上の男性が何人かただ楽しそうに飲んでいる。ここだ、と思って中に入った。

評者は当時三二歳。よく二〇代と間違われる外見もあって、その店では浮いていた。生ビールとポテトサラダを注文し、前に先輩から教えてもらった立ち呑み屋での礼儀作法をふまえて、カウンターに寄りかからないよう背筋を伸ばしてしっかりと立ち、じっくりとその場を堪

能した。しばらくすると、隣に二〇代ぐらいの青年がやってきた。自分と同じで少し浮いている。彼はモツ煮込みと生ビールを頼んだ。そのモツ煮込みがうまそうだったので、自分も注文しようかと考えたが、一口だけ食べれば満足しそうな気もした。とはいえ、その青年にひとつだけくださいと話しかけるのもためらわれた。モツ煮込みに心惹かれつつ、黙々とポテトサラダとビールを口に運んでいると、評者のそわそわした様子に気づいたのか、不意にその青年が「食べますか」といってモツ煮込みの入った器を差し出してくれた。望外の申し出に小躍りし、評者はかわりにポテトサラダを差し出して、モツ煮込みをひとつといただくことにした。

それからしばらく青年と会話した。彼は某大学を出たばかりのフリーターだった。居酒屋にはよく行くが、このような居酒屋には滅多にこないという。では、どうしてここに入ったのかと尋ねると、外から同い年ぐらいの人が飲んでいるのがみえたからとのことであった。店内の様子がうかがえない、あるいはプライバシーの保護が優先されているような店では、こうはいかなかっただろう。結果として、評者はこの居酒屋で夜行バスまでの時間を楽しく過ごすことができた。

さて、評者がこうした居酒屋を発見できたのは偶然ではない。インターネットで居酒屋の場所を調べたわけでもない。評者はある本にあった方法を参照しつつ、居酒屋を選んだにすぎない。その本こそが、ここで紹介するマイク・モラスキーの『日本の居酒屋文化』である。

居酒屋の分類

背表紙の著者略歴によれば、モラスキーは一九五六年にアメリカ合衆国セントルイス市に生まれ、一九七六年にはじめて日本へやってきた。以来、延べ二〇年以上もの期間、日本に滞在しているという。モラスキーはサントリー学芸賞を受賞した『戦後日本のジャズ文化』(青土社、二〇〇五年)をはじめとする日本の音楽文化についての研究で知られているが、ヤミ市研究をはじめ、日本の戦後文化を幅広く網羅している研究者である。本書はそうした日本の戦後文化研究のひとつとして位置づけることができる。

モラスキーは一章で、長年のフィールドワーク(飲み歩き)をもとに、日本の居酒屋を独自の視点から細分化している。モラスキーによれば、日本の居酒屋は〈飲食店〉、〈酒場/呑み屋〉、〈居酒屋〉、〈赤提灯〉の四つのカテゴリーに分類される。このうち、〈赤提灯〉には五つの特徴がある。「（一）値段も敷居も高くない。（二）飲み物は（国産の）ビール、日本酒、そして酎ハイやホッピーなどを含む焼酎類が中心（中略）。（三）〈和〉のつまみが中心である。（四）酒・肴の両方が揃っている（中略）。（五）個人経営であり、原則として店主が店にいる」（二五—二六頁）。こうした特徴を持つ〈赤提灯〉は、酒だけではない飲食のための場も含む〈飲食店〉、つまみを出さず酒を呑むだけに特化した店も含む〈酒場〉／〈呑み屋〉、小規模な店から大型チェーン店まで含む、酒もつまみも出す〈和〉の呑み屋である〈居酒屋〉といった三つのカテゴリーより、さらに狭いカテゴリーとなっている。この〈赤提灯〉の具体例こそが、冒頭で評者が入った店である。これらのカテゴリーはきっちりと線引きされるわけではないが、日本の居酒屋を分析するうえでは役に立つ。

モラスキーが最も注目したのが〈赤提灯〉である。その〈赤提灯〉の特徴をとらえるために有効な概念が、オルデンバーグの「サードプレイス」概念である。ただし、オルデンバーグの「サードプレイス」概念をそのまま援用しているわけではない。モラスキーによれば、オルデンバーグは「ノスタルジーに浸りすぎる傾向」（二九頁）があるし（この点についてはオルデンバーグの反論があるが、割愛する）、何よりヨーロッパや「古きよき時代のアメリカ」の事例から抽出した概念を日本にそのまま当てはめることはできないと釘をさす。ただ、モラスキーは「サードプレイス」のいくつかの特徴は〈赤提灯〉を分析するうえで有効であるとした。すなわち、アットホームさ、「壁の低さ」、「社会的な身分からの解放」（家庭や職場から切り離されること）、「単なる顧客（＝消費者）ではなく、一個人」（三四頁）として扱われること（「非場所」ではないこと）、金銭の支払い以外の「ギブ・アンド・テーク」（三九頁）があること（店の雰囲気への貢献）、といった特徴である。

「壁の低さ」について、冒頭の〈赤提灯〉の例から補足しよう。「壁の低さ」とは、客と客とを隔てる物理的・精神的壁が低いこと、すなわち〈私有〉の論理ではなく〈共有〉の論理のほうが強いことを指す。冒頭の青年は自分で購入した（〈私有〉した）モツ煮込みを評者と〈共有〉してくれた。これを可能としたのは、青年との物理的な距離が非常に近く、かつ小鉢を少しスライドさせるだけで食べ物の〈共有〉が可能なカウンターという店の設計の要因が大きかったと考えられる。また、スマートフォンなどに触れていなかったことも大きかっただろう。つまり、壁をつくって個人の世界に没入するのではなく、その場を楽しむといった姿勢が、〈共有〉を可能とする土壌を形成していたと考えられる。モラスキーの居酒屋評価で一番重要なポイントが、この〈共有〉の論理である。

居酒屋探訪の方法論

モラスキーは店を選ぶ際に五つの要素に注目している。すなわち、〈品〉、〈値〉、〈地〉、〈場〉、〈人〉である。

〈品〉とは料理のことであるが、モラスキーは〈品〉に注目しすぎることに警鐘を鳴らしている。味覚的にうまい料理を味わえることは居酒屋の魅力の一部でしかない。モラスキーの方法論の押さえておくべき点は、舌だけではなく、五官をすべて使って居酒屋を味わうことにある。つまり、舌での味わいに注目しすぎると、その他の五官でとらえられる居酒屋の味わいが後景に退いてしまうのである。

〈値〉は値段のことで、コストパフォーマンスは重要だという話である。ただし、これは評者の私見であるが、ビールの安すぎる店でよい思いをしたことはあまりない。無論、高い店が必ずよいわけではないが。

モラスキーが特に力を入れて紹介しているのが残りの三つの要素である。〈地〉とは店をそれ単体で点としてとらえるのではなく、どういう街のどこにいつから立っているのかという面の視点でとらえることを意味する。〈地〉に注目すると、例えば冒頭で記した「しょんべん横丁」のような戦後初期のヤミ市由来の店の雰囲気を味わえる。冒頭で評者がほかでもない新宿駅西口に向かったのは、〈地〉に注目したがゆえであった。

次に、〈場〉とは「店構えや外観および店内の諸要素」（四八頁）のことである。居酒屋を外から眺めるだけでわかることがたくさんある。モラスキーが外観で注目するのは、店の外にある「品書き」、「看板」、「提灯」、「のれん」などである。いずれも書かれている内容というよりは、その色、形、大きさなどに注目する。「品書き」に使われている素材から店の雰囲気を、「看板」のいかにもレトロな書体から歴史の浅さを、大きすぎる提灯からたんに目立ちたいだけの店の可能性を、紺色以外ののれんから店のこだわりを読み取るのである。

内装でモラスキーが注目するのは店の規模と構造であ

る。店内があまりに広すぎると、システマティックに客をさばく必要が生じる。しかし、そうしたシステムが洗練されればされるほど、客は個人ではなく顧客としてしかみなされなくなり、その結果、〈居酒屋〉は「サードプレイス」から〈消費の場〉になってしまう。構造の面でいえば、モラスキーはコの字型カウンターを推している。コの字型カウンターは反対側の客とみる／みられる関係を生じるため、客は自然に言動を自制するようになる。また、客同士の会話が意識せずとも耳に入ってきやすいのも、この設計の機能のひとつだ。つまり、いろいろなものを〈共有〉しやすい居場所を演出するのが、コの字型カウンターなのである（ただし、コの字型カウンターがいつもそのような機能を発揮するわけではない。モラスキーは例として牛丼屋のチェーン店を挙げている）。

　もうひとつ、内装でモラスキーが注目するのが音楽の有無である。モラスキーはテレビや有線放送をBGN（バック・グラウンド・ノイズ）と呼び、ないほうがよいものと位置づけている。モラスキーいわく、BGNのない居酒屋からは「うちは人間のいる場所だ。機械の雑音など要らない」（一八九頁）という店の〈貫禄〉や〈けじめ〉を読み取ることができるのだという（もっとも、テレビが会話のきっかけとなる可能性があることはモラスキーも認めている）。

　評者が冒頭で選んだ〈赤提灯〉はBGNもなく、コの字ではなくL字ではあるもののいろいろなものを〈共有〉しやすい設計となっていて、一〇人も入れば満員になってしまうようなこじんまりとした規模の店だった。以上のような考察を経て、評者は冒頭の〈赤提灯〉にたどりついたのである。

　モラスキーが一番重視したのは〈人〉であった。六章には店主や店員、常連客についてのさまざまな事例が挙げられている。モラスキーの〈人〉における主張は、各自が個人を尊重しろということに尽きる。それゆえ、個人ではなく、単なる顧客としてとらえがちな〈消費の場〉としての大型チェーン店へのモラスキーの批判は、苛烈をきわめるのである。

〈赤提灯〉のさらなる魅力を切り開く道筋

　オルデンバーグの「サードプレイス」への批判として、あまりにも男性中心主義的すぎるというものがあり、それはモラスキーが指摘している点でもある。しかし、

『日本の居酒屋文化』で、この点への批判が十分に展開されているとはいえない。モラスキーは女性の入店が禁止されている〈角打ち〉――ちょっとしたつまみとお酒を楽しめる酒屋――を紹介し、「女将さんが店を差配しているから、この方針は男による女性差別とは言えない」（一〇五頁）と擁護――になっていないように思うが――したうえで、そこでの経験に鑑みると、「サードプレイス」にホモソーシャルな空間〈同性で形成される共同空間〉が求められるというオルデンバーグの指摘に納得させられるとしている（一〇五頁）。また、「サードプレイス」的な〈共有〉の論理が確保されている、男女の比率が六：四であるような居心地のよい〈赤提灯〉を「男女のバランスが取れている異例の〈第三の場〉」（一六二頁、強調引用者）と分析している。だが、この分析は妥当なのだろうか。「サードプレイス」の男性中心主義性を批判するのであれば、後者の居酒屋を例外と位置づけるのではなく、その謎をこそ解明すべきだったのではないか。

『ワカコ酒』という漫画がある。村崎ワカコという二六歳の女性が、ひとりで居酒屋を訪れて、酒と食事を堪能するというだけの漫画であるが、ドラマ化やアニメ化がされるまでのヒット作となっている。ここからもわかるように、女性のひとり呑みに注目が集まってきている。モラスキーもこうした事実については承知している。本書のなかで、何度も女性の呑み手の姿が確認されるからだ。しかし、確認されるだけで、分析はほとんどなされていない。モラスキーが見出しているような、「異例」の居酒屋を「異例」とみなさず、そのような場がいかなる場であるかを分析し、〈赤提灯〉の未解明な部分の魅力を言語化すること。フードスタディーズに求められているのは、そうした理論的作業であろう。

（櫻井悟史）

◉大衆食の会＋遠藤哲夫『大衆食堂の研究――東京ジャンクライフ』

〔三一書房、一九九五年〕

▼キーワード
大衆食堂、都会と田舎、家族

ファミリーレストランとコンビニエンスストアと小綺麗なカフェが都市を中心に爆発的に増え、それらが食の風景を変えた。『大衆食堂の研究』は、そんな時代に対する批判の書である。表面的に読めば、ファミレスとコンビニの「キラキラ」するわりには内実のない食の風景に対する憎しみに満ちた本のようにみえるし、文章のなかに散りばめられている罵詈雑言も強烈であり、著者自身もジャンクな本でよいと考えている節があるが、そう読むだけではもったいない。そう読んでも十分に楽しめる本なのだけれども、本書の到達した食の理論から目をそらすことになる。「エンテツ」こと、遠藤哲夫は、本書のかなりの部分を書いたエッセイストであり、食のフィールドワーカーであるが、大衆食堂研究の価値を再度高めた貢献度において、右に出るものはいないだろう。

なぜなら、ホームレス、肉体労働者、職人、遊び人、貧乏学生、サラリーマン、そして何より田舎から夢を抱えて都会に出てきて挫折感や虚無感に襲われている人々にとって、そもそもお金のみならず、生き方に苦労している人間にとって、食べる場所とはどういうものかを再考させる「論理」が貫かれているからである。「食べもの」に関して論じたエッセイや学術論文は膨大にあるが、「食べる場所」について論じたものはじつは相対的に少ない。食の場所をここまで深刻に考えた本はそうそうないだろう。

ここでいう大衆食堂とは、安くて、量が多くて、味も個性的であるという点で定食屋と似ているが、定食がメインではない。ご飯、味噌汁、肉豆腐、納豆、焼き魚、刺身、オムライス、ビールなどの多数の選択肢から複数の品を選び、自由に組み合わせることができる食堂のことである。長居も問題ないが、主人や他の客との間の空気を読みながら、自分の居場所を探っていく。その雰囲気を著者はこう述べる。

一、意固地なほど飾り気がない。
二、うすぎたない。意固地なほど薄汚い。
三、意固地なほど猥雑である。（四三頁）

要するに、時流に乗っていないし、そもそも乗るつもりもない「食の場所」のことである。ところが、ここの居心地は、コンビニやファミレスではまったく味わえないほど、とてもよく、また、楽しい、と著者はいう。なお、本書では、基本的に男性が主人公であり、男性中心的に書かれた書物であることに自覚的なのだが、それ以外の性にも開かれる素地を大衆食堂は持っていることを感じる読者もいるかもしれない。

では、著者の大衆食堂に関する論理はどのようなものか。いくつか、読み物としても、また学問としても衝撃的ともいうべきフレーズがあるので、紹介したい。

生簀文化論

「栄養や料理や食文化については、うるさいほど騒がれた。しかし、生存について語られることがどれだけあっただろうか。語られるのは、あいかわらず、歴代上流階級・欧米上流階級を崇拝模倣する、「上品」で「文化的」で「芸術的」な、見栄ライフ、快楽シーン、物知り顔なウンチク」（一二頁）。「ようするに、七〇年代以後の華やかなグルメ・食文化ブームは、エサの心配のない生簀の魚にはグルメも文化もあるが、川や海で生きている魚にはグルメや文化はない、という理屈なのである。これを「生簀文化論」と呼ぼう」（一三頁）。

生簀文化論とは、食べる場所を考えるにあたって、大変貴重な視点を与えてくれる。「見栄」、つまり、メディアの流す情報のランク（つまり、与えられる餌）にしたがって消費行動をする人は、生存から「食べること」を切り離している。食べることが、最も軽薄な意味での「スタイル」になっている。つまり、この食べものを、この量で、この愛想のないおかみさんから、このテーブルで、この臭う空気のなかで食べなければそもそも生きていることにはならないという「生存」の磁場から離れた「食べる場所」は、単なる消費地にすぎない、と著者は批判をしている。

「ロクデナシ」の食い方

「東京は、しょせんバカと薄情者が群がるところである。土を掘ることもできない、木にのぼることもできない。海ですごすこともできない。ものを担ぐこともできない、自分が食い散らかし糞をするあと始末もできない。だけどバクチ根性の野心だけ大きい」（三七頁）。

そんな連中を著者は「ロクデナシ」と呼ぶ。「ロクデナシにはロクデナシのめしの食い方がある」と著者はいう。これにはどのようなフードスタディーに対する含意があるのか。これまでの食文化研究があまりにもエリート主義で「キレイゴト」であったことを批判するだけではなく、著者の言い方を借りれば「原子力発電所やゴミ処理まで引き受けて」「田舎が苦労している」のに、キレイゴトで動く東京の「偽善っぷり」が剥がれたあと、それでも東京の「生」が動いていることを確認する場所が「大衆食堂である」ということである。

大衆食堂は家庭的ではない

「ひとはよく（大衆食堂のことを）「家庭的だ」という。しかし食堂の客には家庭的な感じが好きな人もいれば、ヘン、家庭なんてくそくらえっていうやつもいる。したがって「私的な距離」がないことを理由に「家庭的」だなんていえない」。「ようするに、とても自立性やモラルやマナーのレベルの高い空間なのである。アタマをつかわなくてはならない。ほんらいアタマというのは、こういうところにつかうものなのだ」（五二―五三頁）。

大衆食堂のご主人やおかみさんの優しさにふれて、「家庭的」というのはおかしい。著者は、「食堂は相部屋雑魚寝システム」だという。つまり、「あうん」の呼吸でそれぞれの居場所を見定め、そこで自分の最大限の満足を見つけ出すことが大衆食堂のシステムだと説明する。これは、食べる場所は、「家庭」と「中食」と「外食」という二項対立、そしてその補足として「中食」という概念をいれて考えられてきたことに対する批判にもなっている。「家族」あるいは「家庭的な雰囲気」がなじめない人々にとっての「食べる場所」をフードスタディーズが見過ごすと、食の問題は近代家族主義に落とし込まれやすいことを、著者はきちんと見通している。そうなると、大衆食堂は、公共空間である。公共性を身につけることが、本書でいう「オトナ」になることである、という論理は、ハーバーマスの理論をまたなくても、あるいはハーバーマスのように一八世紀啓蒙における「カフェ」の役割を論じなくてとも、大衆食堂で十分に語れることを著者は示している。

食の自立性

「ちかごろはスナック菓子だの、それもカロリーや栄養表示のあるスナック菓子をカリカリサクサク。会社の中には自動販売機。コーヒーや缶詰ドリンクをガブガブ。これじゃ食生活なんてあるのかい。生活というのは、もっと自立的に行われているところのものだ」。「てめえの胃袋は食品会社の端末機か」（七五頁）。

「食品会社の端末機」という概念は非常に的確である。この道を選ばない食べ方は、つまり、自立した生き方を意味する。それを「家族や親しい友人」と実現するのであれば、それでよい。ただ、著者は、こう述べる。「おれたちが生きていくうえで必要なことは、家族や親しい友人がいないところでめしくっても、「楽しい気分になる、いっそうおいしく感じる」ことなのだ」。ひとりで食べても、そこに自立性があるという究極の自立した「個」は大衆食堂でこそ鍛えられると、著者は述べているように思える。

味覚の民主化

著者は、「田舎者御用達大食堂御三家」として、渋谷の「渋食」、新宿の「三平」、上野の「聚楽」を挙げているが、「味覚の民主化」は、新宿の大きな食堂である「三平」のモットーである。「はじめて三平でくったカツライスのカツの、感動的なボリューム、黒こげ一歩手前の見事な衣の色、油のにおいの迫力、いくら噛んでもへらない肉。いつしか古代の洞窟で肉の固まりにかぶりついているような野蛮な気分になっちゃう」。「一九六〇年前後の、日米安全保障条約に反対する運動」のなかで、「貧乏な田舎者大学生は、気高い理想主義となんらかの僻み根性もあって、反権力的で反権威的で現状否定的だった」と、著者はいう（一七一―一七二頁）。その民主主義は、洒落た店で「余計なリクツ」をこねる知識人ではなく、僻み根性と裏合わせで古代の洞窟で食べるような肉に喰らいついていた大学生や労働者と、彼らが通う大衆食堂が象徴していた、と著者は分析している。

以上、生簀文化論、「ロクデナシ」の食い方、大衆食堂は家庭的ではない、食の自立性、味覚の民主化の五点ほどピックアップしてみたが、著者の舌鋒の鋭さは、ページのいたるところに垣間見えるので、その姉妹編である『大衆食堂パラダイス！』（ちくま文庫、二〇一一年）とともに鈍ることがない。ただ、後者は、時代が下るだけあって、「古い街並みを爆撃で破壊しつくし新たにつくるような、「再開発」という「まちづくり」」のなかで消えていく大衆食堂への哀愁が強くなっている。この変化を感じ取りながら、真の意味での食の自立を理論的に探る試みは、ファストフードの店舗が減る気配をみせない現今、本書からスタートするのも有意義であると感じる。

なお、本書と『大衆食堂パラダイス！』では、戦前からの大衆食堂の歴史、例えば、一膳飯屋、公営食堂外食券食堂や民生食堂についてもまとめてあり、また、大衆食堂の具体的な紹介もあるので、野沢一馬『大衆食堂』（ちくま文庫、二〇〇五年）とともに読むと、便利である。

（藤原辰史）

第Ⅳ章　食をめぐる危機

食べ物は光や土や水の恵みから生み出される。現代の食を考えるには、消費者に提供される食卓以前の段階、すなわち農業や水産業、それらを流通・加工する企業、小売販売業の世界も視野に入れなければならない。本章では、グローバル化・工業化のもと不可視化されている食の生産・加工・流通・販売の問題を考える文献を紹介する。

工業化・グローバル化される食

農水産物は、生産、流通、調整・処理、加工、製品流通、飲食サービスなどを経て食品となって消費者の手に届く。この多様な産業主体によって担われている多段階の過程をフードシステムと呼ぶ。食料品の生産から消費に至る流れにそって、それらをめぐる諸要素・諸主体と諸産業の相互依存的な関係を連鎖する仕組みとしてとらえる枠組みである。ファストフードがベルトコンベア方式で次々と作り出されているように、多くの食品は工業製品と同じように製造され供給される。マイケル・モスの『フード・トラップ』が示すように、巨大食品産業の食料品は、同じものを食べ続けたくなるよう、成分バランスが緻密極まりなく計算されたうえで提供されている。「やめられない、とまらない！」はたんなる広告メッセージだけではないのだ。

食は工業化によって低価格と利便性を得た。しかし、遺伝子組み換え技術は農作物を増収させるが、技術を持つ特定企業の提供する品種とそれに対する農薬を購入し続けねばならなくなる。これは農家への負担を増大させるだけでなく、環境へのリスクを高め、結果として食の安全性を低めることとなる。ポール・ロバーツの『食の終焉』は、現代の食の抱えるリスクが絶望的なレベルに達していることを活写している。

食の工業化は多国籍企業によって世界規模で展開されるようになる。グローバリゼーションの展開は、地域の自然環境による限定を低めていく効果をもたらし、地域と風土に根づいた生活習慣が失われ、食文化が持っていた多様性を喪失させてしまう。現代の食は世界規模では均一化しつつある。巨大多国籍企業による農業生産のモノカルチャー化（単一耕作化）、品種・栽培・加工技術の独占、そして食料流通の集中によって、集中化・均一化している。約六〇の企業が世界の食品加工の七割を、約二〇の企業が世界の農産物取引の過半数を占めている。世界の食料・農業システムは、いっけん家庭の食卓で世界中の食材を楽しむことを可能にしているようにみえるが、その背後では効率性に見合った世界商品だけが生産流通させられており食の画一化が進んでいるのだ。

グローバル化以前は、多くの国で主食となる食料の大部分は自国内で生産されていた。しかし高収量品種の化学肥料の大量投入によって穀物生産性を向上させた緑の革命以後、農業生産においてもグローバル化が進み、市場価格によって外国から農産物を買い入れることを優先する国が増加した。世界各国の食糧の輸入／輸出量の差をみると、アフリカ、アジア、中央アメリカなど農業従事者の比率が高い国ほど、食糧を輸入している。この傾向は、主要作物の商品作物への変更や、都市化による食料購入者の増加によりもたらされており、ときに発展途上国で食料不足を引き起こしている。カカオの輸出国であるガーナではチョコレートを購入できるような人があまりいない。高収量を約束する遺伝子組み換え作物が除草剤を大量に使用するためかえって伝統農法を破壊し多国籍のアグリビジネスへの依存を高める結果になる。ヴァンダナ・シヴァの『食糧テロリズム』（明石書店、二〇〇六年）などで告発されるこのような事実は、植民地体制に由来し現在の南北問題まで継続するグローバルなフードシステムのもたらす不平等といえる。先進国の消費者にとっては世界中から運ばれてくる食品はありふれたものかもしれないが、グローバルな視点からみると、それは圧倒的に非対称な食の構造を示している。

こうした食を取り巻く社会構造の変化は、個々の人間のライフスタイルをも規定している。社会学者ジョージ・リッツァは『マクドナルド化した社会』（早稲田大学出版部、二〇〇八年）で、ハンバーガーチェーンのマクドナルドに典型的なファストフード的システムを、「効率性」「計算可能性」「予測可能性」「制御」にまとめ、これらが支配的な状況を社会のマクドナルド化と呼び、脱人間的、非人格的と批判した。重要なのは、大量生産に欠かせない効率化が生産現場にとどまらず、サービスの場にも波及し消費者の期待や行動が変化した点だ。つまり大量生産の効率性、計算可能性、予測可能性、制御という思考様式を消費者も身につけるようになっているのだ（なお「マクドナルド化」は応用可能性が高い概念であり、本章で取り上げている『ワインで考えるグローバリゼーション』をはじめとした多くの食と社会問題を論じる文献において拡張的に援用されるいっぽうで、『マクドナルドはグローバルか』など、食文化の地域的多様性を示すための反例としても言及されている）。

オルタナティブな食

工業化は食糧生産・供給の向上と効率化を可能にしたいっぽうで、グローバルなフードシステムのもとで、飽食と大量の食糧廃棄、環境破壊、地域の農業・食文化の衰退など多くの「問題」を引き起こしてもいる。こうした事態を打開しようとする人々によって、食と社会の関係を作り直そうとする動きも広くみられる。

フード・マイレージの提唱者であるティム・ラングたちの『フードポリシー』は、個人の健康と環境に問題を抱える現状のフードシステムを批判し、転換を促そうとするものだ。実際、欧米では政府や企業に転換を求める声が強まりつつあり、マクロな政策からミクロな実践までさまざまな取り組みが存在する。

食を軸に社会を変えようとする方法のひとつとして、コミュニティに支援される農業（Community Supported Agriculture: CSA）がある。オルタナティブな食を求める運動として有機農業を思い浮かべる人もいるかもしれない。たしかにアメリカにおけるオーガニックフードは、当初は工業化された食を乗り越えようとする社会運動としての性格を持つものであった。しかしながら、ラジ・パテルの『肥満と飢餓』で批判されるように、オーガニック食品はアグリフードビジネスによって再編され、カリフォルニア州ではオーガニック食品はメキシコからの非正規移民を大量に搾取して生産される工業化商品と化している。こうしてウォルマートなどが扱う大量に流通し消費されるグローバル商品となっている状況により、現在ではオーガニックという言葉は必ずしも社会正義や公正を意味するものとしては使われなくなっている。

日本でも一九七〇年代に始まった有機農業運動は、生産者が自分たちのつくった作物を、つながりを結んだ消費者に直接送り届けることにより地場生産・地場消費（地産地消）を目指した。だが、当初目指していた地元消費者との提携は果たせず遠距離提携に転換を余儀なくされることも多かった。そして一九八〇年代には有機農産物が提携以外の一般市場に流通するようになり、運動として提起された問いかけ（生産者とのつながり、持続可能な食の追求）は薄れ、九〇年代以降は安全なだけの商品として「底の浅い」ものとなったとされる。

このように、よりよい食の実現は容易ではない。それだけ現代のフードシステムは圧倒的な力を持っている。私たちの食生活はグローバル展開する資本主義の末端にすぎない。だが、人間の行為は、個々人の意志に則り完全に恣意的に行われるものでも、社会構造に一方的に規定されるものでもない。人はつねに行為の手段と結果について十分に考慮して合理的に行動するのではなく、ふだんは惰性で行動して構造を再生産する。だが、ときに反省的に構造を作り替えていく。食事行為は個々人が別々に行っているだけならば構造の再生産であるが、それに対する異議申し立てが集合行為として成り立つとき社会構造の変化をもたらす。カルロ・ペトリーニの『スローフードの奇跡』では、既存の食に対して、オルタナティブなあり方がつくられていく過程がよくわかる。たまにはインスタント食品をやめて地元野菜をゆっくり調理してみる。食器洗剤を自然由来のものに変える……こうした日々の実践の積み重ねで、食から社会を変えることも可能なのである。私たちは一日に三度、社会を変えるチャンスに面しているともいえる。食と社会の関係を問うには、こうした個人の行為と構造の連関をどのようにとらえていくのかが重要となる。

（安井大輔）

◉ラジ・パテル

『肥満と飢餓――世界フード・ビジネスの不幸のシステム』

〔佐久間智子訳、作品社、二〇一〇年〕

▼キーワード

飢餓、肥満、フードシステム、農民運動

知って、闘うために

現代世界のフード・ビジネスがもたらす害悪に徹底して対抗する闘争の書。第二次世界大戦後に登場したフードシステムの成立と実態を統計に基づいて手堅く分析し、その担い手である生産・流通を握る少数かつ大規模な企業が、農民と消費者の暮らしをどのようにして苦境に貶めているかを冷静に記している。

興味深いのは、「肥満と飢餓」という相反する社会的・身体的現象を世界フードシステムから説明することである。大幅なマージンを取るフード・ビジネスは「消費者のために」というスローガンのもと価格を下げるが、それが農民たちに生活苦をもたらし、第三世界の農村に飢餓地帯が広がっていく。また、そうした企業は、都市の貧困層に高カロリー・低価格・低品質の食品を膨大な広告費を用いて売り込み、彼らや彼女らの肉体に脂肪を増やしながら、健康を蝕み続けている。結局のところ、現在のフードシステムは作物を育てる側も食べる側も不幸なシステムであるというのが本書の主張である。

著者のラジ・パテルは、アメリカ在住のジャーナリストであり、アクティヴィストである。世界貿易機関や世界銀行で働いた経験のみならず、その後の世界自由貿易主義に対する抗議運動を組織した経験も、本書の視野の広さに活かされている。そこまで企業を悪者扱いしなくてもいいのに、という相対主義を徹底的に批判する。

食研究における本書の位置づけ

近年、食の劣化の危機感を背景として、エリック・シュローサー、マイケル・ポーラン、ポール・ロバーツなど、ジャーナリズムは活況を呈している。そのなかで本書の特徴を挙げるとすれば、次の二点に集約される。

第一に、抵抗運動の担い手たちに寄り添いながら書かれているという点である。きわめてラディカルな作品といえるだろう。ラジ・パテルのラディカルさは、例えば、フェアトレードや有機食品の批判に顕著にみられる。フェアトレードに関しては、生産者の暮らしの改善よりは消費者の自己満足をもたらすにすぎないものとして手厳しく批判する。また、有機農産物も、いまでは大規模小売店が売るようになり、農家と消費者の交流という有機農業運動がはらんでいた本来の可能性を無視した「表層的な」オーガニックブームを、パテルはシニカルにみている。つまり、消費者がどれほど貧困と環境破壊を克服するために「有機食品」や「フェアトレード食品」を買おうとも、生産者と消費者の間に入って膨大な利益を独占する加工業者や輸入業者などの少数企業（「ボトルネック」）を温存するかぎり、貧困も環境破壊もなくならない、と断ずる。一方で、ボトルネックに対し異議申し立てを試みるさまざまな団体に対する評価は高い。

第二に、数値分析の充実である。ポーラン、シヴァ、ロバーツと比べると、数値データが多いのが目につく。上述のボトルネックの企業数のみならず、米政権へのロビイングに食品会社が費やした金額、ブラジルにおける農場査察の件数と奴隷状態から解放された労働者の数の推移、家庭での調理時間の変化などきわめて興味深い数値を紹介する手つきは、むしろ、食の経済学の流れに属するといってもよいだろう。このような分析方法は、原題の「Stuffed and Starved」からすれば当然といえよう。というのも、それぞれ「食べものを内蔵に詰める」「餓死させる」という他動詞の受動態であるが、この受動態から、現在の食の問題が個人の嗜好や性格に由来するものではなく外的かつ制度的なものである、というニュアンスを読み取ることができるからである。

フードシステムの突破口

この意味で、本書は、食の危機をめぐるアクティヴィズムと経済分析が融合した稀有な例といえよう。食が、世界の不平等と貧困をめぐる重要な政治的トピックに躍り出ているいま、ラジ・パテルの本が多くの読者を獲得する理由のひとつは、まさにこの融合にほかならない。

また、もうひとつの魅力は、安易な現状分析に終わっていないことである。例えば、第三章「世界フードシステムの知られざる歴史」は、エンクロージャーや奴隷貿易などから説き起こされるし、また、第七章「スーパーマーケットは、消費と生産を支配する」では、「フードシステムの頂点」であるスーパーマーケットの歴史をその誕生から追っていく。パテル独自の歴史観が披露されるわけではないが、歴史叙述が随所に組み込まれることで、現状分析に厚みが増していることは否定できない。

パテルの議論をポレミックに読み返すためには、ロバーツの『食の終焉』が提示したある種のニヒリズムが参考になる。ロバーツは、パテルと同様に、緑の革命の失敗、食品企業の寡占、大規模畜産経営のもたらす害悪について厳しく批判しつつも、どれかを悪者にすることができない、誰もが何かに急かされるように追いつめられているのがフードシステムである、消費者のあなたもそうなのだ、という相対主義的な見方をする。これに対し、パテルの闘争主義は非常に明快であり、また魅力的であるが、パテルのフードシステム観も、このオートマティックなフードシステムの性格を組み込むことで、改良可能な余地が残されているかもしれない。

実践知の宝庫

内容の豊富な本書であれば、どんな読者の要望にも応えてくれるであろうが、あえて蛇足を述べるとすれば、次の二点を挙げることができるだろう。

第一に、フードシステムの全貌をとらえるのに便利ということだ。トピックが多彩で、個々の問題のさらなる掘り下げはむしろ読者に委ねられている。本書は、それらの問題がどのようにつながり、どのようなほころびをみせているのか、そして、どのような角度から対抗可能なのかという戦略マップのようなものである。

第二に、アクションのヒントになる点。たんにフードシステムの分析に飽き足らない人や、身近なところからどのようにフードシステムに対峙する運動を組み立てることができるかを悩んでいる人々にとっては、大いに参考になる。パテル自身がアカデミズムとアクティヴィズムを結びつける存在であるがゆえに、実践の知の生きた事例をここから学ぶことができる。

（藤原辰史）

◉ポール・ロバーツ

『食の終焉――グローバル経済がもたらしたもうひとつの危機』

［神保哲生訳、ダイヤモンド社、二〇一二年］

▼キーワード

O‐157、食のフォーディズム、インスタント食品、遺伝子組み換え

正しく絶望するために

「ありあまる豊かさと過度の貧困を繰り返す現代の食が、もはや限界に近づいていることを確信させる」というアメリカの雑誌『タイム』の、『食の終焉』に対する書評が端的に示しているように、本書は食に関する希望の書ではなく、絶望の書である。食がおかれている状況を冷静に分析してみれば、それがカタストロフィーに向かっていることを否定することができない、という冷徹な終末観を、アメリカのジャーナリストである著者ポール・ロバーツは隠そうとしない。この意味で、本書はまさに、グローバリズムがもたらす世界の食の荒廃の状況に正しく絶望をするためのハンドブックといってもよいだろう。

ロバーツは、その絶望すべき現象として、はじめに病原菌による食品汚染を取り上げる。本書は、二〇〇六年一〇月、アメリカで、袋詰めのホウレンソウから腸管出血性大腸菌O‐157：H7が検出されたところから書き起こすのである。新鮮な野菜を求める消費者の欲求は、世界中に食のサプライチェーンをもたらし、長時間の冷蔵と、運搬のなかで病原菌がはびこる隙間が生む。O‐157のみならず、サルモネラ菌や鳥インフルエンザ・ウィルスなど、さまざまな菌やウィルスが食品に紛れ、アメリカの各地で頻繁に食中毒が起こることを、食品業界も監督官庁もとめられない。そして、やがてアジアの

どこかで強毒性のインフルエンザ・ウィルスが誕生し、地球規模で猛威をふるうXデーが起こる、とロバーツは予言する。読者は、食品という商品がナマモノであるという当たり前の事実から、ロバーツの描く世界に入っていく。

一方で、地球では、毎年飢餓が原因で三六〇〇万人が死亡し、一〇億人が慢性的な低栄養で苦しんでいる。サハラ以南のアフリカでは、ビタミンAの欠乏のために、三〇〇万人を超える五歳以下の子どもたちが失明している、という。

ロバーツは、それらの原因をフードシステム（本書では「食システム」と訳されている）にみる。フードシステムは大規模畜産生産にみられるように完全にフォーディズム化され、巨大化された結果、人間がコントロールできなくなってしまい、菌やウィルスが入り込む隙間が生じてしまい、その隙間が食のカタストロフィーを導く。また、あまりにも大国向きに設計された高性能なフードシステムが、人間として、あるいは風土として受け入れられない地域では食べものが住民たちに行きわたらないで、飢餓をもたらす。こんな暗い食の光景をロバーツは綿密な取材のうえで淡々と描き出すのである。

フードシステムの内実

では、高性能になり、巨体になりすぎたフードシステムとは、具体的にどういうシステムなのか。

ロバーツが取り上げるのは第一に、農業生産の現場である。二〇世紀初頭にハーバーとボッシュが開発した空中窒素固定の工業化は食の大量生産を生み出した。一九五〇年以降に生産された食物の約半分は、合成窒素の供給がもたらしたものだった、という。それ以外にも、農薬や品種改良、農業機械など、「合理化の進んだ農業は他産業への依存度がとても高い」。そもそも農業はもはや石油なしには営めない。これをロバーツは、「農場機能のアウトソーシング化」と呼んでいる。他産業に依存した農業が強い市場では、当然自給的な小規模農業は駆逐されていく。例えば、ロックフェラー財団の援助のもと推進された「緑の革命」という世界的品種改良プロジェクトを俎上に乗せる。高性能品種を、飢餓を撲滅するという目的のために開発し、開発途上国に普及させていくものだが、これは、現場の農民たちの目には、多額の補助金をともなう投機的事業と映る。しかも、降雨量の少ないアフリカでは、大量の淡水を必要とする高性能品種は適合しないし、化学肥料を増やし続けないと、生産量が減るという悪循環に陥る。ここで利益を得るのは誰かいうまでもないだろう。ジョージ・ブッシュ（息子）がアメリカ議会で、「私はアメリカが世界を養うことを願っている。この素晴らしく、有能な生産者が住む偉大な国に、人間の飢えを確実になくす役割を果たしてほしい。それにはまず、貿易上の障壁を取り除くことに全力を注ぐ政権を樹立する必要があり、私たちがそれを実現する」と慈善家ぶったときに、その背後に何が企図されているか、『食の終焉』の読者であればすぐに理解できるだろう。

第二に、食品の付加価値による差別化である。ロバーツは例を挙げる。三四〇グラム入りのシリアルのスーパーマーケットでの商品価格二六六円だが、原材料となる穀物そのもののコストは一九円以下にすぎない。残りは、スーパーマーケットの取り分、包装代を抜いてもシリアル会社がどれほど利益を得ることができるか、一目瞭然である。また、アメリカの食品産業はマーケティング活動に年間約二兆五〇八〇億円投じている。マーケティングの質の向上は現在の食品業界では食べものの質の向上よりも重要である。例えば、二〇〇〇年に、ハインツはケチャップの売上増加を狙って明るい緑と紫に着色したケチャップを発売した。消費量はあっという間に一二パーセントも跳ね上がったという。消費者は真新しいものに飛びつきやすいことを示す事例のひとつである。こうして、大量生産が可能でマーケティング能力の優れた食品企業の寡占が始まる。フィリップモリスにナビスコが吸収され、ネスレは二〇〇二年にアメリカを拠点とするドレイヤーズ・アイスクリームの買収に成功し、世界市場の一七パーセントを占める世界最大のアイスクリームメーカーになる。私たちは、食べものそのものというよりは、食べものに付加された価値にお金を払っているのである。

第三に、食品加工の工業化である。ウォルマートやマクドナルドをはじめとする小売業者が、流通コストを安価にするために、生産の現場を圧迫するグロテスクな構造をロバーツは描く。アボガドは、目標重量との誤差が一四グラムに抑えられるばかりではない。「機械式分離技術」、つまり、鶏肉を半液状化して、それをもう一度固める、という方法がチキン・マックナゲットのために開発される。安価なチキン・マックナゲットのためには、鶏肉を大量生産しなくてはならない。そのためには、容易に骨が除去でき、容易に太らせ、鶏のサイズを平準化できるような品種改良が必要となる。さらに、エネルギーとタンパク質の多くが直ちに筋肉の成長にまわされるため、免疫機能などにまわらなくなる。そうすると、鳥特有の病気に感染しやすい。鳥インフルエンザが生まれやすい豊穣な環境はこうして整うのである。そのために、生産の現場では、ワクチンや抗生物質が投与され、ますます鶏は化学薬品漬けになり、化学薬品工業は利益を得る。ロバーツは、「病原菌」の発生を「時限爆弾」と表現する。そもそも、このような鶏を電気ショック機で殺すとき、まるまると太っていたため、病原菌が飛び散りやすい。しかも、病原菌は、みずからの遺伝子を改良し、その物理的な構造や性質を変えることができる。抗生物質から身を守り、環境に鍛えられ、毒性を増す。にもかかわらず、中国やインドの食肉消費量は増す一方であり、飼料生産も限界に達している。このフードシステムから、私たちはもはや容易に逃れることができないとロバーツは指摘する。

マシーンのほころびを探るために

アメリカの食のジャーナリストであるラジ・パテルと比べると、ロバーツの筆致は徹底的に暗い。未来の展望に対してもそうである。こうした状況からの脱却を図ってくれそうな技術についても、ロバーツは辛辣である。モンサントにとっての遺伝子組み換え作物は、自社製のラウンドアップという農薬を使わせるための情報操作であることは周知のとおりであるし、「元の生物にはなかった予想外の動きをする可能性」についてロバーツは警鐘を鳴らす。ロバーツがユニークなのは、オーガニックについても厳しいところである。いまでは、ウォルマートもオーガニック食品を得るようになり、オーガニック作物を大量につくれという圧力は、世界のオーガニック農家を苦しめている。オーガニック農家も効率性を求められるが、そもそも即効性の化学肥料を拒否し、遅効性の有機肥料を使用することを目指した有機農業の従事者に、大量の堆肥をつくる時間などない。オーガニック市場でも、オーガニック食肉が売れ筋商品であることを考えれば、食肉生産が地球にかける負荷に対しオーガニックの運動は対抗軸になることができない、とオーガニック礼賛者を一刀両断する。

この本はしかし、食品企業批判を主な目的とするものではない。ロバーツは、食品企業の利益獲得至上主義だけが悪いのではない、と主張する。食にまつわる知性が停滞し、食の危機が迫っていることに対し、驚くほど消費者は鈍感であることに危機感を抱いているからだ。利益を求める企業と同様、広告に踊らされるがままに、考えずに食べる消費者が生まれていることが、このフードシステムを支えているのだという。そんななか、佐賀のアイガモ農法、不耕起農業（土中に養分や水分を閉じ込め、土壌流出を防ぐ）、脱「仲介業者」（ファーマーズ・マーケット）の試み、地産地消（ただし、大規模な都市ではムリ）、非常時に大規模生産システムを捨てたキューバの事例など、「自分自身の食管理を、自分自身の手に取り戻す」ためのいくつかの脱出口を提示はするが、カタストロフィーの緊急性は変わらず、食品産業の政治献金が増え続けているという事実も突きつけられている読者は、『食の終焉』から未来を描くことに、かなり苦労を要することになるだろう。

では、食の研究を進めていくうえで、本書をどのように活かしていくことができるだろうか。ラジ・パテル『肥満と飢餓』が、フード・アクティビストの感性を養うのにふさわしいとすれば、『食の終焉』は、フード・ジャーナリストや食をめぐる研究者の基本的態度を身につけるのにふさわしい本といってよいだろう。一見、別々の問題にみえるものが、丹念な取材によって、徐々につながってくる。そのチェーンをひとつひとつ追っていくと、巨大なフードシステムのマシーンがみえてくる。今度は、そのマシーンの構造を知る。構造を知ったうえで、そのほころびを探る。そのほころびのなかからこの構造に対し抵抗となりうるものと、なりえないものを腑分けする。刊行当時、日本の農水省でも読まれたと聞くが、官僚にとっても参考になるような、どこまでも解剖学者的な態度が『食の終焉』の魅力といってよいと思う。

（藤原辰史）

◉マイケル・モス
『フードトラップ――食品に仕掛けられた至福の罠』

［本間徳子訳、日経BP社、二〇一四年］

▼キーワード
塩、砂糖、脂肪、食品産業、加工食品、トラップ

本書はピュリッツァー賞受賞ジャーナリストが数年をかけて取材し、膨大な量のインタビューや、科学論文・研究報告から機密扱いの業界文書までも駆使して書き上げた食品産業の内部に迫る作品である。二〇一三年に出版された原著の書名は *Salt, Sugar, Fat*（塩、砂糖、脂肪）。英語圏ではこれだけで話が通じるが、そこまで食と健康に対する危機感が高まっていない日本の読者にとっては「塩と砂糖とあぶらの本？」と戸惑うことを配慮してか、邦題には「トラップ（罠）」の語を使っている。加工食品メーカーが利用してきた「塩・砂糖・脂肪は、彼らの手中においては栄養素より兵器に近い。競争相手を負かすためだけでなく、消費者にもっと買わせるためにも利用される兵器である」（三〇頁）とあるように、本書は、これらの「兵器」を使い、食品産業が、科学者や心理学者、技師、マーケティングの専門家、デザイナーなどあらゆる能力を集め、綿密に計算した商品を「設計」している手法を紹介している。

プロローグは社長や経営責任者たちによる非公開の会合から始まる。ネスレ、クラフト、ナビスコ、ゼネラル・ミルズ、プロクター・アンド・ギャンブル（P&G）、コカ・コーラ、マースなど世界の名だたる多国籍巨大食品会社のトップが集まって議論していたのは、肥満の急増とその対応策についてだった。一九八〇年代半ばから大人にも子どもにも急激に増加した肥満は、糖尿病・心臓病・高血圧・胆嚢疾患・変形性関節症、さらに

は乳がん・大腸がん・子宮内膜がんなどの原因のひとつだといわれ、それを促す要因のひとつとして食品産業に対する圧力が高まっていた。加工食品メーカーに加えてこの会議に参加していたのが、カーギルとテート・アンド・ライル。店頭ではあまりみかけないこの二社は、しかし、加工食品に欠かせない三大成分、塩と脂肪と砂糖を握っている業界の巨人だ。

企業戦略のツールとして

最初のひと口で味蕾に生じる刺激感を増大させる塩、カロリーがきわめて高いうえより多く食べたくさせる作用を持つ脂肪、そして脳の興奮作用を持つ砂糖。これらの組み合わせが加工食品の売り上げを支配するため、塩と脂肪と砂糖は、なるべくお金をかけずに加工食品を生産し、なるべく多くを消費者に食べさせたい企業にとって、欠かせない三大成分だ（六頁）。

食品メーカーは綿密な計算のうえでこれらの原材料を使いこなしている。ただ甘ったるいだけの物や脂っこいだけの物は、やがて脳が満腹感を感じるため、それほど多くは食べられない。しかし、「糖分や塩分や脂肪分の配合量がある値にぴたりと一致していると消費者が大喜びするというポイント」（二三一―二四頁）があり、これを本書は「至福ポイント」と呼んでいる。原著では「bliss point」と呼ばれるこのキーワード。「Bliss」とは無上の幸福・喜び（great happiness）を意味する。味覚テストの結果をグラフに表すと、U字を逆さにしたかたちになる。人間は糖分が多いほど食べ物を好きだと感じるが、ある一定の量を超えると、糖分を増やすことは無駄になるだけでなくその食べ物の魅力を消し去ってしまう、その頂点が「至福ポイント」だ。食品業界は最先端の技術と研究者を使って、この至福ポイントを研究し、商品開発に役立てている。

加えて、原著には「craving」という語もしばしば使われている。ピタッと当てはまる訳語が見当たらないが、何かモノを、もしくは何かしたいと切望する、渇望するとの意味がある。つまり、ただ空腹を満たすために食べたいと思わせるだけでなく、それ以上、身体が欲するより多くを食べたい・飲みたいと人間の脳に思わせる「至福ポイント」を、企業は最高級の技術と研究者を活用し、膨大な資金と労力をかけて探しだし、それを食品という商品の開発につぎ込んでいる。

糖分

第一部「糖分」は邦訳で一八〇ページと一番詳しく取り上げられている。糖分を口に含むと、口のなか全体が狂乱のような反応を示し、甘さを感じる特別な受容体が脳内の快楽領域につながっている。加えて糖分は、ドーナツを膨らませたりパンの日持ちをよくしたり、こんがり色のシリアルをつくりだしたりと、加工食品にとって好都合な特製を持っており、食品メーカーにとっては欠かせない成分となった。これはサトウキビやテンサイ(砂糖大根)からつくられたいわゆる「砂糖」だけではない。補助金を受けて価格が安く抑えられたトウモロコシから大量に製造される異性化糖(高フルクトース・コーンシロップ。英語ではHFCS: high-fructose corn syrupだが、日本語ではほかにも「果糖ブドウ糖液糖」などさまざまに表記される)や人工甘味料もある。

シリアルやソフトドリンクなど、大部分の加工食品に含まれる糖分だが、その糖分をどれほど、どのようなかたちで活用するべきかを追求する食品産業の取り組みのひとつとして、アメリカの「モネル化学感覚研究所」が紹介されている。過去四〇年間に生理学者、化学者、精神科学者、遺伝学者など三〇〇人を超える研究者たちが所属し、同センターの年間予算一七五〇万ドルの約半分はアメリカ政府の助成金という納税者負担にもかかわらず、残り半分ほどを拠出している食品産業と煙草メーカーが研究結果を優先的に利用する特別な権利などを与えられている。企業は研究内容が一般に公開される三年ほど前に最初に独占的に閲覧できる権利を持ち、自社のニーズにあわせた特別な研究のために同センターの研究者を確保することもできるという。ここでの研究の成果がいくつか紹介されているが、それはたんにおいしい食品を開発するようなものではなく、いかに子どもたちを甘党に育てるか、人間の脳が糖分にどう反応するか、どうすればより強い食欲を引き出せるか、または液体に含まれるカロリーがヒトの体に認識されにくい可能性など、まさに「消費者にもっと買わせるためにも利用される兵器」開発のための研究が行われている。

脂肪分

第二部「脂肪分」では、加工食品にとって、糖よりさらに強力な最重要成分だとみられている脂肪分について、ユニリーバやカーギル、ネスレなどの巨大企業にも言及している。糖分には甘すぎるとそれ以上食べたくなくなる「至福ポイント」があったが、脂肪にはそれがなく「脂肪分は多ければ多いほどいい」。また「糖と脂肪分の間には、何かしら強力な相互作用があるらしい」というシナジー効果などの研究結果がある。

脂肪分を含む食品のひとつとして、チーズもどき製品についても詳しい。牛乳とチーズおよび「チーズもどき製品」についても詳しい。生乳から熟成させてつくる伝統的なチーズ（日本で「ナチュラルチーズ」と呼ばれる物）に対して、一世紀前にクラフト社によって「発明」された加熱処理した「プロセスチーズ」の登場。そしてアメリカ連邦政府が製乳業を保護して、牛乳をつくればつくっただけ買い上げたことにより、乳脂肪も政府によって買い支えられ構造的に増産されるようになった。こうして余った牛乳と乳脂肪から、新しいタイプのチーズもどき製品や乳製品という加工食品がつくられていった。

さらには、子どものランチ商品「ランチャブルズ」開発について、また健康より業界の肩を持ち予算を注ぎ込む政府の動き、肥満を販促に使おうとしたタバコ業界の動き、そして脂肪分への批判を食品企業がいかにすり抜けてきたかを紹介している。

塩分

第三部「塩分」で取り上げられているのは高血圧だ。食塩（塩化ナトリウム）をとりすぎているのは日本人が有名だが、アメリカ人も必要量の一〇倍、人によっては二〇倍とナトリウムをとりすぎている。その塩分摂取量の多くが加工食品由来だ。モネルの研究者たちは、実験で一週間分の塩分摂取量の四分の三が加工食品由来だと突き止めている。アメリカの食品メーカーが使う食塩の量は、毎年二〇〇万トン強に達している。加えて、食品メーカーはさまざまなナトリウム化合物も添加物として投入しているという。この加工食品に必須の食塩を供給している大手企業に、またカーギルがいる。

政府もナトリウム添加量の上限を定めるなど、不十分ながら努力もしているが、対してカーギルは食塩の一部を塩化ナトリウム添加物にかえるというトリックで抑制をすり抜けつつ、より高価な製品を販売する様子も述べられている。

安い食品という鎖

最後にエピローグとして、「われわれは安い食品という鎖につながれている」と本書は締めくくっている。

膨大な取材と調査に基づく本なので読破するには少しエネルギーが必要かもしれないが、現在のフードシステムにおいて大きな役割を担う食品産業の内情を理解する本として参考になる。

現在では、農業における生産の場から食生活において食品を消費するまでの間に、流通・加工・小売・外食など企業の存在が大きい。しかし、企業や業界の内情についてはデータがとりづらく、ブラックボックスとなっていることも多い。そのため、調査解説ジャーナリストたちが得た情報は貴重だ。著者は本書のために、数百回におよぶインタビューを行い、一〇〇〇件以上の科学論文や研究報告を調べ、また加工食品業界の内部を語る機密扱いの業界記録なども入手している。

ジャーナリスティックな本であるため、学術的な分析には欠ける感は否めない。しかし、英語圏では一般書でも食に関する本が多数出版されており、本書のように数年間の調査に基づくかなり高度な文献も多いため、ジャーナリストによる著書とわかったうえで参照できるところも多いだろう。

著者は文末で「情報源について」という欄を設け、企業が意図しないところでじつは公開されている食品産業の情報源についても紹介している。例えば、タバコ裁判を機に公開された八一〇〇万ページというアーカイブ「レガシー・タバコ・ドキュメンツ・ライブラリー」などだ。

企業は利潤を追求する存在。自社の製品をいかに多く長く売り続けるかに全力を尽くすことは当然かもしれない。それを否定するわけではないし、できないだろう。しかし、その膨大な予算とノウハウとで巧妙に仕掛けてきた「トラップ」の存在を無視して、バランスのよい食生活を心がけましょうという個人努力にまかせておくのは、ナイーブすぎるし不公平だろう。赤ん坊に与える粉ミルクから砂糖、塩、油が入れられている時代である。トラップと呼ばれるほどのその仕掛けを知ることは、今日の食を研究するためには重要だ。

（平賀緑）

◉ Tim Lang, David Barling, Martin Caraher

"Food Policy: Integrating Health, Environment and Society"

[Oxford University Press, 2009]

▼キーワード

食料政策、健康、環境、社会正義

新しい食料政策の考え方

ガンや肥満など、日本では「生活習慣病」「メタボ」と称される食生活由来の非感染性疾患が世界的な課題として台頭するなか、食に関する書籍は山ほど出版され、食に関わる政策も多数提言されいくらかは実施されている。しかし、政治や経済など食を取り囲み食生活に影響を与えるさまざまな勢力について、アカデミックに体系化・分析する動きは始まったばかりだ。この本は、環境と健康の改善に取り組んできた、イギリスの社会心理学者、政治学者たちからなる「食料政策センター（Centre for Food Policy）」の基本コンセプトを紹介するものだ。

この本と研究所が起点としているイギリスは、産業革命・資本主義・自由貿易・そして都市化の先進国であるがゆえに、食の近代化も世界に先駆けた国である。食料を植民地に依存する食料調達体制＝「第一次フードレジーム」から最新の持続可能な食生活まで幅広く経験し、かつ、欧州随一の肥満国として、真剣に食生活を改善する政策がとられた時期もある。そのような背景から、著者ティム・ラングはかつてはフード・マイル（日本ではフード・マイレージ）を提唱し、その後、共著者たちと持続可能な食生活を提言する新しい学術的取り組みとして、健康・環境・社会正義までを視野に入れた「広義の食料政策」の枠組みを提唱している。

彼らが注目しているのは先進国の政府、企業、嗜好だ。なぜなら、それらが世界の食やフードシステムをかたち

食料政策　焦点の移行

(Lang et al., *Food Policy*, p. 27, based on Maxwell and Slater)

"old" food policy focus	"new" food policy focus
農業	加工食品
家庭での食・料理	外食・中食
農村	都市
栄養素の不足	脂肪と砂糖分の取り過ぎ
農民	都市部の貧困層
食料提供の福祉	所得移転
農林水産・健康の省庁	貿易・経済の省庁
開発	消費者問題
農場	マクロ経済の視点

表1

づくり、今後も影響を与えるから。日本では戦後の「西洋化」や「アメリカの影響」と称される食生活の変化は、じつはより世界的な近代化・工業化・商業化の動きに根ざしている。高カロリー・低栄養な加工食品や外食サービスが低価格で大量に提供され、かつその消費を促す環境が広がり、人々の食生活を集団的に変え、大衆の健康状態を変容させる構造は、学術的に体系だって研究されることは少なかった。

本書の構成

本書は第二章でまず、彼らの提唱する広義の「Food Policy（食料政策）」を概説する。日本語で使われている「食料政策」とは異なり、政策といっても政府の策だけでない。英語圏でも同じ「food policy」と称しても、その意味するものはさまざま。時代とともに food policy で取り上げる対象も変わってきたから、定義が定まらなくて当然かもしれない（表1）。食料政策センターの著者たちは「Food Policy（食料政策）」を「the study of food policy as of how policy-making shapes who eats what, when, and how.」(p. 21) と定義する。つまり、食の生産、加工、流通、消費、からその結果（健康・環

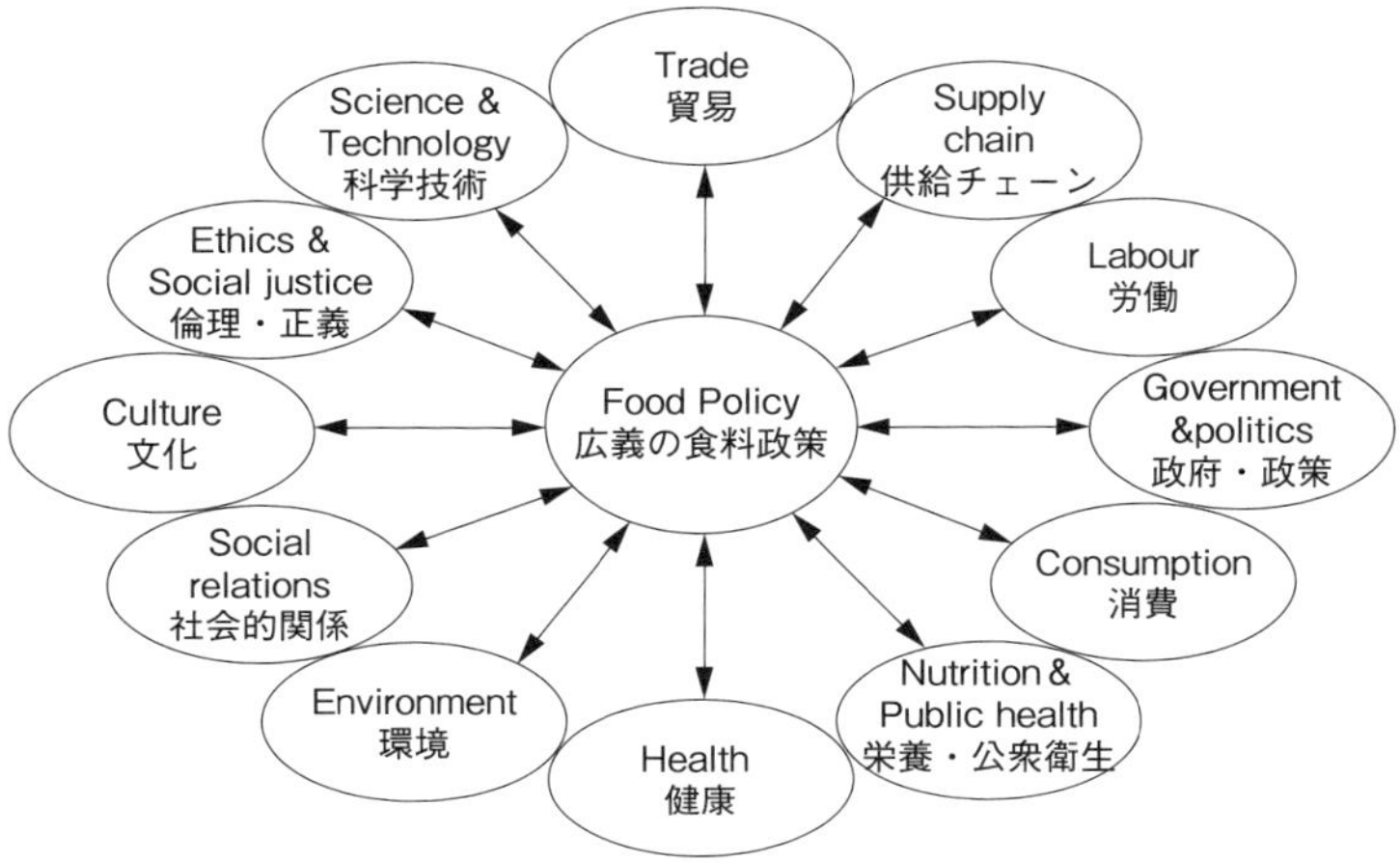

図１

境）まで、誰が、何を、いつ、どうやって食べるかをかたちづくる「policy」の研究ということだ。

第三章からは鍵となる概念として、まず公共政策とガバナンス、第四章で栄養と健康への影響、第五章でサプライチェーンなど、第六章で環境問題、第七章で文化的な要素から食料政策について取り上げ、第八章では格差と貧困、社会正義について語っている。そして第九章では、とくにラング氏が本書以降も展開している「eco-logical public health」の概念を提唱している。

日本にも求められる研究枠組み

評者はこの研究所で「食料栄養政策」修士号を取得したおそらく唯一の日本人だが、著者たちをはじめとする研究者たちから直接学んだ修士課程の内容は、この本がほんの入り口にしかならないほど、はるかに大きな食料政策の枠組みだった。肥満という目にみえやすい健康問題が大流行している英語圏では、こうした広義の食料政策の枠組みで学術的な研究も増え始めている。特に、国境を越えた政策決定の場で決められた事項が食や農を動かし、肥満を促す食生活の環境が貿易自由化と規制緩和によって途上国などに「輸出」される構造も、学術的な研究が進められている。ＮＡＦＴＡ（北米自由貿易協定）発効から二〇年が過ぎたメキシコがアメリカを越える肥満国になり、アフリカで肥満と飢餓があわせて問題になっている現在、このような構造的な分析はますます重要になっている。しかし、英語圏でこのような広義の食料政策の研究が進む一方、幸か不幸か食生活由来の不健康が目にみえるかたちではそこまで顕著化していない日本の特に学術界では、健康から環境、社会正義まで絡めた食生活の研究は、まだこれからだ。中国とインドを含むアジア地域において食生活は急激に変化しており、そこには日本の政府・企業・市民社会の動向が大きく影響している現在、日本でも広義の食料政策の枠組みで取り組む研究が重要だろう。

（平賀緑）

◉山下範久
『ワインで考えるグローバリゼーション』
［NTT出版、二〇〇九年］

▼キーワード
テロワール、グローバリゼーション、味、「旧世界」と「新世界」、ポスト・フォーディズム

グローバル・ヒストリーのなかのワイン

本書は、世界システム論を専門とする著者による北海道大学での講義をもとに一般向けに書かれた本である。世界史的な長期の時間軸においてワインの歴史を描くとともに、近年のグローバリゼーションとの関わりにおいてもワインのあり方を論じている。「モノ」から「世界史」をみる研究には分厚い蓄積があり、ラテンアメリカのモノカルチャー経済と嗜好品、あるいは現代日本の食卓にのぼるモノからアジアの開発問題を研究する鶴見良行、村井吉敬などの研究は、多くの人々に読まれてきた。本書は、「ワイン」というモノを、どう味わうのか、どう楽しむのか、という実際にワインを飲むことにもこだわりながら、歴史学・社会学などの諸学問の広い視野からワインを論じている特徴がある。本書の構成（第一部：ワインのグローバル・ヒストリー、第二部：ワインとグローバリゼーション、第三部：ポスト・ワイン）にしたがって、紹介していこう。

第一部では、歴史過程としての長期的なグローバリゼーションとワインの関係が論じられている。ここでは、グローバリゼーションは一義的な意味で使われるのではなく、古代における人の移動や宗教の伝播、産業革命や大航海時代、資本主義的な農業経営の拡大など複数の「小文字のグローバリゼーション」によって構成される歴史過程として理解される。「ワインはローマ起源」と

いうような固定観念ではなく、ローマ帝国がワインの保存に使っていたアンフォラ（素焼きの甕）がガリア人との接触によって樽に変容するさまや、一七世紀のガラス瓶とコルク栓の発明などモノ・技術から描かれる歴史は興味深い。

また著者は、コーカサス地方や地中海沿岸部、エジプトやギリシアなど複数の文明が交錯する地中海という空間のなかにワインを位置づけている。一二世紀以降のイスラムから伝わった蒸留技術によってブランデーがつくられ、シェリーやポート、マデイラなど遠隔地まで運搬可能な酒精強化ワインが誕生するなど、ワインのあり方は一様ではない。またワイン業界において一般的に使われている「旧世界」「新世界」という区分については、ヨーロッパ人の世界認識によってつくられたきわめてヨーロッパ中心主義的なものだとしている。

現代まで続くワインのグローバルな歴史のなかで一九世紀後半に起こった変化はとりわけ重要なものである。ひとつ目の変化は、パスツールの登場による科学との連携である。パスツールの研究によって、アルコール発酵が微生物（酵母）の働きによるものであることが明らかにされ、他方で酢酸発酵を防ぐワインの品質管理方法として低温殺菌法が発見された。ふたつ目の変化として興味深いのが、フィロキセラ（害虫）の流行である。蒸気船の登場によって大西洋間の横断が短縮され、アメリカ大陸からもたらされたフィロキセラによってフランスのブドウ樹木は壊滅的な打撃を受けた。アメリカ系のブドウの台木に接ぎ木することによって解決策は発見されたが、フランスのブドウ畑は大きく変化した。こうした害虫の移動の結果、スペインやイタリアとのワイン市場の国際競争や、醸造家の国際移動が加速するとともに、偽造ワインが大量に出回り政府によるワインの制度化へと方向づけられたとする歴史像は興味深い。

ワインとグローバリゼーション

第二部・第三部では二〇世紀以降のワインについて論じられているが、その記述の中心はポスト・フォーディズムのなかでのワインをめぐる争いである。「パリスの審判」として知られる一九七六年のカリフォルニア・ワインとフランス・ワインの試飲対決が、「産地の拡散」と「品種の収斂」というふたつのベクトルへとつながる。この対決がカリフォルニア・ワインの勝利という衝撃的な事件によって、非ヨーロッパの産地において国際市場向けの高級ワインがつくられるようになった。さらに、非ヨーロッパ地域において白のシャルドネ種、赤のカヴェルネ・ソーヴィニオン種、メルロー種などのフランス系高級品種が栽培されるようになり、高級品種の少量生産へと向かうビジネスモデル化も進んでいる。他方、サイゼリヤなどで低価格で設定されているワインの提供方法についてはジョージ・リッツァの「マクドナルド化」概念を援用しながら、ワインにおける合理化として論じている。

本書はワイン批評に大きな変化をもたらしたロバート・パーカーについても紙面を割いている。パーカーは、消費者運動の影響を受けて、独自のワイン評価法（パーカーポイント）を確立し、消費者にわかりやすい格づけを行った。パーカーの批評は、生産者と癒着した権威的な集団の手から、消費者側へとワインの価値判断を引き寄せるものであった。しかし単純な点数化による評価の功罪も大きい。ドキュメンタリー映画『モンドヴィーノ』（二〇〇四年）は、こうしたパーカーリゼーション批判を意図した作品である。ワイン醸造コンサルタントであるミシェル・ロランがワイナリーをまわって、パーカー好みのワイン醸造を指示するさまは、ワイン業界における等級づけのメディア権力とコンサルタントの癒着関係を明らかにしている。他方で、このドキュメンタリーが、パーカーリゼーションに対抗するために打ち出すのが「テロワール」概念である。「テロワール」とは、日本のレストランガイドでも頻繁に使われる、「土地に根ざす味わい」「土地の個性」などローカル性を意味する標語である。しかしどのワインもその土地のものであることには変わりなく、「テロワール」という記号をいうだけではイデオロギーにすぎない。著者は、テロワールがたんに産地ブランドのいいかえになってしまう危険性を以下のように指摘する。「イデオロギーとしての「テロワール」概念は、しばしば「伝統」に訴えます。……伝統は、起源のあいまいさによって、人為と自然の区別をぼかし、実際には人間がつくり上げてきたものを「自然」へと神秘化する一方で、そのように神秘化された「自然」に人間の営みを囲い込むことで、リアルな自然への視線を閉ざします」（二三九頁）。ワインの味は「自然」に還元するだけでは説明できないのだ。

著者は、「テロワール」は人間の畑に対する働きかけ、そしてグローバル・ヒストリーとしてみてきた自然から人間への働きかけのなかでつねにつくりだされ、つくり直されるものだとしている。単純化された記号的オーセンティシティ（真正性、本物性）を求め、グローバリゼーション対テロワール主義という図式に甘んじるのではなく、能動的な「価値の共有」こそ目指されるべきだとしている。

ワインと言葉の関係性

本書はワイン研究だけではなく、ワインを実際に飲んで楽しむための入門書でもある。「味」とそれを表現する「言葉」の関係についての以下の筆者の言葉はとても共感できる。「ワインの楽しみは、ただおいしいかおいしくないかだけではなく、このワインのおいしさとあのワインのおいしさはどう違うのかということについての思索と表現を通じて、単なる感覚的快楽以上のものになりうるところに大きな比重があるからです。……実際、適切な一言が添えられるだけで、ワインの味わいは劇的に奥行きをますのです」（一八四―一八五頁）。この指摘は、ワインに限らず「味覚」と「言語行為」の関係について示唆に富む指摘である。他方で、本書後半でのリッツァの「マクドナルド化」による説明やワインの価値づけの方向性をめぐる議論などは図式的な説明にとどまっている印象がある。ワインを語る言葉への著者のこだわりからすれば、社会学的概念による分類だけでは不十分なのではないだろうか。

本書には、国産ワインに関する記述はなかったが、ワインのグローバル・ヒストリーのなかで著者が講義を行った北海道や山梨、長野、滋賀などのワイナリーはどのように位置づけられるのだろうか？　前半の古代から近代までを扱ったグローバル・ヒストリーの部分には歴史的な議論が多かったのに対して、ポスト・フォーディズム以降は社会学の概念からの議論が中心となり歴史的な分析が十分になされていない。グローバリゼーションを論じる本書だからこそ、「テロワール」概念に回収されないローカリティをめぐる歴史記述の問題は避けて通れないように思う。また著者の専門領域である世界システム論からみたときに、ポスト・フォーディズム時代のワインはどう位置づくのか。本書は、こうした無数の問いを含む言葉とワインの関係性をより豊かなものにするために読まれるべきだろう。

（番匠健一）

◉ジェームズ・ワトソン編

『マクドナルドはグローバルか――東アジアのファーストフード』

［前川啓治ほか訳、新曜社、二〇〇三年］

▼キーワード

マクドナルド、ファストフード、東アジア、脱国籍性《トランスナショナリズム》、ローカル化／現地化／ローカリゼーション

本書は五人の人類学者が北京（中国）、香港、台北（台湾）、ソウル（韓国）、日本でのフィールドワークに基づき、各国においてマクドナルドがどのように受け入れられ、変容され、ローカル化したかを記した「東アジア各地のマクドナルドの民族誌的研究」である。邦訳では『マクドナルドはグローバルか』とマクドナルドの国際的なビジネス・大衆文化の偶像というグローバル性を強調しているが、原題が *Golden Arches East* とあるように、同社のロゴ・シンボルであるゴールデン・アーチがどのように東アジア各地の人々に受け容れられ、各地の文化に影響を与えると同時に、マクドナルド自身も変化させられてきたかに注目している。

また、まえがきにも「本書は人類学を日常生活の研究として再定義する広範な運動の一つである」と記してあるように、マクドナルド自体の企業活動を議論するのではなく、企業を対象としながらも、より消費に注目し、ミクロに偏りがちな人類学者の調査やマクロ・グローバルに語る経済学者・社会学者・政治学者などを関連づける挑戦の書でもある。

マクドナルドといえば「ジャンク・フード」の代表格として言及されることが多いにもかかわらず、本書では「ジャンク」の語はほとんど使われていない。マクドナルドが東アジア各地で売っているのは食べ物・飲み物だ

けでなく（実際、食べ物自体についての議論は本書では少ない）、客はそれ以外の物を求めてマクドナルドを受け容れ、日常の一部に取り入れ、活用している。その結果として、このファーストフード（ファストフード）が各地に広まっている。

各国への進出状況

マクドナルドの東アジアへの進出は年順には日本（一九七一年）をはじめとして、香港（一九七五年）、台北（一九八四年）、ソウル（一九八八年）、北京（一九九二年）だが、本文では下記の順に一地域を一章ずつ各地の著者が執筆し、終章をシドニー・ミンツがまとめている。

北京

北京のマクドナルドは一九九二年に政治の中心である天安門広場近くの王府井に建てられた。マクドナルドはアメリカ的なもの・近代化をもたらすものとして、また新鮮・混じりけのない食べ物、さらにはその栄養価も強調して提供された。

しかし、北京の客が歓迎したのは、ハンバーガーより他の物だった。まず、マクドナルドの食べ物は「正式な食事」より「スナック」としてみられ、満腹感すら満足に得られないものと、特に男性にはとらえられていた。しかも値段もけっして安くなく、一九九四年当時北京の三人家族がマクドナルドで夕食をとろうとしたら、月給の六分の一の出費となる（八〇頁）。北京の消費者がマクドナルドに求めるのは、高級料理に一変したビッグマックという食べ物より、「ファーストフードという文化」とステータスだという。

北京のマクドナルドには「恋人の秘密の場所」と呼ばれる少し離れた二人用テーブルがあり、「子供の楽園」と呼ばれる囲われた空間がある。そのロマンチックな雰囲気や、アルコールがない安全な場所、冷暖房が効いた快適な場所、さらに清潔なトイレがマクドナルドの魅力として北京の消費者の人気を集めた。そして「ファーストフード」は客が心地よく長居する「スローフード」に変わった。

他方、マクドナルドのほうも、一人っ子政策の中国では特に最も大切な客として子どもたちに焦点を当てている。子どもには「小皇帝・小皇女」という称号を与え、「小さな貴賓者名簿」に記録し、誕生会を中心とした戦略が繰り広げられた。外食が家族にとって重要な行事である中国で、同社は「マクドナルドに集い、家族の幸福を享受しましょう」というスローガンも掲げている。

この変容を著者は「脱国籍的《トランスナショナル》なシステムの「現地化《ローカリゼーション》」の典型的な事例」（一〇一頁）と結論づける。アメリカ的な効率と経済的価値は、当時の中国人労働者には重要視されず、マクドナルドとは、家族をタクシーに乗せて行き、ゆっくりくつろぎ、数少ない子どもを盛大に祝う場として受け容れられた。

香港

香港のマクドナルドは、一九七五年に開店した。「ファーストフード」という語の有無にかかわらず、すでに一世紀以上もさまざまなテイクアウト料理やケータリング産業が盛んで、一九六〇～七〇年代にも多くの屋台が昼夜を問わず繁栄していたなかへの進出だった。

一九七〇年代半ばに、香港が低賃金・軽工業の時代から脱皮し始め、経済成長期にあわせて進出したマクドナルドでは、既存の屋台群とは「何か異なるもの」を提供しようと経営陣は頭を捻り、わざと英語表示を残したり、ハンバーガーとフライドポテトを朝食市場の主力にしたりと努力した。やがてマクドナルドは、異国風でトレンディな存在を保ちつつ、お得な食事を多忙な消費者に提供するチェーンへと移行した。

この時代の香港における成功のもうひとつの鍵として、清潔なトイレの役割とその影響について詳しく述べられている。高級ホテルを除いて、マクドナルドは「トイレに入ることは冒険」だった香港において、「劇的な変化のきっかけをつくった」として認識され、その影響は他のレストランにも広がった。さらに香港の消費者は、トイレがきれいであればキッチンもきれいだろうと認識を変え、そのため清潔なトイレがますます重要になっていった（一二一頁）。

香港でも子どもの誕生会は戦略の鍵で、それまで誕生日を祝うことすらしなかった社会に、一九八〇年末までにはローソクを立てたケーキで祝う誕生会を大流行させた。また、平日の午後には学校帰りの一〇代の生徒たちが集う「青少年センターとしてのマクドナルド」も特徴として挙げられている。生徒たちが学校の規律や親たちの監視を逃れてくつろげる、かつ、飲酒・喫煙・ギャンブルに誘われない安全な場所として、マクドナルドは受け容れられた。

台北

台北のマクドナルドには、食べることが政治的意味を持った行為である社会において、また料理や食べ物がその出身地を表しながら「外省人」と「本省人」がときには対立していた複雑な政治事情が食にも影響を与えていた。そんななか、マクドナルドは一九八四年に、スーパーマーケットやブティック、各国のチェーン・レストランが並ぶ、「グローバルでコスモポリタンな文化の最先端」（一五〇頁）の場所に出店した。

台湾でもマクドナルドは小中学生のお気に入りの溜まり場となり、軟派の生徒がジュース・バーやビリヤード店にたむろするのとは対象に、マクドナルドは「「名門」校の「優秀な」生徒が行く遊び場として認知され」（一六〇頁）た。また、教育を受けた若い台湾人はレストランで働くことなんて考えもしなかったところへ、マクドナルドは「高校生や大学生に受け容れられる雇用主としてみずからの地位を確立した」（一六一頁）。さらには、マクドナルドは、より幅広い年齢層の台湾人に、安心感と安全を約束する「聖域」「もう一つの家」として「地元」の一部となり、著者によると台北のマクドナルドの客たちは、アメリカや香港の客よりはるかに多くの時間を店のなかや周辺で過ごし、一時間どころか一日いる客もいるとのことだ。

ソウル

一方、ソウルのマクドナルドはかなり苦戦したようだ。マクドナルドは「囲い込み型のアメリカ資本主義の先駆であり、アメリカの政治的・文化的な影響力に韓国市民を追随させようとするものである」（一七九頁）と批判された。一九七〇年代は、当時の米韓両国間の不穏な関係を反映して、韓国人は反米的であると進出を諦め、一九八〇年代に入って国際化・グローバリゼーションが好意的に変わってきたことをみて、一九八八年にソウルの高級住宅地である鴨鷗亭洞に開店した。モダンでおしゃれな食事場所としてみなされると同時に、韓国側パートナーと協力しながら営業しようとの努力にもかかわらず、マクドナルドへの批判も続いた。

韓国でもスナック「間食《カンシク》」と思われたのに対し、マクドナルドは「お値打ちの食事」であるとアピールするためにかなりの工夫や努力を行った。また、やはり「レジャー・センター」として長居しがちな客に対して、店舗の賃貸料が高い韓国では客に微妙な圧力を掛けて回転率を高める努力もされた。一方、誕生会は階層の高い子どもたちを中心に今でも人気だという。

「アメリカ文化帝国主義」への反発や、「健康的な食事＝国産米の食事」といわれるなかにパンのハンバーガーを売り込むことなど、複雑な思いや政治事情を含みながら、マクドナルドは創造的に「現地の《ローカル》」（二〇四頁）組織に変えられたと結論づけている。

日本

日本のマクドナルドは、同書で取り上げられた東アジア各地のなかでも一番最初の一九七一年に、東京銀座の中心に開店した。日本にも『江戸のファーストフード』（大久保洋子、講談社選書メチエ、一九九八年）に記されているように、屋台文化があり、弁当からうどんや蕎麦などが健在ななかで、マクドナルドはやはりスナックとみなされた。

また「同じ釜の飯」といわれるように、同じ食べ物を一緒に食べることで社会関係の絆を形成することが重要だった日本社会において、対極的にパンのマクドナルド・ハンバーガーは各自で食べ、しかも最初の店舗にはテーブルも椅子もなかったり、壁に向いた狭いカウンター席があったりと、「個食」の先駆けも担っている。

さらに、それ以前には日本社会で認められなかった「食事中は手で食べ物に触れてはいけない」「立ったままでものを食べてはいけない」という日本古来の作法も浸食していった。むしろ、家庭から離れたファーストフード店では「旧習を打破した新しいやり方で行動することがかっこいいこと」（二二九頁）となりつつ、マクドナルドは「現地の《ローカル》」ものになっていった。

振り返ると、マクドナルドの食べ物が日本に及ぼした影響は少なく、日本の伝統的な食事や昼食にすら取って代わることはなかったと著者は結論づけている。ただ、マクドナルドやその多くの類似企業は、公衆マナーに大きな影響を与え、それが対人関係や礼儀を重視する社会においてはより重要な意味があるという。

食を取り囲む社会的関係の変化

食べ物そのものについて（about food）書かれた本や研究は多いが、食べ物を取り囲むさまざまな環境（around food）も私たちの食生活に大きな影響を与えていると、特に英語圏では注目が集まっている。その意味でも、マクドナルドという世界最大のファーストフードについて、その提供する食べ物そのものより、東アジア各地の人たちがマクドナルドをどのように「現地の」ものに変えて受け容れていったかに注目した本書は興味深い。マクドナルドの清潔なトイレは地元の他店舗にも影響を与え、行列に並んで注文するマナーや、立ったまま手で食べ物を直接つかんで食べることの許容など、マクドナルドは食べ物以外にも大きな影響を与え、保守的といわれる食生活に影響を与えている。

ただ、覚えておきたいのは、マクドナルドが誕生会の会場や、小中学生が放課後つどう青少年センターとしての役割を担い、「地域の一部」として活用されるようになっても、結局はそのとき、マクドナルドで飲み食いするため、ハンバーガーやフライドポテト、コーラをはじめとするソフトドリンクの消費量も増えるということだ。つまり「around food」をみることで、食べ物について「about food」も理解することができる。

また、本書では、脱国籍的な企業の代表格であるマクドナルドが東アジアの各地でどのように受け容れられ、ローカル化したかに注目している。グローバル企業でありながら、各地で現地法人化し、各地の食材を調達し、テリヤキバーガーなどメニューも各地域にあわせて「ローカル化」している。ただこれも見方を変えれば、多国籍に事業展開する企業のマーケティング戦略ともいえるだろう。異なる市場において、その市場に適したかたちに調整することは、グローバル戦略のひとつでしかない。マクドナルドが子どもたちが集う場や家族行事の場という、もうひとつの家庭として受け容れられた反対側には、各地の家族を取り巻く環境や家族観の変化を見極め、タイミングをあわせて市場展開したマクドナルドの戦略もある。

そして、邦訳された第一版が対象とする一九九〇年代半ばから二〇年が過ぎ、この間に世界も東アジアも大きく変わった。原著第二版（二〇〇六年）には、ミンツの終章にかわって、編者のワトソンが「Update: McDonald's as Political Target: Globalization and Anti-globalization in the Twenty-First Century（改訂版への追記　政治的標的としてのマクドナルド　二一世紀におけるグローバリゼーションと反グローバリゼーション運動）」を加えている。

第一版が出版されたのち、世界はさらにグローバル化し、反グローバリゼーション運動も盛んになり、マクドナルドはしばしばその標的にあげられた。東アジア諸国の政治経済社会も大きく変わり、マクドナルドが客層にしていた中流階級が縮み、格差が広がっている。また、食の研究も、特に英語圏の学術界では肥満問題をきっかけに、食べ物そのものだけでなく、食べ物や食生活を囲むさまざまな環境についての研究が盛んになっている。このような「around food」に注目した研究のひとつとして、本書は参考になるだろう。また、東アジアにかぎらず、マクドナルドにかぎらず、ますますグローバルに事業展開する、日系やアジア系も含めた多国籍食品産業について研究するときにも参考になると思われる。

（平賀緑）

◉カルロ・ペトリーニ
『スローフードの奇跡——おいしい、きれい、ただしい』
［石田雅芳訳、三修社、二〇〇九年］

▼キーワード
スローフード、おいしい、きれい、ただしい、共生産者、ガストロノミー

スローフードとは

本書はスローフード運動の創始者であり、現在もスローフード国際協会会長を務めるカルロ・ペトリーニが運動の哲学について著したものである。

日本では言葉自体は定着しているが、「スローフードはどんな食べ物?」や「スローフードはゆっくり食べること?」といった疑問をいまでも耳にする。狭義にはスローフードとは地域の食文化を守るためにイタリアで始まった食をテーマとする社会運動の名称、あるいは運動が掲げるシンボルを指す言葉であり、スローフードという概念について正確に理解したい人にとって、本書は必読といえるだろう。ここで紹介するのは二〇〇五年にイタリアで出版された *BUONO, PULITO, E GIUSTO* の日本語版である。イタリアのピエモンテ州にある田舎町ブラを発祥の地とするスローフード運動は、ファストフードへの抵抗を契機として一九八六年にスタートし、一九八九年にはパリでスローフードマニフェストを発表して国際運動へと発展していった。いまでは世界一六〇を超える国々の、一五〇〇以上のコンヴィヴィウム（支部）で地域ごとの特徴を有する活動が行われている。本書の訳者であり、イタリアにあるスローフード国際協会で二〇〇二年から数年にわたり日本担当官を務めていた石田雅芳によれば、「おいしい、きれい、ただしい」というスローガンは、二〇〇三年にナポリのスローフード

国際大会で発表された運動の指標であるという。

おいしい、きれい、ただしい

一章「安心できない状況」では、工業化の進展によってもたらされた「持続不可能な状況」について述べられる。ペトリーニはフランスの社会学者であるエドガール・モランの言葉を借りて、科学、テクノロジー、工業、資本主義という「四つのエンジン」がいたるところに侵略し、農業も工業分野の主義や尺度等を導入せざるをえなくなったとする。生産性第一主義のいわゆるアグロインダストリーの登場によって、持続可能な多くの生産活動が消滅するとともに、食べ物を手にすることは当然で努力のいらないものになる一方、人々は何を食べているか疑問も持たない存在になり、情報を得ようとする場合には非情な苦労を強いられるようになったと指摘する。そのうえで、食とその生産を再び人間活動の中心に据えるべきであり、失われた生物多様性とこれに付随する古の知恵から再出発して（テクノロジーをも利用して）、農業のグローバル化で周辺においやられた人々に尊厳と可能性を与えるべきであると主張する。

二章「ガストロノミーと新しいガストロノミー」では、ガストロノミーは単に「おいしく食べること」ではないという見解が示される。これまで、食物の歴史は真面目で科学的な基礎を持つ問題として扱われてきたが、ガストロノミーの歴史は享楽主義や娯楽、大食と関連づけられ、重要でないものとみなされてきたとして、ガストロノミーないし食の喜びに関わる人々は偏見に直面してきたと述べる。著者の考えでは、ガストロノミーは「食べるという人間のすべての行為に関わるテーマである。それは品質を判断するのに役立ち、選択を容易にしてくれる。ガストロノミーは知識に基づいた喜びを経験させてくれ、それを楽しんで行わせてくれる。食べるという人間の行為は文化そのもの」（七九頁）であり、植物学、遺伝学等の自然科学、物理学と化学、農業、畜産学、栽培学、エコロジー、文化人類学、社会学、地政学、政治経済、商業、技術、産業、料理、生理学、医学、認識論のようなすべての学問に関わるものであるという。

二章の最終節では、「何を買って何を消費するかという選択は、利益追求社会において、私たちが人生で行う最初の強力な政治的行動」（一一九頁）であり、「ガストロノモは選択することができなくてはならない。それが彼らの主たる「使命」である。正しい選択ができなくてはならず、すべての食物の生産システムの複雑さを理解していなくてはならない」（一一九頁）と著者は提言する（ガストロノモは美食家の意）。これを受けた三章「目的としての品質」では、本書のタイトルになっている「おいしい、きれい、ただしい」というガストロノミー的な食選択の三つの規範が解説される。ここでは、少し丹念に三つの規範についてみていきたい。

「おいしい」は、「自然」というキーワードで語られる。「「自然」という言葉は、環境・人間・食材・加工というシステムにおいて、異質なもの、人工的なものをあまり使わないようにするということを意味する。……食材は健全で欠けた部分のない丸ごとのもので、科学的な処理や集中生産をできるだけ排除したものでなくてはならない。そして食材本来の特徴を尊重したプロセスで作られなくてはならない」（一三六頁）という。さらにおいしさには異文化の尊重も関わってくる。例えば、食に関する国際的な介入をする際に、自分たちの食べ方を善意であっても強制すべきではないと注意を促す。「「おいしさ」は五感を満足させる超越的な特徴を有しており、自然さという規定のもとに得られる最高の評価である。新しいガストロノモの役割は、その特徴を尊重し、見分けることを学習すること、それを作り出し、また他の人がその人の暮らす文化に沿ってその食物を生産するのを励ましたり、その産物を常に愛好することである」（一四三頁）という。おいしさという権利を万人に認めるように配慮することは文明の責務であり、政治の役割であるというのが著者のいわんとするところである。

次に、ある食品が「きれい」であることは「持続可能性」という言葉と関わる。長くなるが次の段落を引用しておきたい。

> 環境の持続可能性は、食品が「きれい」であるために最も重要な条件である。それは今のところ消費者の判断にゆだねられているが、経済的な条件とも、さらには社会的評価を構成する要素ともぶつかり合ってしまう。また、環境の持続可能性は情報や知識によって測定することができるはずなのだが、情報を私たちが求めないからか、あるいは情報を得るための能力を持たないからか、測定ができていない。こうした情報（食材を作るための農法、生産場所、輸送手段、生物多様性と全生産過程における生態系への配慮など）を公にし、アクセスしやすくする

（願わくはラベル表示で）ようにするのが、ガストロノモの役割である。これも社会的責任である。それは農業従事者、加工業者（工業的であれ手作りであれ）、法律を制定する政治家、そして毎日の買い物をするたびに、その選択によって食品生産に影響を与えることのできる市民である。（一五三頁）

すなわち、「地球や生態系に対してきれいであるかどうか」（一六八頁）がふたつ目の食の規範であり、畑から食卓に至るまで持続可能な食品の生産を促すことが責務であるとし、「エコ・ガストロノモ」という概念を提唱している。

最後の条件は「ただしい」である。「食品生産の現場において、「ただしい」が意味するものは、社会的な公正、労働者とそのノウハウ、地方の習慣、生活を尊重することであり、良い食品を作るための喜びを守り、ないがしろにされてきた生産者のイメージを改善するということ」（一七六頁）だという。さらに、農民を評価して彼らに報いる新しいシステムを再構築することと、「おいしく、きれいで、ただしい」質を提唱する人々の食のネットワークをつくりあげる必要があるとペトリーニはいう。「何百人もの農民の現状を把握し、彼らと知り合いになり、最も深刻な状況においても公正な価格を払うことを保証し、「きれい」で、「おいしい」食品を作ることを助ける」（一八七頁）ことが新しいガストロノモの義務だとする。

共生産者という概念

四章「実行すべき三つのアイデア」では、スローフード運動における教育、共生産者という概念、「スローな知」の発掘と領域間の対話について言及する。学校における食教育については、食材がどこから来るのかを教え、触る、かじる、料理する等を通して地元の食文化を知り、食選択をできる能力を習得する方法、学校菜園で栽培・収穫する「スクールガーデン」というふたつのメソッドが紹介され、大人向けには指南つきの試食レッスン「味覚ワークショップ」と「マスター・オブ・フード」というテーマ別の講義とワークショップを組み合わせた講座について記述されている。また、「共生産者」は本書における重要な概念のひとつである。食品生産の工業化が進展するなかで生産と消費の距離はますます拡大してきたが、本来、消費は生産の最終プロセスであり、生産の一部分であることを消費者は自覚すべきだという。「生産プロセスを知り、自分の好みを表明することで生産に影響を与え、ときに生産が困難な状況にあれば手助けをし、生産方法が間違っていると思われたり、持続可能性のないものであるならば、これを拒否するべきである。古いタイプの消費者は、今こそ「新しいガストロノモ」となり、自分が共生産者であることを自覚し始めるべきなのである」(二一〇頁)というのがペトリーニの主張である。

五章「実現する」で示されるのは、今後なすべき最重要事項としてのネットワークの構築である。著者の考えでは食べ物はもともと人、社会、グループ同士を結び付ける性質を持っており、いまはそれがうまく機能していないだけであるという。「ガストロノミーの新しい概念に従いながら、食科学や伝統的知識、人間の尊厳に注意を向け、ネットワークを拡大、補強し、もう一度機能させることである。しかしこのことは、近代科学の多くの部分や工業、また破壊的な現行システムなど、このプロジェクトにそぐわないすべての食の分野を自動的に切り捨てよといっているわけではない。むしろ、新しいネットワークのために、これらの分野が政策を変えていくよう仕向けていく」(二五〇頁)のが彼の提唱する方向性である。着手された具体例として取り上げられているのは、二〇〇四年のテッラ・マードレ(世界生産者会議)である。その開催にあたっては、一二〇〇〇もの「食コミュニティ」が選出され、小規模生産の食べ物が食べる者のところへ届くように努力している四八八八人もの人々が、一三〇か国からトリノに集まった。

日本におけるスローフード

以上が本書の概略である。日本では一九九〇年代半ばにスローフード運動が始まり、二〇〇〇年代に入ってからコンヴィヴィウム(支部)が相次いで設立されるようになった。二〇〇四年には国内組織スローフードジャパンも設立されている。スローフード運動は多様性を重んじることから、その活動には国ごとに違いがあるが、日本における特徴のひとつに食育との関係がある。食育基本法では「生きる上での基本であって、知育、徳育及び体育の基礎となるべきものと位置付けるとともに、様々な経験を通じて「食」に関する知識と「食」を選択する力を習得し、健全な食生活を実践することができる人間を育てる」ものと食育を定義している。二〇〇五年の食育基本法の成立の背景には、生活習慣病の増加や食料自給率の低下といった、かねてから存在した食をめぐる諸問題があるが、法制化に至る直接のきっかけとなったのは、二〇〇一年のＢＳＥ問題の発生である。消費者の信頼を回復するため、生産者と消費者の距離を縮める方策が模索され、その際にモデルとして参照されたのがイタリア発祥のスローフード運動であった。地域の食文化を守るスローフード運動は、生産者と消費者の「顔のみえる関係」構築に資するとされ、食育分野においてスローフードは地産地消という言葉とほぼ同義で用いられるようになった。しかし、スローフードはより多義的な概念であり、食育や地産地消との関係について理解しようとする者にとっても、読むべき一冊であるといえよう。

本書の最大の特徴は、スローフード国際協会が運動の指標として掲げている「おいしい、きれい、ただしい」という概念について詳述されていることである。その反面、運動の初期段階から継続してきた諸活動に関する記述は少ない。スローフード運動の主な活動には、食の生物多様性保護をねらいとする「味の箱舟」や、小生産者が経済的に立ち行くようにするための「プレシディオ」プログラム、生産者と消費者が出会うためにイタリアで開催される世界的な食の博覧会「サローネ・デル・グスト」、スローフード運動の理念に合致するような消費者を教育するための「味覚教育」などがある。運動のこれまでを知る者にとっては自明の事柄ばかりであるが、初学者には注意が必要である。また、当然のことであるが、本書はいわゆる研究書ではない。世界中にメンバーを擁するカリスマが自らの運動理念を著した本である。ガストロノミーという言葉への並々ならぬ執着が本書から読み取れると思うが、「おいしい、きれい、ただしい」は協会の思想的発展を示していると指摘されるように、スローフードはおいしいものを守る運動として始まり、食の持続可能性、さらに、（特に第三世界の）生産者の問題へと、運動のイシューを拡張してきた。この本はスローフードが「おいしい」から始まった運動であることをあらためて感じさせてくれる。

（中村麻理）

あとがき

本書は、食研究の世界をできるかぎり多岐にわたって伝えることによって、よりよい食を実現することを目指している。四九に及ぶ作品の織り成す世界から、食研究の広がりを感じ取っていただき、さらに学びを深めていただければありがたい。

本書の執筆者は、食研究に関心を寄せる二四名であり、多岐にわたる各自の専門分野や研究領域の知見を活かして書評を執筆してもらった。執筆者の多くは編者が有志の研究会として主催している食の研究会のメンバーである。当研究会は、もともと編者が大学院生だったときに食の研究に関心のある学友たちと始めた勉強会であり、二〇一一年からFoodやEatingに関する欧米の研究文献の輪読、および学会大会発表のリハーサル、論文のピアレビューなどを行ってきた。発足当初は、ごくごく内輪の会であったが、のちに関心を寄せてくれる学生や若手研究者たちも多数参加してくれるようになった。こうして食研究の潜在的な需要の高まりがメンバー内でも共有されるようになった結果、研究会の発展的な成果として本書が企画された。その後、編者の勧誘や研究会メンバーから募った推薦を通して、多分野の方々に原稿を執筆いただき、本書は完成した。多忙なスケジュールをぬっての執筆や注文の多い編者のリクエストに応えていただいた執筆者各位にお礼申し上げたい。読者には、執筆者自身の研究についても、巻末の執筆者紹介欄を参照していただければ幸いである。

時間と頁数の問題で収録希望はあれども取り上げられなかった文献も多数あった。編者の力量や専門分野の制限もあり、取り上げられるべき文献の不足を感じられる読者の方々もおられるであろう。本書で取り上げることのできたもの以外にも優れた食研究は無数にある。そもそも食研究はまだまだ発展途上状態にあり、毎年のように新しい分野が開拓され、研究が蓄積されていっている。本書も今後さらなる増補改訂が必要だろう。本書に物足りなさを感じられる読者諸賢には、本書へのご意見、加えていくべき文献や研究の紹介を切にお願いしたい。良質な食研究をさらに見出していく営みを、読者諸氏といつかともにできることができれば、執筆者一同にとっても望外の喜びである。

最後になったが、きわめて厳しい出版事情のなか、ナカニシヤ出版の酒井敏行さんには本書の企画時からお付き合いいただき、多数の原稿をとりまとめていただき、本書刊行までの労をとっていただいた。謹んでお礼申し上げます。

本書出版にあたり、明治学院大学学術振興基金の出版助成（二〇一八年度）を受けた。以上、記して感謝いたします。

二〇一九年一月

安井大輔

わ

事項索引

人名索引

持木良太（もちき　りょうた）
1987年生まれ。大阪府立大学大学院博士後期課程在籍。論文に「寄せ場における炊き出しの自律性」『寄せ場』28号（2016）。

＊**安井大輔**（やすい　だいすけ）
1980年生まれ。京都大学大学院文学研究科博士後期課程研究指導認定退学。博士（文学）。明治学院大学社会学部教員。専攻：社会学、エスニシティ・移民研究。著書に『沖縄らしさの社会学――多文化接触領域のエスニシティ』（晃洋書房、2017）、論文に「食文化の「型」――文化遺産としての「和食」」（秋津元輝ほか編『農と食の新しい倫理』昭和堂、2018）など。

湯澤規子（ゆざわ　のりこ）
1974年生まれ。筑波大学大学院歴史・人類学研究科単位取得満期退学。博士（文学）。筑波大学生命環境系教員。専攻：歴史地理学、地域経済学、日本近現代史。著書に『在来産業と家族の地域史――ライフヒストリーからみた小規模家族経営と結城紬生産』（古今書院、2009）、『胃袋の近代――食と人びとの日常史』（名古屋大学出版会、2018）など。

李杏里（り　へんり）
1987年生まれ。国際基督教大学ジェンダー研究センター助手、高崎経済大学非常勤講師。専攻：歴史学、ジェンダー、在日朝鮮人研究。論文に「脱植民地と在日朝鮮人女性による攪乱」『ジェンダー史学』13号（2017）、「異なる世界を模索した第三世界プロジェクト　ヴィジャイ・プラシャド『褐色の世界史』」（三宅芳夫・菊池恵介編『近代世界システムと新自由主義グローバリズム』（作品社、2014））など。

野間万里子（のま　まりこ）
1979年生まれ。京都大学大学院農学研究科博士後期課程修了。博士（農学）。日本学術振興会特別研究員（PD）。専攻：農業史、畜産史、食生活史。論文に「帝国日本における青島肉・朝鮮牛の受容」『農業史研究』49巻（2015）など。

朴沙羅（ぱく　さら）
1984年生まれ。京都大学大学院文学研究科博士後期課程研究指導認定退学。博士（文学）。神戸大学大学院国際文化学研究科講師。専攻：社会学、移民研究。著書に『外国人をつくりだす――戦後日本における密航と入国管理制度の運用』（ナカニシヤ出版、2017）、『家《チベ》の歴史を書く』（筑摩書房、2018）など。

番匠健一（ばんしょう　けんいち）
1981年生まれ。立命館大学大学院先端総合学術研究科一貫制博士課程修了。博士（学術）。関西大学非常勤講師。専攻：歴史社会学、北海道史、移民・植民研究。共編著に、西川長夫・大野光明・番匠健一編『戦後史再考――「歴史の裂け目」をとらえる』（平凡社、2014）、論文に「日本統治期台湾における『植民論』と『植民地的近代』――後藤新平と高岡熊雄の関係に着目して」（陳明姿、林淑丹編『東アジアにおける知の交流ー越境・記憶・共生』国立台湾大学、2018）など。

平賀緑（ひらが　みどり）
1971年生まれ。ロンドン市立大学食料政策センター修士課程を経て、京都大学大学院経済学研究科博士後期課程研究指導認定退学。博士（経済学）。専攻：食料・農業国際政治経済学、食料政策。著書に『植物油の政治経済学――大豆と油から考える資本主義的食料システム』（昭和堂、2019刊行予定）。

廣部綾乃（ひろべ　あやの）
1986年生まれ。龍谷大学大学院国際文化学研究科博士後期課程単位取得満期退学。修士（国際文化学）。同研究科研究生、ふじのくに茶の都ミュージアム学芸員。専攻：民俗学、日本の釜炒り茶、自家用茶等の研究。論文等に「山に暮らす人々の生活からみる茶文化――西米良村を中心に」『嗜好品文化研究会第9回研究奨励事業　研究報告書』（2017）、「釜炒り茶文化」『龍谷大学大学院国際文化研究論集』8巻（2011）など。

藤原辰史（ふじはら　たつし）
1976年生まれ。京都大学人間・環境学研究科後期博士課程中退。博士（人間・環境学）。京都大学人文科学研究所教員。専攻：農業史。著書に『カブラの冬』（人文書院、2011）、『ナチスのキッチン』（共和国、2016）、『トラクターの世界史』（中公新書、2017）、『戦争と農業』（集英社インターナショナル新書、2017）、『給食の歴史』（岩波新書、2018）など。

御手洗悠紀（みたらい　ゆうき）
1992年生まれ。京都大学大学院農学研究科博士後期課程在籍。修士（農学）。専攻：農業史、有機農業研究。論文に「戦間期ドイツ語圏の有機農業――「生改革運動」における「自然農法」に着目して」『農業史研究』52号（2018）など。

澤野美智子（さわの　みちこ）
1982年生まれ。神戸大学大学院国際文化学研究科博士後期課程修了。博士（学術）。立命館大学総合心理学部・人間科学研究科教員。専攻：文化人類学・医療人類学。単著に『乳がんと共に生きる女性と家族の医療人類——韓国の「オモニ」の民族誌』（明石書店、2017）、編著に『医療人類学を学ぶための60冊——医療を通して「当たり前」を問い直そう』（明石書店、2018）。

瀬戸徐映里奈（せとそ　えりな）
1986年生まれ。京都大学大学院農学研究科博士後期課程研究指導認定退学。修士（農学）。東京福祉大学国際交流センター特任助教。専攻：移民・難民研究、社会学。論文に「食の調達実践にみる在日ベトナム人の社会関係利用——一世世代に着目して」『ソシオロジ』62巻1号（2017）など。

巽美奈子（たつみ　みなこ）
立命館大学大学院社会学研究科博士後期課程在籍。管理栄養士、栄養教諭。専攻：栄養教育、食育、歴史社会学。論文に「帝国海軍兵食の嗜好——大正昭和期における兵食の転換から」『嗜好品文化研究会奨励事業「助成研究」報告書』（2014）など。

田中壮泰（たなか　もりやす）
1980年生まれ。立命館大学大学院先端総合学術研究科一貫性博士課程修了。博士（学術）。立命館大学生存学研究センター客員研究員。専攻：ユダヤ・ポーランド文学。論文に「グレーゴルと女性たち——介護文学としての『変身』」『生存学』（2012）、「塹壕の外の東部戦線——ゴンブローヴィチ、ヴィトリン、ロート」（渡辺公三ほか編『異貌の同時代』以文社、2017）など。

張瑋琦（ちょう　いき）
1968年生まれ。千葉大学大学院自然科学研究科博士後期課程修了。博士（学術）。台湾國立清華大学環境文化資源学科教員。専攻：人間・地球環境学、文化資源論、台湾先住民研究、食農教育。論文に「食育：全球化下的国家戦略與生活提案」財団法人農村発展基金会編『共好食代』遠足文化（2018）、“Cambios en el sistema alimentario tradicional de los fata'an de Taiwán,” *Estudios del Hombre*, 34: 79-98（2015）など。

都留俊太郎（つる　しゅんたろう）
1987年生まれ。京都大学大学院文学研究科博士後期課程研究指導認定退学。京都大学人文科学研究所助教。専攻：台湾近現代史、環境史。論文に「二林蔗農事件の背景の再検討：地域史からみた日本統治期台湾農民運動」『歴史学研究』近刊（2019）など。

中村麻理（なかむら　まり）
1968年生まれ。名古屋大学大学院環境学研究科博士後期課程修了。博士（社会学）。名古屋文理大学教授。専攻：社会学。著書に『シンボル構造と集合行為をめぐるダイナミクス——「食育」とスローフード運動・JAの食農教育から』（彩流社、2012）、論文に「失われた「食育」——消費者から国民へ」（秋津元輝ほか編『農と食の新しい倫理』昭和堂、2018）など。

執筆者一覧（50音順　＊は編者）

上田遥（うえだ　はるか）
1992年生まれ。京都大学大学院農学研究科博士後期課程在籍。専攻：農業経済学、食育・食文化研究。論文に「日仏伊における味覚教育の推進体制の比較分析――日本の食育への示唆」『フードシステム研究』25巻3号（2018）など。

太田和彦（おおた　かずひこ）
1985年生まれ。東京農工大学連合農学研究科農林共生社会科学修了。博士（農学）。総合地球環境学研究所FEASTプロジェクト研究員。専攻：環境倫理、風土論、食農倫理、土壌倫理。訳書に『〈土〉という精神――アメリカの環境倫理と農業』（ポール.B.トンプソン著、農林統計出版、2017）、論文に「倫理的な食消費の実践主体の分類とその理論的分析――2つの「関係の非対称性」に注目して」『共生社会システム研究』12巻（2018）など。

大淵裕美（おおぶち　ゆみ）
1980年生まれ。奈良女子大学人間文化研究科博士後期課程修了。博士（社会科学）。神戸女子大学家政学部専任講師。専攻：社会学、ジェンダー論。論文に「調理実践にみる妊娠期女性の経験と意識の変容――ある初産婦の食事日記とインタビューを事例として」『女性学年報』35号（2014）、「妊婦にとって〈嗜好品〉とは何か」『嗜好品文化研究』（2016）など。

河上睦子（かわかみ　むつこ）
1944年生まれ。相模女子大学名誉教授。博士（文学）。専攻：哲学、社会思想史、女性思想論。著書に『いま、なぜ食の思想か』（社会評論社、2015）、『宗教批判と身体論』（御茶の水書房、2008）など。論文に「フォイエルバッハ後期思想の可能性――「身体」と「食」の構想」『ヘーゲル哲学研究』Vol. 21（2015）、「〈食〉の哲学入門――孤食について哲学する」『季報　唯物論研究』140号（2017）など。

近藤宏（こんどう　ひろし）
1982年生まれ。立命館大学大学院先端総合学術研究科一貫制博士課程修了。博士（学術）。立命館大学衣笠総合研究機構・専門研究員。専攻：文化人類学、ラテンアメリカ研究。論文に「『土地』を所有する現在――パナマ東部先住民エンベラから見る『境界画定』」『国立民族学博物館研究報告』43巻1号（2018）、「動物―論理の発見：隷従・憎悪に抗する思考としての構造人類学」（渡辺公三ほか編『異貌の同時代』以文社、2017）など。

櫻井悟史（さくらい　さとし）
1982年生まれ。立命館大学大学院先端総合学術研究科一貫制博士課程修了。博士（学術）。立命館大学衣笠総合研究機構・専門研究員。専攻：犯罪社会学、歴史社会学。著書に『死刑執行人の日本史――歴史社会学からの接近』（青弓社、2011）、論文に「死刑制度合憲判決の「時代と環境」――1948年の「残虐」観」『犯罪社会学研究』42号（2017）など。

フードスタディーズ・ガイドブック

2019年3月29日　初版第1刷発行
2023年5月10日　初版第2刷発行
（定価はカヴァーに表示してあります）

編　者　安井大輔
発行者　中西　良
発行所　株式会社ナカニシヤ出版
〒606-8161　京都市左京区一乗寺木ノ本町15番地
TEL 075-723-0111　FAX 075-723-0095
http://www.nakanishiya.co.jp/

装幀＝宗利淳一デザイン
印刷・製本＝創栄図書印刷

＊落丁・乱丁本はお取り替え致します。
ISBN978-4-7795-1373-2　C1036

食の共同体
動員から連帯へ
池上甲一・岩崎正弥・原山浩介・藤原辰史

人間は、食べることを通じてつながっていけないだろうか。人間のもっとも基本的な営みである、食べることとそれを共有することを基盤にして。資本と国家による食の占有に抗して、「食の連帯」の可能性を探る。

二五〇〇円

食と農のいま
池上甲一・原山浩介 編

日本と世界の食料と農業の現在を一望。農業を支える低賃金労働の問題から遺伝子組換え、TPP、フード・ポリティクス、世界に広がるTEIKEI運動など、さまざまなトピックをもとに食と農の現状を読み解く。

三〇〇〇円

人と動物の関係を考える
仕切られた動物観を超えて
打越綾子 編

動物実験における倫理的配慮、畜産動物のウェルフェアを上げる努力、自治体・動物愛護センターにおける愛玩動物の保護、野生動物をめぐる法的な課題、動物園における実践等、それぞれの現場からの報告と対話。

二〇〇〇円

最強の社会調査入門
これから質的調査をはじめる人のために
前田拓也・秋谷直矩・朴沙羅・木下衆 編

「聞いてみる」「やってみる」「行ってみる」「読んでみる」ことからはじまる社会調査の極意を、失敗体験も含めて、16人の新進気鋭の社会学者たちがお教えします。面白くてマネしたくなる最強の社会調査入門！

二三〇〇円

表示は本体価格です。